WIE MAN EINEN
AUTOBIOGRAFISCHEN
ROMAN SCHREIBT

ALEXANDER CHEE

WIE MAN EINEN AUTOBIOGRAFISCHEN ROMAN SCHREIBT

ESSAYS

Aus dem Amerikanischen von
Nicola Heine und Timm Stafe

Mit einem Nachwort von
Daniel Schreiber

Die Originalausgabe erschien 2018 unter dem Titel
How to Write an Autobiographical Novel bei Mariner Books.
© 2018 by Alexander Chee

1. Auflage
© 2020 Albino Verlag
Salzgeber Buchverlage GmbH
Prinzessinnenstraße 29, 10969 Berlin
info@albino-verlag.de

Aus dem Amerikanischen
von Nicola Heine und Timm Stafe
Umschlaggestaltung: Johann Peter Werth
Satz: Robert Schulze
Umschlagabbildung: Alexander Chee
Printed in Germany

ISBN 978-3-86300-283-1

Mehr über unsere Bücher und Autoren:
www.albino-verlag.de

Für meine Mutter und meinen Vater,
die mir das Kämpfen beigebracht haben

INHALT

DER FLUCH

Den Sommer meines fünfzehnten Geburtstags verbrachte ich als Austauschschüler in Tuxtla Gutiérrez, der Hauptstadt des mexikanischen Bundesstaates Chiapas, etwa dreihundert Meilen nördlich der Grenze zu Guatemala. Meine Gastfamilie hieß Gutiérrez, und ich habe sie nie gefragt, ob die Stadt ihren Namen von ihren Vorfahren hatte, aber falls doch, hängten sie es nicht an die große Glocke, so mächtig und wohlhabend sie waren. Der Vater, Fernando, war Hafenarbeiter gewesen, einer wie die, die jetzt für ihn schufteten, und die Mutter, Cela (ausgesprochen *Tsche-la*), war Tanzlehrerin. Ich erlebte sie als Menschen, die das Leben lieben, und liebte sie vom ersten Augenblick an.

Ihr Sohn, Miguel Ángel, hatte das letzte Schuljahr bei mir und meiner Familie in Cape Elizabeth, Maine verbracht. Er hatte seinen Eltern viel von mir erzählt, und so empfingen sie mich wie ein Kind, das sie immer schon gekannt, aber nie kennengelernt hatten. Sie hatten ein schönes, modernes Haus mit viel glänzendem Holz, Glas und Stuck, umgeben von hohen, mit Stacheldraht gespickten Mauern und Bäumen mit weit ausladenden Kronen und sternförmig angeordneten Blättern, von denen ich später erfahren sollte, dass es Mangobäume waren.

Bei unserem ersten, so heiteren wie herzlichen Abendessen erklärte mir die Familie, dass sie während dieses Sommers kein Englisch mit mir sprechen wollte, ganz gleich, wie sehr mich das verwirren würde. Und dass ich so Spanisch lernen sollte. Ich lachte, als ich — auf Spanisch — mein Einverständnis erklärte, etwas eingeschüchtert vielleicht, aber wild entschlossen und schon jetzt eifrig darum bemüht, ihnen zu gefallen.

In jener Nacht, ich lag wach und fand lange keinen Schlaf, fielen von den Bäumen, die rings um das Haus und die ganze Straße entlang standen, die reifen Mangos herab. Das Geräusch, das sie beim Aufprall machten, schwankte je nach Reifegrad zwischen dem Ploppen eines Tennisballs und einem saftigen Klatschen, und vereinzelt war ein lautes Klirren zu hören, wenn sie eine Windschutzscheibe durchbrachen.

Wir müssen den Baum fällen, sagte meine Gastmutter am nächsten Morgen. Das sagte sie immer, wenn wieder eine Scheibe zu Bruch gegangen war, aber kein einziger Baum wurde je gefällt — als wären kaputte Windschutzscheiben der Preis, den man für die Mangos zahlen musste, die wir Tag für Tag in uns hineinschlangen. Stattdessen ließen sie den Gärtner die Früchte aufsammeln und ersetzten die Windschutzscheibe, wie man eine Tischdecke wechselt. Und das war eine meiner ersten Lektionen über das Leben der Superreichen.

Erst Jahre später, als ich von der bitteren Armut in Chiapas erfuhr — daher die mit Stacheldraht gespickten Mauern —, begann ich mich zu fragen, ob es wirklich Mangos waren, was ihre Windschutzscheiben zerstört hatte — ob den ganzen Sommer Mangosaison war.

...

Ich war einer von zwölf Schülern meiner Highschool, die den Sommer in Chiapas verbrachten, im Rahmen eines, wenn ich heute darüber nachdenke, eher seltsamen Austauschprogramms: Wir wohnten bei den mexikanischen Schülern, die ein Jahr lang bei uns gewohnt hatten, aber im Gegensatz zu ihnen mussten wir nicht zur Schule. Der Sommer an sich sollte unsere Schule sein. Wenn meine Gastfamilie mich nicht darauf eingeschworen hätte, kein Englisch zu sprechen, glaube ich kaum, dass ich viel gelernt hätte. Unser Lehrer war zur Aufsicht mitgekommen, aber Unterricht hatten wir auch bei ihm nicht. Was immer er ansonsten trieb, er begleitete uns immerhin auf die gelegentlichen Gruppenexkursionen, die uns meist zu gut besuchten Ruinen führten, und auf Einkaufsexpeditionen in Orte wie das nahe gelegene San Cristóbal de las Casas, eine stille, sonnendurchflutete Stadt, der man noch ihren früheren Glanz als ehemaliger Hauptstadt von Chiapas ansehen konnte. Für mich waren diese Ausflüge so etwas wie Fixpunkte, die sich von den ungezählten, ununterscheidbaren Tagen dazwischen abhoben, an denen ich nichts anderes tat, als durch das leere, weitläufige Haus zu geistern, während die Mitglieder der Familie Gutiérrez entweder in der Schule oder bei der Arbeit waren. Ich war fasziniert von den vielen Toupets meines Gastvaters, die in seinem Ankleidezimmer auf Plastikköpfen saßen, und dem Leben, auf das sie hindeuteten, einem mir völlig fremden, in dem es öffentliches und privates Haar gab.

Das war nur eine von vielen Beobachtungen, die ich in diesem Sommer machte, und wenn es wirkt, als hätte ich herumgeschnüffelt, dann stimmt das. Meine Inspirationsquelle waren die Bücher, die ich mitgebracht hatte, die *Dune*-Romane Frank Herberts – die Geschichte eines kleinen Jungen ohne

Freunde, der als neuer Messias gilt und von den Bene Gesserit ausgebildet wird, einem geheimnisvollen Orden von Frauen mit übernatürlichen Kräften, die sie unter anderem durch das obsessive Registrieren kleinster Details erwerben. Der Junge war mein Held und nach Encyclopedia Brown, Sherlock Holmes und Batman nur die jüngste Inkarnation eines Heldentypus, der vom Durchschnitts- zum Übermenschen wird, weil er Dinge wahrnimmt, die anderen verborgen bleiben. Um herauszufinden, ob auch ich solche Superkräfte entwickeln konnte, musste ich als Erstes meine Beobachtungsgabe schulen.

Und wenn ich nicht gerade in die Lektüre jener Romane versunken war, schrieb ich meine eigenen Geschichten, Geschichten, die bis heute niemand zu sehen bekommen hat, über Mutanten mit übersinnlichen Kräften, die vor einer Regierung fliehen, deren erstes Anliegen es naturgemäß ist, sie für ihre Zwecke zu missbrauchen. Im Grunde *X-Men*-Fanfiction, lange bevor ich wusste, dass es so etwas gibt.

Mein größter Traum war es, genau so eine Geschichte selbst zu erleben, übersinnliche Kräfte zu besitzen, die mir entweder angeboren waren oder dank meiner eifrigen Bemühungen zuwachsen würden und obwohl ich das damals so nicht hätte sagen können, hätte die Erfüllung dieses Traumes bedeutet, dass die Kämpfe, die ich auszustehen hatte, nicht umsonst gewesen waren.

Das Einzige, was in diesem Sommer für so etwas wie einen geregelten Tagesablauf sorgte, war die Stunde, die ich mit der Köchin Panchita vor dem Küchenfernseher verbrachte. Während ich mein Mittagessen verdrückte — gebratene Tortillas, bestrichen mit einer frischen, leichten Tomatensoße und mit weißem Käse bestreut —, schauten wir gemeinsam

El maleficio, eine Telenovela über eine Familie wohlhabender Hexen in Oaxaca und die zahlreichen Konflikte, in die sie sich verstricken. Mir gefiel der Look dieser Seifenoper, all diese Männer und Frauen, die *Dallas* oder *Falcon Crest* entsprungen schienen und sich ständig anschrien, um dann Zaubersprüche zu murmeln und blutige Rache zu schwören, und das alles garniert mit kitschigen Videoeffekten, die ihr unwirkliches Aussehen noch unwirklicher machten. Anfangs bekam ich von den Dialogen kaum etwas mit, da ich an der Highschool erst zwei Jahre Spanisch gehabt hatte. Aber nach etwa einem Monat wurde mir beim Zuschauen plötzlich bewusst, dass ich alles verstand, was die Hexen sagten. Dann folgte Werbung, und wieder verstand ich alles. Dann die Nachrichten, und ich verstand alles. Es war, als hätte mich die Serie verhext.

Von einem Tag auf den anderen konnte ich fließend Spanisch. Ich sagte irgendwas in diesem Sinne zu Panchita, und sie hörte mir lächelnd zu, lachte und gratulierte mir. Tatsächlich, sie könne selbst kaum besser Spanisch als ich, meinte sie scherzhaft, und zur Belohnung bekam ich an diesem Tag eine Tortilla extra.

...

Mein Gastbruder Miguel Ángel schnaubte fast täglich über die Ungerechtigkeit unseres Austauschprogramms, wenn er wie immer spät von der Sommerschule heimkam und mich sah, wie ich sonnengebräunt dalag und las. Er war ein hoch aufgeschossener, schlaksiger Siebzehnjähriger, ein zuckersüßes Teenageridol mit leichten Schönheitsfehlern, die ihn nur noch liebenswerter machten. Er hatte große, herzzerreißend schiefe Schneidezähne, engere, dünnere Jeans als alle anderen und eine

Leif-Garrett-Mähne. Irgendwann nach Rückkehr aus der Schule begann Miguel immer, sich für den allabendlichen Discobesuch herauszuputzen, er duschte und stellte dann sorgfältig sein Outfit zusammen. Ich fand diese Vorbereitungen fremd und faszinierend zugleich – ihm beim Auflegen von Parfüm zuzusehen, hatte etwas beinahe Mystisches.

Und ich durfte ihm bei allem zusehen.

Manchmal wurde ich so sehr zur Kamera, dass ich zusammenfuhr, wenn man mich ansprach. Ich war ein bisschen verknallt in ihn und seine Freunde, junge Männer, ausnahmslos Schönheiten, die mit ihren sechzehn oder siebzehn Jahren etwa ein oder zwei Jahre älter waren als ich und über die ich alles wissen wollte, als würde mir dieses Wissen, wie in den *Dune*-Romanen, Macht über die Objekte meiner Begierde verschaffen. Alles folgte einer geheimen Logik, die, wie mir schien, unter dem sanften Rhythmus von Tag und Nacht verborgen lag, und diesen Code wollte ich knacken.

Miguel und ich trafen seine Freunde an einem Aussichtspunkt über der städtischen Müllhalde, wir parkten am Hang und tranken aus dem Kofferraum Brandy mit Coca-Cola, ein klebrig-süßes Mischgetränk, wie gemacht für heiße Sommernächte, bevor alle weiterzogen in die Discos. Wenn ich mit diesen jungen Männern getrunken hatte, war ich immer etwas schläfrig vom Alkohol und besonders empfänglich für die sinnliche Atmosphäre, das fast körperlich greifbare Vorgefühl von etwas, das ganz gewiss bald kommen musste.

Die Jungs warteten alle auf ihre Mädchen, die länger brauchten, bis sie ausgehfertig waren, und wir tranken, während sie sich ankleideten und schminkten. Ich konzentrierte mich auf den Moment ihrer Ankunft, darauf, was in diesem Moment mit der Jungsgruppe am Aussichtspunkt geschehen würde. Ich wusste damals bereits, dass ich schwul bin, und suchte die Landschaft ständig nach weiteren Anzeichen dafür ab. Wonach ich suchte, war das, was in diesem Moment verschwand. Die Mädchen kamen in ihren Autos, die Scheinwerfer schwenkten über die Szenerie und tauchten uns in helles Weiß. Dann stiegen sie aus, selbstbewusst, glamourös in ihrem Make-up, die Beine glänzend, die Lippen schimmernd vor Lipgloss, die manikürten Finger- und Fußnägel funkensprühende Lichtpunkte im Dunkel der Nacht. Die Jungs knurrten ihre Hallos und grinsten dazu wie Cartoon-Wölfe.

Vor allem zwei von Miguels Freunden fesselten meine Aufmerksamkeit. Sie schienen innig ineinander verliebt, eine Art Protektorat ungezwungener Männlichkeit, dessen Existenz von allen respektiert wurde, ohne dass man es sich so ganz eingestand. Sie waren nicht das, was ich mir unter typischen Machos vorstellte, wirkten aber männlicher, als ich es je hätte sein können, und suchten stets die Nähe des anderen. Vor Ankunft der Mädchen saßen sie immer beisammen, die Arme umeinandergelegt, lässig und schön, und von dort, wo ich saß, spürte ich jeden Flecken Haut, an dem sich ihre warmen Körper berührten, als könnte ich sie mit meinen Augen abtasten. Manchmal, wenn der Abend schon etwas fortgeschritten war, legte einer den Kopf auf die Schulter des anderen, und das Bild verfolgte mich bis in die Träume. Aber sobald sie die Autos der Mädchen kommen sahen, lösten sie sich voneinander, als ob das, was war, nie gewesen wäre.

Alle waren nett zu mir, aber meines Wissens versuchte niemand, mit mir zu flirten. Ich war zu jung. Ich hatte kein Flair. Ich trug kein Goldkettchen. An mir war nichts bemerkenswert, abgesehen von meinen Augen, auf die ich stolz war und von denen mir öfter gesagt wurde, dass sie schön seien. Und die ich einsetzte, in der sicheren Gewissheit, dass sie meine Machtträume wahr machen würden. Um ehrlich zu sein, war ich wahrscheinlich ein ziemlicher Glotzer. Ich war aus Maine, hatte die üblichen braunen Haare, den üblichen Seitenscheitel und trug, wie üblich, Jeans und Poloshirts.

In den meisten meiner Notizbücher findet sich die Zeichnung eines Auges, das den Betrachter anstarrt. Manchmal starrte ich mich an, während ich es zeichnete. Manchmal hatte ich nach Fertigstellung der Zeichnung das Gefühl, dass mein Auge jetzt mich anstarrte. Ich zeichne solche Augen immer noch. Das Auge war der perfekte Talisman für einen Jungen, der glaubte, dass er im Beobachten zugleich mächtig und verborgen war.

...

Etwas tat sich oder hatte sich, wenn man so sagen kann, bereits getan. Ich fühlte mich in Mexiko zu Hause, wie ich mich noch nirgends zu Hause gefühlt hatte.

Dazu trugen auch meine neu erworbenen Sprachkenntnisse bei. Von den zwölf Schülerinnen und Schülern unserer High-school-Gruppe war ich der einzige, der sich fließend auf Spanisch verständigen konnte — zweifellos der Hauptzweck unseres Aufenthaltes in Chiapas. Ich war außerdem der einzige asiatische, nichtweiße Schüler der Gruppe. Auf Exkursionen begannen die anderen Kinder mich zu fragen, was «die» denn gerade gesagt hätten, oder baten mich, für sie zu sprechen. Das Einzige, was sie bisher gemeistert hatten, waren einfachste Alltagssituationen — ¿Cuánto cuesta? Wie viel kostet das? —, und so verspürte ich immer ein klitzekleines Fünkchen Verachtung, wenn ich nachgab und ihnen half.

Da wir, wenn wir nicht gerade einen Ausflug machten, vollkommen auf uns selbst gestellt waren, verbrachte ich so viel Zeit wie möglich allein und wusste deshalb nie, was die anderen Amerikaner gerade machten. Nick Stark war der einzige, mit dem ich mich regelmäßig traf. Er hatte, wie sie alle, große Probleme mit der Aussprache und konnte sich keine Vokabeln merken, aber ich hatte mich vor allem deswegen mit ihm angefreundet, weil ich fand, dass er sehr ansprechend aussah. Von den amerikanischen Schülern war er mein bester Freund, aus Mangel an Alternativen. Nachmittags, nach meiner Fernsehstunde, gingen wir oft zusammen schwimmen, im Freibad des Tuxtla Country Club, in dem unsere Gastfamilien beide Mitglied waren, und waren infolgedessen bald vollkommen braun gebrannt, bis auf die Stellen, die unsere Badehosen notdürftig bedeckten. Ich machte mit, weil Nick mich nie auslachte und weil ich seinen Anblick sehr genoss. Wenn er seine Speedo an- oder auszog, blitzte die ungebräunte Stelle in der Umkleidekabine weiß auf, hell wie ein Kamerablitz.

Wie ich hatte auch Nick dunkle Haare und Augen, und mit geschlossenem Mund sah er aus wie viele der mexikanischen Clubmitglieder, von denen die meisten europäische Vorfahren hatten. Wenn wir schwimmen gingen, erregten wir keinerlei Aufsehen, jedenfalls nicht, solange wir schwiegen. Aber sobald Nick den Mund aufmachte, zeigte er seine riesigen, perlweißen, vollkommen geraden amerikanischen Zähne, das Ergebnis penibel eingehaltener Termine beim Kieferorthopäden. Meine waren ebenfalls groß und weiß, aber ein bisschen schief, genau wie die meiner Mutter: nicht so schief, dass ein Eingriff nötig gewesen wäre, aber schief genug, dass ich, auch dank meines unauffälligeren Akzents, als Mexikaner durchgehen konnte. Mir war bereits aufgefallen, dass die Mexikaner hier in Tuxtla nicht ganz so besessen von Zahnspangen waren wie wir in Amerika, und das galt selbst für Reiche, zumindest für die, die ich hier kennengelernt hatte. In den Siebzigerjahren war Kieferorthopädie noch eine sehr amerikanische Manie. Und das, worauf mich Nick jetzt hinweisen sollte, war mir ebenfalls schon aufgefallen: Inzwischen sah ich auch aus wie ein Mexikaner. Das heißt, eigentlich ging es sogar noch darüber hinaus.

«Du wirst immer mehr wie die», sagte er eines Tages zu mir, als wir uns nach dem Schwimmen umzogen. Ein durchdringender Geruch von Chlor und Rost hing in den kalten grünen Spinden des Country Club, und so schloss ich meinen, was den Geruch allerdings nur wenig abmilderte. Was er gesagt hatte, freute mich, und ich hätte gern mehr davon gehört, war aber abgelenkt, weil es so anregend war, ihm beim Umziehen zuzusehen. Inzwischen war mir klar geworden, dass ich mich zu ihm hingezogen fühlte, und ich hatte gelernt, ihn nicht allzu auffällig anzuglotzen, damit der Anschein gewahrt blieb, dass seine Schönheit mir ungefähr so gleichgültig war wie alles sonst um uns herum. Doch an diesem Tag wippte, während er sprach, sein Penis auf und ab, als ob seine Stimmbänder daran befestigt wären, ein rosiges Pink auf dem blendend weißen Streifen, der die obere Hälfte seines makellos gebräunten Körpers von der unteren trennte. Er sah aus wie ein appetitlicher Becher Fürst-Pückler-Eis.

Er hielt die marineblaue Badehose vor sich, um hineinzusteigen, und wartete offenbar darauf, dass ich mich zu ihm umdrehte.

«Was meinst du denn mit ‹wie die›?», fragte ich ihn.

Nick brauchte ein bisschen, um die Frage zu verarbeiten. Wahrscheinlich hatte er angenommen, ich wüsste schon, wie er das meinte. «Na ja, du weißt schon, du könntest dich echt als Mexikaner ausgeben. Dein Spanisch ist echt gut, du klingst original wie die.»

«Echt?» Ich setzte mich auf die Bank vor dem Spind. Nick stand da, als würde er seine Badehose nicht eher anziehen, bis er von diesem Gespräch erlöst wäre.

Oder er flirtete mit mir.

«Ja», sagte er, «ganz sicher, die würden dir das glauben, also alle, die würden dir den Mexikaner voll abnehmen.» Sein Penis wippte wieder auf und ab, und da ich jetzt saß, war er direkt auf Augenhöhe. Ich blickte hoch zu seinem Gesicht, um seine Aufmerksamkeit nicht auf das zu lenken, was meine Aufmerksamkeit fesselte, aber ich konnte ihn immer noch sehen, wie er lockend in mein Gesichtsfeld hinein- und wieder hinauswippte. Und ich hatte noch so viele Fragen: «Langweilst du dich gar nicht? Ist das nicht seltsam, dass wir keine Schule haben? Ist doch verrückt, oder? Was sich Pablo wohl dabei gedacht hat, bei der Planung unseres Sommers?» Pablo, das war unser Spanischlehrer, Mr. Castellanos, den wir immer nur Pablo nannten, nie Mr. Castellanos.

«Nein», sagte er, «ich hab hier 'ne echt tolle Zeit.» Immerhin, es wippte wieder. Schließlich zog er die Badehose dann doch hoch, und als er den Kordelzug nach innen geschoben hatte, grinste er mich an, als hätte er ein kleines Kunststück vollbracht. Dann stand ich auf, und wir gingen hinaus zum Pool.

An diesem Abend, beim Abendessen, konnte ich meiner Gastfamilie endlich von meinen neu erworbenen sprachlichen Fähigkeiten berichten, und sie überboten sich mit Bemerkungen darüber, dass ich ja wirklich der beste von allen Austauschschülern wäre und wie stolz sie das machen würde. Die anderen Amerikaner wurden der Reihe nach durchgemustert, aber keiner konnte sich mit mir messen. «Lo más bueno», sagte mein Gastvater und zeigte dabei auf mich. Cela strahlte, als sie sich gegenseitig zu ihrem Plan beglückwünschten, kein Englisch mit mir zu sprechen, und noch einmal betonten, dass ich tatsächlich genau wie ein *mexicano* klang. Und noch während sie das sagten, schien mir, als würden sie mich plötzlich mit anderen Augen sehen, als hätte sich ihnen plötzlich offenbart, dass ich in Wirklichkeit einer von ihnen war.

···

Der Reichtum der Familie Gutiérrez verwirrte mich. Miguels jüngste Schwester zum Beispiel besuchte ein Mädcheninternat in der Schweiz, dasselbe Internat, auf dem schon Miguels ältere Schwester gewesen war. Niemand, den ich kannte, hätte sich solche Familientraditionen leisten können. Ich hatte schon verstanden, dass Herr Gutiérrez im Fernhandel tätig war, aber wenn ich versuchte, mir vorzustellen, was das eigentlich bedeutete, sah ich vor mir nur Berge verschnürter Geldballen, die von Lastenkränen aus riesigen Schiffen gehievt wurden.

Bis dahin hatte ich keine Familie gekannt, die einen Hausboy beschäftigte. Sein Name war Uriel, er kümmerte sich um die Grünanlagen im Innenhof, wusch jeden zweiten Tag die drei Autos, sammelte die herabgefallenen Mangos ein und hatte sicherlich noch viele andere Aufgaben, bei denen ich ihn nur nicht beobachten konnte. Aufgrund der Hitze arbeitete Uriel mit freiem Oberkörper, sodass sich, wenn er die Autos abspritzte, seine Haut mit einer Glasur aus Wasser und Schweiß überzog, und in gewisser Weise war er von allen

Jungs, in die ich mich in diesem Sommer verguckte, der wichtigste.

Ich hatte ihn wochenlang von meinem Fenster aus beobachtet, zu schüchtern, um mich ihm zu nähern, zu unsicher auch über meine Sprachkenntnisse, aber jetzt, da ich fließend Spanisch sprach — soweit das denn der Fall war —, lief ich schließlich doch hinunter und stellte mich ihm ein zweites Mal vor. Das erste Mal war ich ihm bei meiner Ankunft vorgestellt worden, aber wir hatten seitdem kaum ein Wort miteinander gewechselt, uns nur gelegentlich zugenickt oder grüßend zugelächelt. Er war ebenfalls schüchtern, und wenn er lächelte, war es immer, als wären wir in einem Film und plötzlich würde der Soundtrack wechseln. Er war braun gebrannt, da er Tag für Tag in der prallen Sonne arbeitete. Ich wusste, dass er den Namen eines Engels trug, eines Erzengels sogar, und umso strahlender erschien er mir.

Ich war jung und naiv genug, mir einzubilden, dass wir Freunde werden könnten, und schrieb sogar eine kurze Geschichte über einen Jungen wie mich, Austauschschüler wie ich, in der wir ein Liebespaar waren. Aber das war reines Wunschdenken. Mit der Zeit wurde mir klar, dass eine Kluft zwischen uns lag, die sich auch durch noch so gute Spanischkenntnisse nicht überbrücken lassen würde. Wie sehr ich auch versuchte, mit meiner neuen Umwelt zu verschmelzen, ich war der amerikanische Gast, und daran hatte er sich zu halten, was immer er für mich empfinden mochte. Im Umgang mit mir beschränkte er sich auf höfliches Alltagsgeplänkel. Vielleicht wusste er, dass ich in ihn verknallt war, aber anmerken ließ er sich das nicht. Ich hatte damals noch nicht begriffen, dass der Klassenunterschied eine größere Barriere war als die Sprache. Er musste höflich zu mir sein, seine Gefühle spielten keine Rolle.

Ich wünschte, ich hätte mehr Fragen gestellt. Nachts in der Disco oder danach, in meinem Zimmer, dachte ich oft an Uriel. Schlief er ebenfalls im Haus, und wenn nicht, wo dann? Wo war er zu Hause und wie sah sein Leben aus? Und natürlich: Woran dachte *er* eigentlich die ganze Zeit? Wobei ich natürlich hoffte, dass er an mich dachte.

...

Die Exkursion, an die ich mich am besten erinnere, war die nach Palenque, eine Ausgrabungsstätte, die damals, unserem Reiseleiter zufolge, noch sehr unerschlossen, voller Skorpione und umzingelt von Kannibalen war. Unser Bus fuhr stundenlang durchs Gebirge, und ich erinnere mich an das elektrisierende Gefühl der Angst, das Gefühl, dem Tode nahe zu sein, wenn ich in einer der ungezählten Haarnadelkurven aus dem Busfenster einen Blick in den Abgrund wagte. Überall entlang der Straße zeigten Kreuze und Kerzen, dass hier jemand bei einem Unfall ums Leben gekommen war.

Palenque war eine Mayastadt, die, so erfuhren wir, im Herzen des mexikanischen Regenwaldes angelegt worden war, weil der Ort als strategisch günstig galt. Ihre steinernen Überreste hatten die Farbe des gleißend weißen Sommerhimmels. Wir stiegen aus dem Bus, und ich war ganz überwältigt vom Anblick des dichten Regenwaldes, als uns der Reiseleiter auch schon in den einzigen bisher freigelegten Tempelkeller führte, wo die anderen amerikanischen Schüler sofort zu fotografieren begannen. Das Licht prallte an der zwischen uns und den Ausgrabungsfunden errichteten Plexiglasscheibe ab, eine Aurora von Kamerablitzen. «Wir wissen so wenig von den Maya», sagte der Reiseleiter immer wieder, in einer

Art Litanei. Was man damals von Palenque zu sehen bekam, ist nur ein winziger Teil dessen, was man heute sehen kann, und das wiederum ist nur ein winziger Teil dessen, was Palenque einmal war: Geschätzte neunzig Prozent der Überreste der Stadt liegen immer noch unter dichtem Urwald. Auf mich wirkte das alles aufregend neu und zugleich unvorstellbar alt. Ich war jung, und es machte mich ganz ungeduldig, dass die Welt noch nicht vollständig erschlossen war. Warum wussten wir nicht längst viel mehr über die Maya, wo es sie doch schon so lange gab?

Im Nachhinein kommt es mir vor, als sei es bei diesem Austauschprogramm vor allem darum gegangen, unsere Gestaltwahrnehmung zu schulen: Man bringe Kinder an einen Ort, wo sie rein gar nichts verstehen, und schicke sie dann kreuz und quer durch die Lande, in Begleitung von Menschen, die kaum mehr verstehen als sie. Allmählich langweilten mich diese Exkursionen, und noch immer war ich der Einzige in unserer Gruppe, der fließend Spanisch sprach. Bei diesem Ausflug empfand ich die Gegenwart der Amerikaner, wie ich sie jetzt insgeheim nannte, als besonders störend. Spanisch schien mir viel dezenter, Tonfall und Lautstärke waren anders, während mir von ihrem durchdringenden, dissonanten Englisch der Kopf dröhnte.

Auf der Rückfahrt nach Tuxtla saß Nick neben mir, schwer und weich, der Kopf auf die Seite gerollt, die Lippen im Schlaf geöffnet. Der Nervenkitzel, ihm so nahe zu sein, und die intime Kenntnis seines Körpers, die ich unseren gemeinsamen Stunden im Freibad verdankte, hielten mich die ganze Fahrt hindurch wach. Ich wollte nichts so sehr, wie ihm heimlich einen Kuss auf den Mund drücken, aber es war reine Wollust, keine Zuneigung, und ich drehte und wendete die imaginierte Szene in meinem Kopf hin und her wie einen Handschmeichler, während wir wieder durch die lebensgefährlichen Kurven rasten.

Es war ein Sommer unerfüllbarer Wünsche.

...

Der Schüler, der ich war, fand es ausgesprochen seltsam, dass wir keinen Unterricht hatten, doch tatsächlich war das Programm so effektiv, dass es sich fast als Methode empfiehlt. Ich lernte so gut Spanisch, dass ich es fließend sprechen konnte. Die Geschichten, die ich aus Langeweile schrieb, als mir der Lesestoff ausging, waren ebenfalls eine Art Meilenstein, den ich freilich erst sehr viel später als solchen erkannte: Sie waren das Erste, was ich für mich selbst schrieb, um mir eine Freude zu machen. Es gab da etwas, das ich fühlen wollte und nur fühlte, wenn ich schrieb. Ich halte das für eine der lehrreichsten Erfahrungen, die ich auf dem Weg zum Schriftsteller gemacht habe – dass ich mir, wenn ich mir selbst überlassen war und nichts mehr zu lesen hatte, die Geschichten, die ich lesen wollte, einfach selber schreiben konnte.

Und dann war da noch die Geschichte, in die ich selbst verwickelt war. Was auch immer ich glaubte, mit meinen Beobachtungsexperimenten bewirken zu können, ich sehe jetzt, dass ich ein Junge war, der sich selbst verlor, um sich in den Umrissen anderer wiederzufinden. Die Klassenkameraden, die mit mir zusammen an diesem Schüleraustausch teilnahmen, kannte ich seit der ersten Klasse, seit wir in ihre Stadt gezogen waren. Ich wäre sie liebend gerne los gewesen, aber auch mich wäre ich gerne los gewesen, oder wenigstens den Zwang, mich weiter mit mir beschäftigen zu müssen.

Das konnte nicht klappen, aber immerhin habe ich es versucht.

Hier also die letzte Lektion dieses Sommers.

...

Die große Feier war für das Ende des Sommers angesetzt und bedurfte aufwendiger Vorbereitung. Ein dreitägiges Fest, der fünfundzwanzigste Hochzeitstag der engsten Freunde meiner Gastfamilie — nennen wir sie, der Einfachheit halber, die Familie Márquez. Aus aller Welt würden Gäste angeflogen kommen, um dem großen Ereignis beizuwohnen, und Cela, meine Gastmutter, verfiel immer in Tanzbewegungen, wenn sie mir von der Feier vorschwärmte. Sie unterrichtete Salsa und Merengue, und ab und an hatte ich mich überreden lassen, ein paar Schritte mit ihr zu wagen; ich erinnere mich an die Vorfreude in ihren Augen, sobald sich eine Gelegenheit zum Tanzen ergab. Sie hatte elegant geschwungene Beine, und die schnellen Bewegungen ihrer Hüften überrumpelten mich — was sie zum Lachen brachte. «Merengue, Salsa, Merengue, Salsa», skandierte sie, wie ein kleines Mädchen, das darum bettelt, einen Kuchen backen zu dürfen, und umkreiste mit schwingenden Hüften den Esstisch, wobei ihre Absätze klirrend den Fliesenboden bearbeiteten. Miguel wurde dann immer rot, und irgendwann winkelte ihr Mann die Arme an und umfasste die Taille seiner Frau.

Sie gab mir ein paarmal Unterricht, weil ich auf der Feier unbedingt tanzen sollte.

Als wir am großen Tag das Haus der Familie Márquez erreichten, stand auf dem Vorplatz ein weißer Jaguar mit roter Schleife obendrauf. Dass es sich um das Geschenk des *señor* an seine *señora* handelte, bedurfte keiner weiteren Erklärung: Mr. Márquez besaß in der Stadt ein Autohaus für Luxuskarossen. Ich war mit Miguel gekommen, und wir wurden von seinem Freund Javier begrüßt, dem Sohn der Gastgeber. Javier hatte diesen trockenen Gesichtsausdruck, von dem ich inzwischen weiß, dass er bei Jugendlichen, die sich als Erzieher ihrer Eltern betätigen müssen, sehr verbreitet ist. Seine Mutter hatte sich just diesen Moment ausgesucht, um ebenfalls vor das Haus zu treten, und als sie sich die Hand vor den Mund hielt, um einen Freudenschrei zu unterdrücken, blitzte hell ihr Diamantring auf. Wer mit einem Diamanten wie diesem — dem größten, den ich je gesehen hatte — auf einer einsamen Insel strandete, bräuchte keine anderen Leuchtsignale mehr.

¿Qué onda?, sagten Miguel und Javier zueinander, und ich sagte dasselbe, die Grußformel, die hier alle Jungs untereinander verwendeten, und als ich es tat, warf mir Miguel von der Seite einen Blick zu und grinste. Du bist bereit, sagte er. Du bist bereit. Javiers Augen funkelten, als Miguel ihm die Wettbedingungen eröffnete: Ich würde versuchen, ihre Freunde aus Oaxaca davon zu überzeugen, dass ich Mexikaner war. Und wenn mir das gelänge, einen Kasten Bier bekommen.

Javier lachte. Ja, sagte er, du könntest wirklich als *mestizo* durchgehen.

Als ich das Wort hörte, wusste ich sofort, was es bedeutet. Gemischt. Für mich ist es ein mexikanisches Wort, ein Wort für beide Amerikas — das wahre Ich des Doppelkontinents, Nord und Süd. Und es schien mir genau das zu treffen, was ich war. Wenn es in den Vereinigten Staaten hieß, man wäre gemischt, schwangen zu viele Bedeutungen mit, die mir nichts sagten. Gemischte Gefühle waren verwirrende Gefühle, und ich war nicht verwirrt — verwirrend fand ich höchstens, dass es allen so schwerfiel, die Existenz von Menschen wie mir zu akzeptieren. So zu leben fühlte sich an, als würde man plötzlich entdecken, dass einem der Schuh am Boden festgenagelt worden war, aber nur der eine, sodass man gezwungenermaßen in einem Kreis von Möglichkeiten herumtappte, der durch die Fantasielosigkeit der anderen definiert war.

Ich starrte Javier verliebt an. Sein runder Kopf, sein schwarzer Topfschnitt, sein schmales, gerissenes Lächeln. Er führte uns durch das Haus zu den Freunden aus Oaxaca.

Es waren Bruder und Schwester, blond, grünäugig, Mexikaner rein spanischen Gebüts, wie mir Miguel erklärte. Sie sahen amerikanischer aus als ich. Ich erinnere mich nicht an ihre Namen, aber wir gaben uns die Hand, wurden einander vorgestellt und unterhielten uns.

Ich erfand eine Vergangenheit in Tijuana. Nicht weit von Amerika, aber noch nicht Amerika. Ich erinnere mich nicht daran, worüber wir im Verlauf der folgenden drei Tage sprachen. Ich erinnere mich nur daran, dass mein Akzent den Härtetest bestand. Sie schöpften keinerlei Verdacht. Als Miguel ihnen endlich reinen Wein einschenkte, waren ihr Lachen und ihr aufrichtiges Erstaunen mein wahrer Preis. Miguel und ich bekamen unser Bier und tranken es mit seinen Jungs, die sämtlich auf der Party waren, und damit war die Sache beendet. Ich hatte vielleicht ein Bier.

Drei Tage lang war «Alejandro aus Tijuana» glückliche Wirklichkeit. Er war wie ich, fühlte sich nur wohler auf der Welt. Leichter. Er rechnete nicht jederzeit damit, dass man ihn dabei ertappte, nicht das zu sein, wofür man ihn bis dahin gehalten hatte, obwohl es genau das war, worum es bei der Wette ging – nur waren die Wetteinsätze meines Lebens in den Staaten ungleich höher. In Maine war man stets darum bemüht, meine Herkunft – halb weiß, halb koreanisch – als fremd, exotisch oder irgendwie monströs erscheinen zu lassen. In Mexiko war ich einfach *mestizo*, und damit etwas ganz Gewöhnliches. Wenn mich die Leute ansahen, dann sahen sie mich und starrten mich nicht an wie ein Mondkalb, im Gegensatz zu meinen amerikanischen Klassenkameraden, die alle weiß waren und aus derselben Kleinstadt in Maine stammten.

Nachdem ich die Wette mit Miguel gewonnen hatte, schien der Sommer gelaufen, und die Reise endete mit einem einwöchigen Aufenthalt in Mexico City, zusammen mit meiner Familie, wo ich – nach einem Sommer, in dem ich einfach alles gegessen hatte, frisches Obst, Tacos von Straßenhändlern in Tuxtla – mir doch noch den Magen verdarb. Ich konnte nichts tun außer im Bett liegen und mir wünschen, wir hätten Mexico City ausgelassen, hätten das Land verlassen, bevor mir das hier passieren konnte. Aber dieser letzte Beweis meiner amerikanischen Verfassung erinnerte mich auch daran, dass ich gehen musste, dass ich nicht von dort stammte. Im Grunde war ich nichts als ein Hochstapler. Dieses Leben würde nie meines sein. Kein Leben außer dem, das ich bereits hatte. Amerika, mein neues Exil.

DER FRAGESTELLER

Im Jahr 1980 wurde unsere siebte Klasse von dem Parapsychologen Dr. Alex Tanous auf übersinnliche Fähigkeiten getestet, ein Ereignis, das so prägend für mich war und an das ich mich so lebhaft erinnere, dass ich mich gelegentlich frage, ob ich es mir nicht, mitsamt Tanous, schlicht ausgedacht habe. Tatsächlich aber war Tanous ebenso wenig ein Produkt meiner Fantasie wie die Stadt, in der ich aufgewachsen bin: eine konservative, außergewöhnlich schöne Stadt in Maine, Einwohnerzahl etwa 11000. Irgendwann einmal habe ich mit angehört, wie Cape Elizabeth ein «halbländlicher Vorort» genannt wurde, und so treffend mir die Bezeichnung erschien, das Wesentliche verfehlte sie: Im Nebeneinander von öffentlichen und privaten Stränden, zwei Leuchttürmen, Bauernhöfen, einem Golfplatz, einem kleinen Museum für Schiffswracks und einem aufgegebenen Marinestützpunkt wirkte die Stadt wie eine florierende Geisterstadt.

Wir hatten gute öffentliche Schulen, die sich besonders um unsere Fähigkeiten im Schwimmen und darstellenden Spiel bemühten, sodass wir in diesen Fächern regelmäßig an landesweiten Wettbewerben teilnahmen. Einen weiteren Schwerpunkt bildete, jedenfalls zu dieser Zeit, die parapsychologische Forschung. Als ich meine ehemaligen Klassenkameraden nach ihren Erinnerungen befragte, konnten sie sich nicht allein an diese, sondern an eine ganze Reihe weiterer, ähnlich angelegter Tests erinnern, die teilweise noch länger zurücklagen und von denen ich nie zuvor gehört hatte.

Kurz bevor er zu uns kam, hatte Tanous — unter dem Titel *Is Your Child Psychic?* — ein Buch mit seinen Forschungsergebnissen publiziert. Offenbar hatte ihm unsere Mittelstufe schon länger als Versuchsobjekt gedient, an dem er seine Theorien überprüfen konnte. Auf wessen Idee das zurückging, habe ich bis heute nicht herausfinden können. Wie ich inzwischen weiß, galten parapsychologische Fähigkeiten seinerzeit als seriöser Forschungsgegenstand, zumindest unter Republikanern, da die CIA über eine militärische Nutzung nachdachte. Aber das erklärt noch nicht, wie es zu der Entscheidung kam. Wenn ich an diesen Tag zurückdenke, fällt mir als Erstes der Moment ein, in dem uns mitgeteilt wurde, dass heute ein Herr Doktor zu uns kommen werde, und der fast schon feierliche Tonfall, mit dem wir auf seine Ankunft eingestimmt wurden. «Dr. Tanous glaubt, dass alle Kinder mit übersinnlichen Fähigkeiten zur Welt kommen», sagte unsere Lehrerin, «und dass man diese Fähigkeiten nur zu trainieren braucht. Mit Tests und Spielen, die wir alle machen können.»

Für mich war es, als wäre ein Traum in Erfüllung gegangen. Seit Langem war es mein sehnlichster Wunsch, oder mehr noch: war ich in meinem tiefsten Inneren davon überzeugt, parapsychologische Kräfte zu besitzen, und der Gedanke, dass wir alle sie besaßen und manche sich ihrer Kräfte nur bewusster waren als andere, machte mich überglücklich, zumal mir Lernen nicht schwerfiel. Den ganzen Vormittag hindurch, während wir auf Dr. Tanous warteten, träumte ich davon, als Wunderkind, als wichtige parapsychologische Ressource entdeckt und unverzüglich aus dem Klassenzimmer geführt und einem Team von Telepathen zugeteilt zu werden, das meine Fähigkeiten vervollkommnen und dann mit mir zusammen das Verbrechen bekämpfen würde – genau wie in meinen *X-Men*-Comics, versteht sich. Vielleicht würde man mich auch, da meine übersinnlichen Kräfte so überaus stark waren, dass sie eine Gefahr für die Stadt bedeuteten, an einen geheimen Ort weit außerhalb bringen, um sie dort genauer studieren zu können, wie in *Feuerkind*, meinem Lieblingsroman von Stephen King.

Mit anderen Worten: Ich wollte entdeckt werden, ich wollte, dass endlich meine wahre Geschichte begann.

Damals kreisten meine Tagträume fast immer darum, dass ich die Stadt verlassen musste. Oder um meine verborgenen Superkräfte. Ich fühlte mich in der Stadt wie ein Gefangener und hatte die Nase voll von meinen Mitschülern, die ausnahmslos weiß waren und «Guam», von wo aus wir vor sechs Jahren hergezogen waren, partout nicht aussprechen konnten. Ich hoffte immer noch, wir würden eines Tages zurückgehen.

Dann erschien Tanous in unserem Klassenzimmer: gut aussehend, freundlich, charismatisch, aber ansonsten, seltsamerweise, vollkommen unauffällig. Er trug Jackett und Krawatte, der Knoten ein bisschen unförmig, und sah genauso aus wie unsere Lehrer. Nur war er keiner.

...

Der Test, an den ich mich am besten erinnere, war eine geführte Meditation, bei der wir gebeten wurden, unsere Augen zu schließen und uns vorzustellen, wir würden in Wasser versinken, immer tiefer und tiefer, um dann aus dem Wasser ins helle

Licht aufzusteigen und unser Bewusstsein unter die Zeitschrift zu schicken, die aufgeschlagen, mit dem Gesicht nach unten, vor ihm lag, sodass wir das Bild auf der Doppelseite nicht sehen konnten.

Er fragte uns der Reihe nach, was wir gesehen hätten – bei mir waren es Menschen in einem Kanu, auf einem Fluss, dahinter riesige weiße Säulen –, dann drehte er die Zeitschrift um. Eine Zigarettenreklame. Die weißen Säulen, die ich gesehen hatte, waren riesige Zigaretten, davor schwamm klein, auf einem Fluss, ein Kanu.

Alle drehten sich zu mir um und starrten mich voll Misstrauen an. Ich hatte es als Einziger erraten. Und meine Vision war nicht nur ungefähr richtig gewesen, sondern ziemlich präzise. Dr. Tanous lächelte zufrieden. Er schlug eine zweite Zeitschrift auf und bat uns, die Übung zu wiederholen.

Soweit ich mich an den weiteren Verlauf des Tages erinnere, machte ich meine Sache recht gut: Ich bestand zwei der drei Zeitschriftentests und rechnete damit, dass man mich zur Belohnung sofort zu einem staatlich finanzierten Programm für parapsychologische Kriegsführung schicken würde. Oder irgendwohin, wo es interessanter wäre als in der siebten Klasse. Stattdessen ging Tanous einfach. Doch bevor er ging, brachte er uns noch ein Kartenspiel bei, mit dem wir unsere parapsychologischen Fähigkeiten trainieren sollten: Man musste fest an eine bestimmte Spielkarte denken, dann mit dem Finger an einem Kartenstapel entlangfahren und ihn an der Stelle teilen, wo er sich heiß anfühlte. War das die Karte, an die man gedacht hatte? Häufig war sie es. Ich habe das Spiel jahrelang gespielt, bis ich irgendwann die Lust daran verlor.

...

Der Anfang der Geschichte, auf den ich gehofft hatte, blieb aus. Dafür begann eine andere.

Ich war, letztlich, noch ein Kind. Und wie viele Kinder wollte ich mächtiger sein als die Welt um mich herum. Ich hatte Romane gelesen von Zauberern und Magierinnen, von heroischen Drachenreitern und tot geglaubten Königssöhnen, die als einfache Bürger aufwachsen müssen, um vor ihren Feinden geschützt zu sein, und hatte gehofft, einer wie sie sein zu können. Ich hatte in der Schul- wie in der Stadtbibliothek den Gesamtbestand an mythologischer Literatur verschlungen und mir bald auch *Der goldene Zweig* von Sir James George Frazer ausgeliehen, eine berühmte anthropologische Abhandlung über Magie – in der Annahme allerdings, es handele sich um eine Sammlung von Zaubersprüchen. Leider fand sich nichts außer einer Art Anleitung, wie sich Druiden den Wind herbeipfeifen, und soweit ich heute pfeifen kann, geht es auf diese Anfänge zurück.

Nach der Stippvisite von Dr. Tanous begann ich, mir außerdem Bücher über Parapsychologie auszuleihen. Ich fasste den Plan, nach Schottland zu gehen, an die University of Edinburgh, und dort Parapsychologie zu studieren. Ich hätte nur allzu gern mein ganzes Leben dem Studium von Groß-müttern gewidmet, die glauben, das «zweite Gesicht» zu haben. Und, natürlich, dem Studium meiner selbst.

Und dann zerriss es meine Welt, in alle Richtungen zugleich. Mein Vater hatte einen schweren Autounfall, ein Frontalzusammenstoß, bei dem das Sicherheitsglas der Windschutzscheibe nach innen statt nach außen explodierte. Nach dem Unfall war er halbseitig gelähmt, infolge seiner inneren Verletzungen. Der Fahrer neben ihm wurde weniger schwer verletzt, überlebte seine Verletzungen jedoch nicht.

Ich habe, das sehe ich jetzt, einfach versucht durchzuhalten. Wenn sich eine beliebige andere Realität angeboten hätte, ich hätte ihr sofort ewige Treue geschworen. Zum Zeitpunkt des Unfalls war ich dreizehn, und sechzehn, als mein Vater an den Spätfolgen des Unfalls starb. Wenn ich mich heute frage, warum mich von allen Spielarten des Okkulten, mit denen ich in Berührung gekommen bin, das Tarot am meisten ansprach, fällt mir die Antwort nicht schwer: Nach dem Unfall meines Vaters wollte ich die Zukunft vorhersagen können. Ich wollte mich nie wieder von einem missgünstigen Schicksal überrumpeln lassen. Ich wollte einen dieser Spiegel, mit denen man um die Ecke sehen kann, und glaube im Grunde noch immer, dass das Tarot dieser Spiegel ist. Angesichts der Ergebnisse meines parapsychologischen Tests schien nichts näher zu liegen, als mir einen Satz Tarotkarten zuzulegen – Tanous' Kartenspiel, nur mit mehr Funktionen. Und genau das tat ich.

...

In meiner Familie hält man Wahrsagerei entweder für eine Spinnerei, die man nicht ernst nehmen kann, oder nimmt sie so ernst, dass es schon wieder komisch wirkt. Ich erinnere mich zum Beispiel daran, wie sich mein Vater einmal für eine Spendenaktion des Rotary Club als Zigeuner verkleidete und immer, wenn er gerade niemandem die Hand lesen konnte, aus dem Zelt herausguckte und mir zuzwinkerte, um den Kopf ein albernes buntes Tuch und am Ohr ein baumelnder Ohrring. Oder an seine Schwester, meine Tante, die vor Wut in Tränen ausbrach, als ihr nordkoreanischer Erfindergatte seine hoch dotierte Stellung als Chemietechniker aufgab, um sein Leben fortan dem – leider erfolglosen – Versuch zu widmen, die perfekte Glückskeksmaschine zu konstruieren. Bei ihren Besuchen brachte uns mein Onkel dann immer müllsäckeweise Ausschusskekse mit, von denen manche gleich drei Weissagungen enthielten, andere überhaupt keine. Anfangs aßen meine Freunde sie ganz gern, aber da sie schnell alt und mürbe wurden, verloren wir bald die Lust an ihnen und gingen dazu über, die Müllsäcke ungeöffnet wegzuwerfen.

Lustige Verkleidungen einmal beiseite, hat mein Vater tatsächlich aus der Hand gelesen, mir allerdings nie. Ich frage mich, ob er sich je selbst die Hand gelesen hat. Wenn er nicht so früh gestorben wäre, hätte er es mir vielleicht beigebracht, oder ich hätte ihn zumindest darum bitten können. Als ich mich der Wahrsagerei zuwandte, war es mir jedenfalls ernst damit. So ernst, dass ich Gefahr lief, mich zum Narren zu machen.

Ich bin dann letztlich doch nicht nach Edinburgh gegangen, sondern an die Wesleyan University, im Connecticut River Valley, ein paar Stunden südlich von Maine. Ein Abschluss in Parapsychologie war damit ausgeschlossen, aber das schien mir auch nicht länger vonnöten. An der Wesleyan fand sich immer jemand, der einem beispielsweise die Karten legte, weil dort alle erdenklichen Glaubensrichtungen vertreten waren. Im Laufe einer einzigen Woche konnte man an einer Messe und einem Seder teilnehmen, die halbe Nacht das Ouijabrett befragen, sich die Karten legen lassen, einem Mondritual der Wicca beiwohnen und nach dem Aufstehen die heilige Kommunion empfangen, und wenn dich deswegen einer schief ansah, Schwamm drüber. Widersprüche wurden stolz verteidigt, und ich beteiligte mich nach Kräften. Als ich aufs College gehen sollte, war ich immer noch wie elektrisiert vor Trauer – der Schock und die Taubheit unmittelbar nach dem Tod meines Vaters waren abgeklungen, und jetzt stürzten die Gefühle alle zugleich auf mich ein. Das Erste, was ich mit meinem staatlichen Treuhandfonds machte (mein Vater hatte kein Testament hinterlassen), war, einen Alfa-Romeo-Händler aufzusuchen, per Scheck ein neues Coupé zu kaufen und mit dem Auto zum College zu fahren, wo ich es immer nur mein Feuerzeug auf Rädern nannte. Ich tat, als könne mir nichts gleichgültiger sein als Geld, wie eine Figur aus *Wiedersehen mit Brideshead*, und das auch dann noch, als ich schon längst, voll verschämter Zerknirschung, einen Job angenommen hatte und zweimal die Woche ab sieben Uhr morgens Sandwiches belegte, in einem Feinkostgeschäft ganz in der Nähe des Campus. Wenn mir ein Kommilitone beim Anblick meines Autos unter die Nase rieb, wie privilegiert ich doch sei – das Herumhacken auf Klassenunterschieden ersetzte bei uns die ansonsten üblichen Initiationsrituale –, zuckte ich nur mit den Schultern und sagte: «Du hast ja so recht. Ich bin privilegiert. Sogar so privilegiert, dass mein Vater schon tot ist.» Was den lieben Kommilitonen mit Gewissheit in die Flucht schlug.

Aber das war ja auch Zweck der Übung.

Mein erstes Tarotblatt war das Crowley-Tarot, die geistige Frucht der Verbindung von Aleister Crowley, dem berühmten Okkultisten des frühen zwanzigsten Jahrhunderts, mit Lady Frieda Harris. Crowley war ein bisexueller, opiumrauchender Männer- und Frauenschwarm, ein Wildfang mit verwegenem Wuschelhaar, und Harris seine Geliebte. Männer wie Crowley bereiteten mir damals regelmäßig großes Kopfzerbrechen, und er war keine Ausnahme. Rückblickend passten die Karten perfekt zu mir, sie waren wie ein teurer Sportwagen, den man sich zulegt, nur um endlich einen guten Zigarettenanzünder zu besitzen. Crowley und Harris hatten versucht, das esoterische und okkulte Wissen von Jahrhunderten in einem einzigen Kartenspiel zu bündeln, sodass es dem Adepten bei regelmäßigem Gebrauch auch als Gedächtnisstütze dienen konnte: Beim Kartenlegen wurde man zugleich mit den untergründigen Beziehungen zwischen archaischen Göttern und Göttinnen, Tierkreiszeichen, Planeten und alchemistischen Sigillen vertraut gemacht. Die Karten waren wie achtundsiebzig Fenster ins Geheimherz der Welt, verborgen irgendwo jenseits des Äthers, tief unter der Haut der Existenz.

Vieles von dem, was ich an Literatur liebe, liebe ich auch am Tarot – das Widerspiel von Archetypen, verborgene Motive, Geheimnisse, die ans Licht kommen. Ich kaufte die Karten aus demselben Grund, aus dem ich zuvor das Auto gekauft hatte: Um mich nicht länger wie eine Romanfigur zu fühlen, die hilflos von einem erbarmungslosen Schicksal herumgeschubst wird. Ich wollte die Macht über mein Schicksal zurückgewinnen. Ich wollte über den Horizont meines Lebens hinauslinsen und sehen, was da auf mich zugerollt kam. Ich wollte die Hauptfigur dieser Geschichte sein. Und ihr Autor. Und wenn ich einen Roman über jemand wie mich schreiben würde, wäre genau das der Punkt, wo er vom rechten Weg abkommt.

Ihrem Wunsch gemäß wurde das von Crowley und Harris entworfene Tarotblatt erst posthum veröffentlicht, was entfernt an den bekannten Entschluss E. M. Forsters erinnert, seinen Roman *Maurice* zurückzuhalten, sodass ihn bis zu seinem Tode nur engste Freunde zu lesen bekamen. Forster ging es dabei um seine Sexualität; ich habe nie herausfinden können, was Crowley und Harris zu verbergen hatten.

...

Angeblich musste man seine ersten Tarotkarten geschenkt bekommen, aber so lange wollte ich nicht warten. Und also begab ich mich eines schönen Tages in meinem zweiten Studienjahr zum Magic Shop, einem kleinen violetten Häuschen unweit des Feinkostgeschäfts, fest entschlossen, mir endlich mein Crowley-Tarot zu besorgen. Die Traumfänger schlugen gegen die Tür, als ich den Laden betrat, mit einem Freund im Schlepptau, der die Karten für mich kaufen sollte – ich wollte mein Geschenk bekommen, wann *ich* wollte, und dieser Moment war jetzt gekommen. Als mir mein Freund die Karten überreichte, jubelte etwas in mir auf – ein Gefühl von Macht, genau wie ich es mir erhofft hatte. Aber gleichzeitig fühlte ich mich, als hätte ich mich auf verbotenes Gelände vorgewagt, und während ich mit meinen Karten nach Hause ging, um sie auf dem Tisch auszubreiten, ganz begierig darauf, sie zu beherrschen, gewann mal das eine, mal das andere Gefühl die Oberhand – und so ist es bis heute geblieben.

Ich hatte nie das Bedürfnis, mich mit der Geschichte des Tarots zu befassen. Ich habe mich nie gefragt: Woher kommt das? Von Anfang an fühlten sich die Karten an, als hätte es sie immer schon gegeben. Aber dem ist nicht so.

Laut der Standardversion, wie man sie auf den gängigen Webseiten für Tarotinteressierte findet, hat das Tarot seinen Ursprung im Triunfo, einem Kartenspiel, das sich im fünfzehnten Jahrhundert beim italienischen Adel großer Beliebtheit erfreute. Obwohl von esoterischem, okkultem Wissen beeinflusst, hatte es mit Wahrsagerei oder Aberglauben nichts zu tun. Erst zu Beginn des zwanzigsten Jahrhunderts wurde es zu dem, was es heute ist, vor allem dank der Bemühungen der Society of the Golden Dawn, einer Gruppe von Spiritisten, der auch Crowley und Harris angehörten. Sie hatten es sich zur Aufgabe gemacht, das gesamte esoterische Wissen, die ägyptische Mythologie, die Astrologie, die Kabbala et cetera zu systematisieren, und nutzten das Tarot, um ihre Schüler in alledem zu unterweisen.

Das System des Tarots mag uralt wirken, ist aber eher ein Mittel zur Erkundung archaischer Denksysteme als selbst eines. Tarotblätter gibt es inzwischen in allen erdenklichen Varianten, das Tarot in seiner heutigen Form ist jedoch nicht älter als etwa einhundert Jahre.

...

Als ich damals anfing, mir das Kartenlegen beizubringen, ging es mir zunächst um die Grundlagen – insbesondere das Zehnersystem, das sogenannte Keltische Kreuz, das wahrscheinlich gängigste Legesystem. Zu Beginn zeigt es den Fragesteller – die Person, die sich die Karten legen lässt – am Rande eines schicksalhaften Abgrunds, wobei die Karten jeweils für unterschiedliche Aspekte stehen: den Fragesteller selbst, seine Situation, was ihn durchkreuzt, was ihn krönt, was unter ihm liegt, die jüngste Vergangenheit, die nahe Zukunft, Hindernisse, Verbündete, Hoffnungen und das Endergebnis. Um das Kreuz zu legen, mischt man die Karten, hebt ab und legt sie dann entweder von oben ab oder fächert sie auf, um dem Fragesteller die Wahl zu überlassen, lässt sich die ausgewählte Karte reichen und legt sie an ihren Platz.

Meinem Tarotblatt war eine Art Anleitung beigelegt, der ich die Empfehlung entnahm, die Karten in die Hand zu nehmen, den Fragesteller um geistigen Beistand zu bitten und dann schweigend ein paar Sekunden verstreichen zu lassen, bevor man sie auslegte. Genauso machte ich es, wobei ich zusätzlich die Augen geschlossen hielt. Anfangs war mir das ein bisschen peinlich, aber das hatte viel mit meiner damaligen Verfassung und wenig mit der Geste selbst zu tun, wie mir scheint. Heute finde ich sie tröstlich.

In allen Lebenslagen sind gute Manieren der Schlüssel zum Erfolg, und das gilt auch und gerade im Umgang mit dem Okkulten.

Im Tarot unterscheidet man zwei Typen von Karten, die Großen und die Kleinen Arkana. Die Großen Arkana, durchnummeriert von 0 (Der Narr) bis 21 (Die Welt), bilden zusammen den Weg des Narren, eine spirituelle Reise, die in zweiundzwanzig Schritten zur Vollendung führt: von der Unschuld, der ersten Karte, zur Meisterschaft, die von der letzten Karte symbolisiert wird. Für die Deutung sind diese Karten im Allgemeinen von größerem Gewicht als die Kleinen Arkana. Die Großen Arkana sind so etwas wie Götter, die Kleinen eher Normalsterbliche.

Die Kleinen Arkana sind in vier Farben unterteilt, in der Standardversion: Münzen, Schwerter, Stäbe und Kelche. Münzen sind Geld, Gedanken, die in die Tat umgesetzt, Gegenstand geworden sind, Arbeit, für die man bezahlt wird. Schwerter sind der Verstand, der Intellekt, die Wissenschaft, Pläne. Stäbe sind das Feuer des Geistes, Kreativität, schöpferische Leidenschaft, Inspiration. Kelche sind Emotionen, die Tiefen des Unbewussten, ein Maß für Trauer und Freude. Jede Farbe besteht aus zehn durchnummerierten Zahlen- und vier Bildkarten: Page (oder Prinzessin), Ritter (oder Prinz), Dame und König. Insgesamt sind es sechsundfünfzig Farbkarten.

Man deckt die Karten beim Auslegen auf und versucht dabei, sich den Symbolgehalt der Karten zu vergegenwärtigen und zugleich die flüchtigen Eindrücke festzuhalten, die sich beim Berühren der Karten einstellen. Die Karten hängen miteinander zusammen wie Szenen oder Kapitel einer übergreifenden Geschichte, und die Deutung hat die Aufgabe, diesen übergreifenden Zusammenhang herzustellen. Das macht Kartenlesen — was immer es einem sonst sagen mag — zu einer hervorragenden Übung im freien Erzählen.

Für alle Karten gibt es eine Standarddeutung oder -assoziation: Zerstörung, Kreativität, eine Affäre, eine Geliebte, ein blonder Mann, ein dunkelhaariger, Weiterziehen und so weiter. Aber es gibt auch Welten in Welten und Muster zu erlernen: Manche Farben sind untereinander verfeindet, alle Karten haben je nach Position eine andere Bedeutung und Zahlenwerte eine Bedeutung auch unabhängig von der Farbe. Und dazu kommen noch die Deutungen für auf dem Kopf stehende Karten, vorausgesetzt, man arbeitet mit solchen umgekehrten Karten, was einige Tarotleser tun, andere jedoch nicht.

Der Freund, der mir die Karten gekauft hatte, war mein Zimmernachbar auf dem College und bester Freund Aaron, und sobald wir zurück in unserem Zimmer waren, bat er mich um eine Sitzung. Ich willigte ein. Ich legte meine Hand auf den Stapel, schloss die Augen und bat stumm, wie in der Anleitung beschrieben, um Wahrheit und Schutz. Als ich die Augen wieder öffnete, sah mich Aaron erwartungsvoll an. Ich mischte die Karten, fächerte sie auf und bat ihn, mit seiner nichtdominanten Hand immer die Karten auszuwählen, die sich heiß anfühlten.

Das war meine Version der Anweisungen, die uns der Parapsychologe Dr. Tanous für sein Kartenspiel hinterlassen hatte, in einer schon halb vergessenen Vergangenheit.

Wir legten die Karten aus, eine nach der anderen, und ich

deutete sie, so gut ich eben konnte. Dann erschien das Tetragrammaton.

«Heftig», sagte Aaron, ohne einen Hauch seiner üblichen Ironie.

Das Tetragrammaton steht symbolisch für den Namen Gottes und wird verwendet, wenn man meint, dass der wahre Name Gottes in keiner Sprache ausgesprochen oder aufgeschrieben werden kann. Die ganz in Rot und Schwarz gehaltene Karte wirkte kraftvoll und dramatisch. Sie ist in keinem Tarotblatt außer Crowleys enthalten. Laut meiner Anleitung hatte die Karte keine Bedeutung und konnte deswegen auch beim Kartenlesen keine haben. Und doch war sie im Spiel und machte, wie sie da vor uns lag, sehr stark den Eindruck, als hätte sie uns etwas mitzuteilen.

Hier endlich witterten wir Betrug.

An andere Einzelheiten der Sitzung kann ich mich nicht erinnern, nur dass Aaron am Ende meinte: «Komm, machen wir's noch mal, nur so zum Spaß. Nur um zu sehen, was passiert.»

«Um zu sehen, ob die gleichen Karten kommen?»

«Ja», sagte er und grinste.

Ich mischte besonders gründlich und breitete die Karten in einer langen Reihe vor mir aus. Er zog sich jeweils eine Karte und reichte sie mir, und ich deckte sie an ihrer Position auf.

Sieben der zehn ausgelegten Karten waren dieselben, und fünf lagen wieder an derselben Stelle, darunter auch das Tetragrammaton, der Name Gottes, wobei es uns eher vorkam, als dröhnte uns die Stimme Gottes in den Ohren: «Kehrt um!»

«Ach du Scheiße», sagte Aaron.

Ich war ganz seiner Meinung. Wir sammelten hastig die Karten ein.

Und dann, viel später, packte ich sie wieder aus. Und legte sie mir, zum allerersten Mal.

...

Das Gefühl, dass etwas Wirklichkeit wird, dass etwas durch die Karten zu einem spricht, ist wahrscheinlich das, was im Umgang mit dem Tarot am schwersten zu meistern ist. Man liest die Karten, weil man den Kontakt zu etwas Übermenschlichem sucht. Man stellt Fragen und wünscht sich, dass die Karten antworten. Kompliziert wird es, wenn sie es tatsächlich tun.

Im Allgemeinen erscheinen einem die Karten immer dann als besonders bedeutungsvoll, wenn sie unterschwellige Ambivalenzen oder Ängste, all das also, was man normalerweise vor sich selbst verborgen hält, Zug um Zug offenlegen. Übersinnliche Fähigkeiten braucht man dazu keine, ja sie können sogar hinderlich sein, weil sie vom Kern der Sache wegführen. Der Fragesteller ist nicht verpflichtet, einem mitzuteilen, worum es ihm bei der Sitzung geht, und kann sich auch auf gelegentliches Nicken beschränken, während man ihm erzählt, was man in den Karten sieht. Oft ist es von Vorteil, wenn sich der Fragesteller über seine Motive ausschweigt, denn je weniger man über seine Person weiß, desto geringer die Gefahr, dass man beim Deuten der Karten von Vorannahmen beeinflusst wird. Informationen verdichten sich zu einem Bild des Fragestellers, und dieses Bild trübt, was andernfalls eine bessere Deutung geworden wäre. Denn der Lesende soll dem Zuhörer einen Bedeutungszusammenhang, eine Geschichte anbieten, die allgemein genug gehalten ist, dass der Fragesteller sie mit seiner eigenen Wahrheit ausfüllen kann. Beim Tarot liegt die wahre Macht beim Fragesteller.

Deshalb sollte man auch, meiner Erfahrung nach und wenn es sich irgend vermeiden lässt, nie jemandem die Karten legen, in den man verliebt ist. Denn selbst, wenn man sich um professionelle Distanz bemüht, wird die Geschichte, die man erzählt, beeinflusst sein von dem, was man über sein Gegenüber weiß oder was man sich für die Zukunft erhofft. Und gerade Menschen, die man wirklich liebt, verdienen diese Distanz.

Als Aaron und ich, bei unserem zweiten Versuch, siebenmal wieder dieselben Karten erwischten, war das ein Schock. Ich hatte den Stapel wirklich gründlich durchgemischt, er hatte jede Karte einzeln gezogen, die Karten waren nagelneu und durch nichts voneinander zu unterscheiden – so was konnte einfach nicht passieren. Ihr neuerliches Erscheinen – das konnte kein Zufall sein, offenbar musste man uns alles zweimal sagen – schien uns nicht bloß unwahrscheinlich, soweit wir uns an statistischen Erwägungen orientierten, sondern wirkte wie ein Zähnefletschen: als ob das, was ich da unvorsichtigerweise ein zweites Mal befragt hatte, die Herausforderung angenommen und unser durchsichtiges Spiel mitgespielt hätte, nur um uns verspotten und verhöhnen zu können. Wie ich die Karten wegräumte, gruselte es mich bei der Vorstellung, dass es da etwas geben sollte, was mir antwortete. Doch als ich sie dann wieder hervorholte, war ich bereit, mit diesem Etwas zu sprechen, was immer es war.

Mit der Zeit gewöhnte ich mich daran, dass im Laufe einer Sitzung dieselben Karten zuweilen mehrmals wieder auftauchten; ich dachte sie mir als Wetterphänomene, die mit den Jahreszeiten wiederkehren. Ich fürchtete mich nicht länger vor Karten, die einem Angst einjagen: Drei der Schwerter, die meist für Trennung oder Verrat steht; Acht der Kelche, die oft bedeutet, dass man sich von etwas lösen muss; der Turm, die Karte explosionsartiger Umwälzungen — die Mächtigen werden gestürzt, die Machtlosen emporgehoben; Neun der Schwerter, die Karte seelischer Qualen; Zehn der Schwerter, die endgültige Niederlage. Damit ist natürlich nur eine allgemeine Tendenz vorgegeben; was fehlt, sind die individuellen Nuancen, die sich erst im Zuge einer Sitzung herauskristallisieren, und beim Tarot geht es gerade um diese Nuancen.

Allerdings verlor ich allmählich die Geduld mit den Karten. Ich legte sie mir zu oft und war dann enttäuscht, wenn das, wovon ich sicher war, dass es eintreten musste, einfach nicht eintreten wollte. Und so räumte ich sie irgendwann weg, wie ich es nach jeder Sitzung tat, und rührte sie dann jahrelang nicht mehr an. Vielleicht waren es einfach zu viele Nuancen, jedenfalls hatte das Werkzeug, das mir zur Orientierung dienen sollte, inzwischen den gegenteiligen Effekt. Als ich sie später unverhofft wiederentdeckte, war ich, glaube ich, überrascht, aber sie ließen mich immer noch kalt. Behalten habe ich sie trotzdem.

Und dann wurde ich eines Tages professioneller Tarotleser.

...

1999 arbeitete ich als Yogalehrer in einem Studio in SoHo, Lower Manhattan. Bei einer Mitarbeiterversammlung fragte der Studiobesitzer, ob einer von uns Tarot lesen könne und daran interessiert wäre, unserer Kundschaft die Karten zu legen. Ich meldete mich, und damit tat sich eine Verdienstmöglichkeit auf, die zu den interessanteren gehörte, mit denen ich im Laufe der Jahre meinen Lebensunterhalt bestritten habe.

Wie ich bald erfahren sollte, ist Wahrsagerei im Bundesstaat New York verboten, ein Vergehen zweiter Klasse. Erlaubt ist Wahrsagerei, gemäß Artikel 165.35 des New Yorker Strafgesetzbuchs, nur dann, wenn dem Fragesteller vor Beginn der Sitzung unmissverständlich klargemacht wird, dass es sich um eine reine Unterhaltungsveranstaltung handelt. Der Studiobesitzer, ein freundlicher kolumbianischer Mystiker, der stets den Eindruck machte, als könnte ihm nichts gleichgültiger sein als die Gesetze der Normalsterblichen, klärte mich darüber auf, unmittelbar nachdem ich mich gemeldet hatte. «Also, mach uns keine Scherereien», sagte er. Ich wollte ihm erst nicht glauben, wurde jedoch eines Besseren belehrt, als ich den Gesetzestext nachschlug. Ich musste mir also etwas einfallen lassen, was ich meinen Kunden sagen konnte. «Aber nur so zum Spaß, einverstanden?» – das traf noch nicht den richtigen Ton. Der Hinweis, zu dem ich mich letztlich entschloss, war sarkastisch: «Und, macht's Spaß? Der Staat New York verlangt nämlich, dass Sie sich hier gut amüsieren, und das ist der einzige Zweck dieser Veranstaltung.»

Doch auch abseits rechtlicher Fallstricke ist es nicht ganz einfach, anderen die Karten zu legen, und die Sache gestaltet sich noch verwickelter, wenn man dafür bezahlt wird. Ich hatte mich dazu bereit erklärt, nebenher ein bisschen Tarot anzubieten, einmal weil ich den zusätzlichen Verdienst gut gebrauchen konnte, und dann weil ich dachte, es würde mir Spaß machen. Worauf ich nicht gefasst gewesen war, waren die Einblicke in das Innenleben meiner Kunden. Ihr Schmerz, ihr

Ehrgeiz, ihr gieriges Streben nach Macht, Erfolg, Geld oder Liebe – all das offenbart sich nicht so sehr in den Karten, sondern in den Fragen, die sie einem stellen, ihrem Gesichtsausdruck, wenn man ihnen antwortet. In ihrem Bedürfnis, endlich Antworten zu erhalten, lassen sie die Masken fallen, und man sieht sie von einer Seite, die sie sonst vor anderen verborgen halten. Und wenn sie einen dann bezahlen, ist ihnen anzumerken, dass es für sie weit mehr als bloße Unterhaltung war. Sie wollen echte Antworten und sind bereit, Geld dafür auszugeben, in der Hoffnung, oder nein: weil sie davon überzeugt sind, dass sich unseriöse von seriöser Lebenshilfe dadurch unterscheidet, dass man für letztere bezahlen muss. Unter solchen Umständen tut man, meiner Erfahrung nach, gut daran, den Fragesteller zu ignorieren und sich ganz auf die Karten zu konzentrieren – sie Archetypen sein zu lassen, unpersönliche Metaphern, die nur in ihrer Unpersönlichkeit umwälzende Erfahrungen möglich machen.

Ich lernte, beim Kartenlegen ein Porträt der Möglichkeiten zu zeichnen, die in der Gegenwart angelegt sind. Und wenn ich selbst der Fragesteller war, die Deutung genauso aufzunehmen.

•••

Es wäre ethisch nicht vertretbar, hier näher auf meine Tarotsitzungen einzugehen. Glücklicherweise kann ich mich kaum noch an sie erinnern. Manchmal fragen mich Freunde, ob ich noch wüsste, wie ich ihnen damals die Karten gelegt hätte, insbesondere dann natürlich, wenn eine meiner Vorhersagen zutreffend war – doch ich kann es nicht und weiß auch nicht, warum. Ich erinnere mich nicht einmal dann, wenn ich mir selbst die Karten lege; inzwischen mache ich Fotos, damit nicht immer sofort alles weg ist. Was ich aber sagen kann, ist, dass sich die Fragen meist um Liebe und Geld drehen, die Themen, um die sich im Leben fast alles dreht. Wann kommt die große Liebe, wird sie halten, betrügt er mich? Wann komme ich zu Geld, werde ich's behalten, betrügt man mich? Werde ich den neuen Job bekommen, die Beförderung? Wird sich mein Buch verkaufen? Das ist der Schatten, der sich auf jeden Kuss und jeden Dollar legt, dass er vielleicht morgen schon für immer dahin sein könnte. Wenn es einen kleinen Dämon gibt, der einen beim Kartenlegen belauert, dann den, der im Innersten des Fragestellers hockt und ihn zu Fragen nach Liebe oder Geld drängt. Aber er hockt genauso auch in dem, der ihm die Karten legt.

Die Texte, die ich für meine Ausbildung zum Yogalehrer durcharbeitete, behandelten unter anderem die *Siddhis*, übersetzt etwa: Geschenke. Ein Thema, mit dem ich nicht gerechnet hatte und bei dem es darum geht, dass der Körper durch Yoga so weit gereinigt werden kann, dass man Fähigkeiten wie Telepathie, Hellsehen und Levitieren erwirbt. Dieselben Texte enthielten auch die Warnung, dass solche Gaben Hindernisse, Prüfungen auf dem Weg zur Erleuchtung seien — denn ihr Besitz verleite dazu, sich für gottgleich zu halten, und dasselbe gelte für das Wissen, über das man als Yogalehrer verfügt. Mit anderen Worten: Alles, was einem das Gefühl einflößt, andere in seiner Macht zu haben, besser als andere zu sein, ist ein solches Hindernis.

In diesem Licht sah ich zunehmend auch, was ich die dunkle Seite der Wahrsagerei nennen würde. Auch ich wünschte mir Geld und Liebe und war sicherlich nicht immun gegen den Wunsch, die Zukunft danach zu befragen; und je mehr Leute mir sagten, wie sehr ihnen meine Sitzungen geholfen hätten, je mehr mir sagten, dass genau das eingetreten sei, was ich vorhergesagt hätte, Verlagsverträge, neue Jobs, neue Liebschaften — desto mehr wollte ich's wissen und sehen, ob ich mir auch selber die Karten legen konnte. Dieser Dämon ist eine so gewöhnliche Erscheinung, dass er womöglich gar kein Dämon ist, sondern unser eigenes, allzu menschliches Erbteil.

Wie außergewöhnlich ich auch zu sein wünschte, ich war genau wie die, die sich von mir die Karten legen ließen. Mein Roman wurde von mehreren Verlagen geprüft, und ich wollte wissen, ob einer anbeißen würde. Ich hatte einen Mann kennengelernt, für den ich — zum ersten Mal seit fünf Jahren — ernsthafte Gefühle empfand, und versuchte wie besessen herauszufinden, wie sich die Beziehung entwickeln würde. Würde ein Verlag den Roman kaufen? War der Typ wirklich über seinen Ex hinweg? Wo war er gestern Abend gewesen, als er nicht mehr vorbeikommen wollte? Sicherlich habe ich die Karten manchmal einfach befragt, um mich zu beruhigen — aber Mitternacht, wenn man den brennenden Verdacht hat, dass der Freund einen betrügt oder immer noch an seinem Ex klebt, das ist, gelinde gesagt, nicht der ideale Zeitpunkt zum Kartenlegen. Ich bin, glaube ich, gerade *wegen* der Karten eifersüchtiger oder ängstlicher gewesen, als ich es hätte sein müssen oder als ich es gewesen wäre, wenn ich die Dinge einfach gesehen hätte, wie sie waren, und mich an die Grenzen dessen gehalten hätte, was wir für unsere Welt halten. Bei unserem nächsten Treffen hatte ich dann alle möglichen Flusen im Kopf, Fantasiegebilde, die mit dem Mann, in den ich verliebt war, wenig zu tun hatten. Wie ich inzwischen eingesehen habe, wollte ich Antworten, ohne mir schmerzhafte Fragen über die Ursachen meiner Unsicherheit stellen zu müssen. Anstatt ein bisschen Beziehungshygiene zu betreiben — Willst du das so? Und will ich das? —, wandte ich mich an die Karten und kam mit einem Kopf voller Fiktionen zurück. Wenn die Karten gute Nachrichten für mich hatten, ließ ich alles schleifen, waren es schlechte, hatte ich schlaflose Nächte.

Und das ist natürlich auch der Grund, warum man sich niemals selber die Karten legen sollte. Was fehlt, ist die unpersönliche Distanz, die man für gute Deutungen ebenso braucht wie für Essays oder fiktionale Texte, in die man Autobiografisches einfließen lassen möchte: Ohne die Fähigkeit, eine kalte, unpersönliche Haltung sich selbst und den eigenen Befindlichkeiten gegenüber einzunehmen, wird der Versuch misslingen, weil das, was ist, von dem getrübt wird, was man zu sehen wünscht. Ich glaube, nur die wenigsten wissen genug über das Leben, um den Platz, den sie in ihrem eigenen einnehmen, klar zu erkennen — wir sind nicht in der Lage, uns wie Romanfiguren von außen zu betrachten, mit der gleichen Distanz und dem gleichen unparteiischen Urteil. Mit anderen Worten: Wir können uns nicht so sehen, wie ich mich an jenem Tag sehen wollte, als ich den Laden betrat und meine Karten kaufte. Wir denken, dies bedeutet dies und das hier das, während uns die wahre Bedeutung längst entglitten ist und das Omen, Gesicht nach unten, auf dem Boden liegt und genauso gut auch stumm sein könnte. Und dann sitzt er da, der Tarotleser, den Blick auf die Karten geheftet, verzweifelt um eine Deutung bemüht, während sein Leben längst weitergezogen ist, in eine Richtung, die sich seinem Blick entzieht.

Wenn ich nur könnte, würde ich in der Zeit zurückreisen und mir sagen: So wird es sein. Du, wie du da sitzt, gelähmt vor Angst, allein in deiner Wohnung, beim Kartenlegen.

...

Nachdem ich mich entschieden hatte, diesen Essay zu schreiben, schlug mir der zuständige Redakteur vor, ich solle mir doch die Karten legen lassen. Da ich gerade auf Urlaub in Spanien war, fragte ich mich, ob ich mir nicht die Mühe machen sollte, eine jener berühmten galizischen Hexen aufzutreiben — aber Galizien war weit, und wenn mich in Spanien eines einschüchterte, dann Hexen, an die ganz Spanien glaubt.

Stattdessen schrieb ich meiner Freundin Rachel Pollack. Rachel ist eine weltweit anerkannte Autorität auf dem Gebiet des Tarot, die siebzehn Bücher zu diesem Thema veröffentlicht hat, darunter maßgebliche Texte über die Tarotblätter von Salvador Dalí und Hermann Haindl, und auch selbst ein Tarotblatt geschaffen hat, *The Shining Tribe*. Außerdem ist sie eine hervorragende Schriftstellerin, von deren Romanen ich besonders *Unquenchable Fire* schätze, eine Satire über Magie und das Amerika der Vorstädte — wie Jonathan Franzens *Freiheit*, nur mit Zaubersprüchen, die dafür sorgen, dass der Vorgarten stets gepflegt aussieht. Ich lernte sie kennen, als sie meine Kollegin am Goddard College war, einer Fernuniversität, für die wir einmal pro Semester eine Woche lang auf dem Campus anwesend sein mussten, um unser Unterrichtspensum abzuleisten. Mittags zogen wir uns dann gemeinsam in die Cafeteria zurück, und während dieser Mittagspausen inmitten der Wälder Vermonts sprach Rachel eindrücklich davon, wie man das Tarot als Werkzeug für kreatives Schreiben nutzen konnte, um beispielsweise mithilfe des Keltischen Kreuzes über literarische Figuren nachzudenken. Die Fragen, die man beim Kartenlegen stellt — Was tritt aus dem Leben des Fragestellers heraus, was tritt hinein, was ist die Wurzel seiner gegenwärtigen Situation, was die Krone, wie wird er von seinen Mitmenschen wahrgenommen, was erhofft er sich und was fürchtet er? –, das sind alles Fragen, die man sehr gut auch an Figuren richten kann, über die man gerade eine Kurzgeschichte schreibt. Doch erst, als sie sich dann Karten zog, um ihre Rede zur Abschlussfeier vorzubereiten, verstand ich, wie anders, wie kraftvoll sie das Tarot nutzte. In der Rede waren die Karten Sprungbretter zu Gedankenflügen, die sie nach und nach zu einem Sinnbild nicht der Zukunft, sondern dieses einen großen Moments verwob. Im Grunde schenkte sie den Studierenden zum Abschluss eine kollektive Tarotsitzung. Und sie wiederum schenkten ihr Standing Ovations.

Während ich ihr lauschte, begriff ich, dass der Spiegel meiner Wunschträume, der Spiegel, mit dem ich um die Ecke in die Zukunft sehen wollte, nicht zu haben war. Das Einzige, was im Spiegel der Karten sichtbar werden konnte, waren nicht die Gewissheiten der Zukunft, sondern die Möglichkeiten der Gegenwart. Rachel spielte in einer anderen Liga. Sie war eine Künstlerin, ich ein Besoffener. Sie konnte da vorne stehen und sprechen und durch die Symbole hindurch Dinge ans Licht bringen, in seelische Tiefen vorstoßen, Einblicke in das Ich und die Welt eröffnen, die weit über das hinausreichten, was die Karten zeigten, während ich in die Vorstellung vernarrt gewesen war, durch sie einen Blick auf die niedere, die banale Wahrheit zu erhaschen, auf das, was als Nächstes passieren würde.

Nachdem ich von unserer zweiten gemeinsam verbrachten Unterrichtswoche zurückgekehrt war und mich dabei ertappte, wie ich schon wieder versuchte, einem der Männer am Rande meines Lebens immer mindestens einen Schritt voraus zu sein, und wieder einmal schwankte, ob ich nun nach Kalifornien ziehen sollte oder nicht, trennte ich mich von meinen Karten und entschied mich für den Umzug, ohne sie noch einmal zu befragen. Ich sagte mir, dass ich keine Karten mehr haben dürfe, bis ich lernte, sie wie Rachel zu deuten. Wenn ich mir für diesen Essay die Karten legen lassen sollte, dann wollte ich Rachel. Also schrieb ich ihr und fragte sie, ob sie Lust auf ein Experiment hätte, und sie sagte Ja.

...

Ich schlug Rachel vor, mir die Karten zu legen, solange ich noch an meinem Essay schrieb. Sie fragte, ob ich mir die Karten selber ziehen oder es ihr überlassen wolle, und ich beschloss, sie selber zu ziehen und ihr das Ergebnis zu schicken.

Inzwischen besitze ich wieder ein Tarot, diesmal tatsächlich das spontane Geschenk einer Freundin. Sie und ich waren mit einer Gruppe von Freunden in einem Restaurant gewesen, und da die Speisekarten auf der Rückseite mit Tarotkarten bedruckt waren, legte ich ihr während des Abendessens rasch die Karten, mithilfe der Speisekarten, die wir bekommen hatten. Sie war so beeindruckt von dem, was ich ihr zu sagen wusste, dass sie mir einen Satz Karten kaufte.

Es ist das Blake-Tarot, illustriert mit Werken von William Blake und teilweise seiner Philosophie angepasst. Ich mischte und zog dann drei Karten, ein sehr einfaches Legemuster, das manchmal «Die drei Schicksalsgöttinnen» genannt wird; die Karten stehen für Vergangenheit, Gegenwart und Zukunft.

Erste Karte: Zehn der Wissenschaft (in den gebräuchlicheren Tarots: Zehn der Schwerter). Zweite Karte: Verirrung (oder: Der Teufel). Dritte Karte: Sterne (Der Stern).

Ein «gutes» Blatt, dachte ich mir, während mein Blick von einer Karte zur nächsten wanderte: Es zeigte einen Aufstieg, zeigte den Fragesteller, wie er sich aus der totalen Niederlage wieder hocharbeitet. Außerdem erinnerte es mich an das konventionelle Erzählmuster der meisten autobiografischen Essays: Der Autor kämpft mit seinen Fesseln, die ihn aufgrund einer Niederlage in der Vergangenheit an etwas binden, und geht mit einem besseren Verständnis für seinen Platz im Universum aus diesem Kampf hervor. Ich verbot mir, mich einfach darauf zu verlassen, dass genau diese Zukunft eintreten würde. Aber für erstrebenswert hielt ich sie schon.

Ich schickte Rachel die Ergebnisse und sagte ihr, worum es mir ging, ein Bild meines Verhältnisses zum Tarot. Ein paar Tage später schickte sie mir ihre Deutung:

Deutung für Alexander Chee: Die Entwicklung seines Verhältnisses zum Tarot

> 10 der Wissenschaft (Niederlage)
> 15, Verirrung
> 17, Sterne

Alex hat diese Karten am Stück gezogen, ohne eine bestimmte Frage zu stellen. Und doch ist es fast unmöglich, sie nicht als Phasen einer Entwicklung zu sehen, in der Niederlage und Verirrung so etwas wie eine Sackgasse bedeuten, oder etwas, das an seine Grenzen gestoßen ist, während Sterne einen spirituellen und metaphysischen Durchbruch anzeigt, der Alex einen neuen Zugang zum Tarot eröffnet und vielleicht noch andere Einsichten mit sich bringt.

10 der Wissenschaft

Diese Karten gehören zum William-Blake-Tarot, und für Blake waren die Wissenschaften nichts als der schädliche Auswuchs eines mechanistischen Weltbilds, von dem er meinte, dass es nicht bloß verfehlt sei, sondern zu Elend und Unterdrückung führe. Die höchste Zahlenkarte dieser Farbe zeigt eine Szene, die an Laokoon und seine Söhne erinnert, welche von Schlangen erwürgt wurden, weil sie den Zorn der Götter herausgefordert hatten. Geradezu plakativ verweist die Karte auf Alex' Versuche, das Tarot zu analysieren, sich kühl und sachlich mit ihm zu befassen, was zur «Niederlage» führen muss.

15, Verirrung

In den meisten Tarots heißt diese Karte «Der Teufel», und tatsächlich erinnert die abgebildete Figur an Luzifer. Er scheint damit beschäftigt zu sein, Seelen in klebrige Netze zu wickeln, und das unterstreicht die von der ersten Karte angedeuteten Grenzen. Die Verirrung betrifft offenbar den Zugang zum Tarot, den Versuch vielleicht, es als Informationsquelle oder Analysewerkzeug zu nutzen, anstatt zur spirituellen Orientierung. Die vorhergehende Karte deutet an, dass es sich primär um eine Verirrung im Denken handelt, was für Alex die Frage aufwerfen könnte, welches Bild er sich vom Tarot gemacht hat. Daneben sollte man nicht übersehen, dass Luzifer auch der Lichtbringer ist, was ihn mit dem Morgenstern, der Venus, dem Symbol der Hoffnung in Verbindung bringt, worauf auch die nachfolgende Karte verweist. Karte 15 ist das Licht der Liebe, die in der Dunkelheit gefangen ist, aber die Kraft zu ihrer eigenen Befreiung wie ein Samenkorn in sich trägt.

17, Sterne

Die Zentralfigur tritt hier aus der Dunkelheit ans Licht, mit freiem Blick auf eine wundersam verzauberte Welt. Das Bild ist ähnlich plakativ wie die ersten beiden (das Blake-Tarot ist nicht gerade subtil, und diese Deutung ist es auch nicht!), die Karte zeigt einen bahnbrechenden Wandel in Alex' Verhältnis zum Tarot an. Die Gefangenen in «Verirrung», so könnte man sagen, steigen in «Sterne» befreit zum Himmel empor. Vielleicht bezieht sich der Wandel auch auf das, was Alex durch das Tarot an anderen wahrnimmt. Das große offene Buch auf dem Tisch könnte das Tarot sein, dessen Geheimnisse sich Alex jetzt erschließen, nachdem er eine neue Bewusstseinsstufe erreicht hat. Mit dem ursprünglichen Namen von Karte 17, Der Stern, dürfte der Morgenstern gemeint sein, das Liebeslicht der Venus, das endlich frei sein darf und nicht länger gefangen ist in der Verirrung von Alex' früherem Verhältnis zum Tarot.

Rachels Deutung schien mir der Wahrheit zu entsprechen, und was die dritte Karte betraf, entsprach sie dem, was ich mir zuvor erhofft hatte.

...

Meiner Erfahrung nach gibt es nur zwei Sorten von Menschen: Die einen wollen ihre Zukunft kennen, die anderen nicht. Mir ist jedenfalls noch niemand begegnet, der in dieser Frage unentschieden gewesen wäre, wobei ich selbst schon beides gewesen bin. Inzwischen glaube ich zu wissen, wofür man sich entscheiden sollte, doch wäre ich durchaus bereit, meine Entscheidung zu überdenken. Vielleicht bin ich auch nur einer jener Quartalssäufer, die zwischendurch immer glauben, sie könnten mit Alkohol umgehen. Aber wenn ich Ihnen jetzt sagen würde, dass ich die Zukunft vorhersagen kann, würden Sie mich auslachen – und ich würde mitlachen.

Im Jahr 2006 erhielt ich eine heilsame Lektion darüber, was es heißt, seine Zukunft zu kennen. Der älteste Bruder meines Vaters, mein Onkel Bill, war zu Besuch aus Seoul gekommen und hatte sich wieder sein Zimmer in Koreatown genommen, in dem kleinen, aber gut geführten Hotel, in dem er immer übernachtete, wenn er in New York war. Ich war an diesem Abend zu ihm ins Hotel gefahren, um ihm mein erstes Buch zu überreichen. Zuvor hatte ich mich verhalten, als dürfe alle Welt wissen, dass ich schwul bin, nur er nicht – aber damit durfte er auch nichts von meiner Karriere als Schriftsteller erfahren. Ich wollte ihm zeigen, dass ich es geschafft hatte: als Schriftsteller und als offen schwuler Mann. Ich wollte nicht länger der ewige Versager sein, ich wollte, dass er mich endlich als den kennenlernte, der ich war. Und da für mein Buch auch in koreanischer Sprache geworben wurde, in Amerika wie in Südkorea, war nicht mehr auszuschließen, dass er nicht doch eines Tages einen Artikel über mich zu lesen bekäme. Ich wollte nicht, dass er es auf diesem Wege erfuhr.

Das Gespräch verlief gut, zumindest wenn man berücksichtigte, dass man in Korea lange bestritten hat, dass es so etwas wie Schwule überhaupt gibt. Aber mein Onkel war Juraprofessor mit Forschungsschwerpunkt Völkerrecht und Staatsgrenzen, ein Mann von Welt und der Einzige, den ich je kennengelernt habe, der Slipper mit Troddeln tragen konnte und selbst dann nicht albern, sondern elegant aussah. Und nun saßen wir in seinem Zimmer auf den grünen Clubsesseln des Hotels, und eigentlich war es Zeit, ihm Gute Nacht zu sagen. Wir hatten gemeinsam zu Abend gegessen, ich hatte ihm mein Buch gegeben, und jetzt diskutierten wir darüber, ob ich als schwuler Mann eine Familie haben konnte.

«Und du wünschst dir das nie?», fragte er und zeigte energisch auf die Fotos meiner Nichten und Neffen, die mir meine Geschwister für ihn mitgegeben hatten. Ich erklärte ihm, dass ich auch mit einem Mann Kinder haben konnte, dass ich eine Familie gründen konnte, obwohl ich schwul war. Wie als Antwort darauf erzählte mir Onkel Bill die folgende Geschichte:

Bevor er zum Promovieren in die USA ging, hatte er in Korea eine Wahrsagerin besucht. Sie eröffnete ihm, dass sein jüngerer Bruder früh sterben und er daraufhin dessen Kinder adoptieren werde. Er selbst werde keine Kinder zeugen, er werde entweder niemals heiraten oder nicht lange verheiratet bleiben, fügte die Wahrsagerin hinzu.

An dieser Stelle zögerte Onkel Bill kurz und blickte mich an. In seinem Gesicht sah ich jemanden, der sich ein Leben lang gegen diese Prophezeiung gestemmt, sein ganzes Leben darauf verwendet hatte, diese Prophezeiung nicht wahr werden zu lassen. Ich sah ihn, wie er vor Jahrzehnten den Hörer abhob und die Nachricht vom Autounfall meines Vaters entgegennahm, wie er erst spät, mit vierzig Jahren, heiratete und sich bald wieder scheiden ließ.

Nach dem angekündigten Tod meines Vaters, siebenundzwanzig Jahre vor diesem Abend, hatte keiner aus der Familie meines Vaters so engen Kontakt zu uns gehalten wie Onkel Bill, und obwohl auch er sich nicht allzu häufig meldete — Karten zu hohen Festtagen, alle drei Jahre ein Besuch —, hatte uns das viel bedeutet. Wie mochte sich das all die Jahre angefühlt haben, vor dem Telefon zu stehen, um uns anzurufen, und dabei immer mit der Angst zu kämpfen, dass nunmehr auch dies wahr werden würde und er die Kinder seines Bruders adoptieren musste?

Als ich ihn zum Abschied umarmte, wäre ich gerne geblieben, weil es doch möglich sein musste, ihn zurück durch sein Leben zu geleiten, den Schlagschatten der Weissagung abzustreifen und ihn wieder zu dem zu machen, der er gewesen war, bevor seine Zukunft ihn ereilte — oder, damit sie sich ganz erfüllte, wenigstens dies eine noch wahr zu machen, dass er mein zweiter Vater wurde. Von alledem, was sich nicht erfüllt hat, war mir dieser Verlust am bittersten, als ich ihm Auf Wiedersehen sagte. Doch ich hatte verstanden: Hier immerhin konnte man sich entscheiden. Um sich wenigstens frei zu fühlen, selbst wenn man ansonsten rein gar nichts empfand.

...

In der U-Bahn nach Hause erinnerte ich mich an die Geschichte meines eigenen Besuchs bei einer Wahrsagerin, als Kleinkind in Seoul. Angeblich hatte sie nichts sagen wollen, nichts außer: «Der hier, der hat noch viel vor.» Möglich, dass sie noch mehr gesagt hat und sich nur keiner daran erinnern kann. Manchmal hatte ich gute Lust nachzuhaken, aber jetzt, nach der Erzählung meines Onkels, scheint mir, als würde man nur so lange glauben, seine Zukunft kennen zu wollen, bis man sie kennt. Als würde man einer Kugel dabei zusehen, wie sie sich all die Jahre hindurch ihren Weg zu einem sucht, immer näher kommt, und immer wissen, dass sie einen treffen wird und dass man ihr nicht ausweichen kann.

Vielleicht kann man seinem Schicksal nur entgehen, wenn

man es nicht kennt. Wenn ich jetzt darüber nachdenke, was es heißt, die Zukunft nicht zu kennen, fällt mir mein Yogalehrer ein, der uns zu Beginn der Trainingseinheiten immer den Sonnengruß machen ließ, und zwar – so lange, wie wir es aushielten – mit geschlossenen Augen. «Können wir etwas Unsichtbarem trauen?», fragte er, während wir uns erst vorsichtig und dann immer schneller bewegten und dabei versuchten, nicht umzufallen.

Können wir etwas Unsichtbarem trauen?

EIN SCHRIFTSTELLERLEBEN

I

Sehr geehrte Frau Dillard,

mein Name ist Alexander Chee, ich studiere Englisch im Hauptfach und bin im vierten Studienjahr. Zuletzt habe ich die Seminare Fiction I bei Phyllis Rose und Advanced Fiction bei Kit Reed besucht und im vorigen Sommer, bei Mary Robinson und Toby Olson, am Bennington Writers Workshop teilgenommen. Die beigefügten Erzählungen stammen aus einer noch nicht abgeschlossenen Hausarbeit für Professor Bill Stowe im Fach Kreatives Schreiben. Aber eigentlich bewerbe ich mich vor allem deswegen, weil ich immer, wenn ich von meinem Studium an der Wesleyan erzähle, gefragt werde, ob ich nicht auch bei Ihnen studiert hätte, und ich auf diese Frage gern etwas Interessanteres antworten können würde als nur: nein.

Vielen Dank, dass Sie sich die Zeit für diesen Brief genommen haben,

Alexander Chee

Das war der Brief, mit dem ich mich 1989 bei Annie Dillard für ihr Essayseminar an der Wesleyan University bewarb. Ich war in meinem letzten Semester, und mein Hauptfach war

Englisch, aus Mangel an Alternativen, nachdem ich mit dem Hauptfach Bildende Kunst gescheitert war.

Während ich auf das wartete, was mit ziemlicher Sicherheit eine Absage sein würde, ging ich in die Mall, um Weihnachtsgeschenke zu besorgen, und stolperte in allen Buchhandlungen über Stapel von Annie-Dillard-Ausgaben im Schuber – *Pilgrim at Tinker Creek, An American Childhood, Holy the Firm* – und *The Best American Essays 1988*, herausgegeben von, genau, Annie Dillard. Ich schlich um sie herum, als stünde da irgendwie sie selbst und nicht bloß ein Stapel Bücher, und verließ den Laden, ohne etwas gekauft zu haben.

Ich kaufte keines ihrer Bücher, weil mir ihr Besitz – im Falle einer Ablehnung – unerträglich gewesen wäre.

Nachdem ich die Zusage bekommen hatte, erfuhr ich während der ersten Seminarsitzung, dass es voreilig gewesen wäre, mir ihre Bücher zu besorgen. Sie bat uns, sie nicht zu lesen, solange wir ihre Studenten waren.

Mein Einfluss auf euch wird auch so noch groß genug sein, sagte sie. Ihr werdet mir schon deshalb gefallen wollen, weil ich eure Lehrerin bin. Also, ich will nicht, dass ihr versucht, mich nachzuahmen. Ich will nicht, dass ihr so schreibt wie ich. Sie sah uns schweigend an. Dann sagte sie, Ich will so schreiben wie *ihr*.

Einige hatten schuldbewusst den Blick gesenkt, während sie sprach. Ich fühlte mich ebenfalls ertappt. Ich kannte ihr Werk nicht, wusste nur, dass es sie berühmt gemacht hatte. Ich wünschte, ich hätte genug Grips gehabt, ihre Anweisung einfach zu ignorieren. Ich kam mir ungebildet vor, und warum saß ich hier? Weil mein Vater immer gesagt hatte: Egal warum du's machen willst, finde die Person, die's am besten kann, und dann sieh zu, dass sie's dir beibringt.

Alle anderen an der Wesleyan hatte ich durch. Sie war die Letzte auf meiner Liste.

...

Ich höre sie immer noch, wie sie sagt: Packen Sie all Ihre Todesfälle, Unfälle und Krankheiten nach vorn, wenn möglich ganz an den Anfang. «Wenn möglich» – das war ihre Antwort auf viele unserer Fragen. Damit wir verstanden, dass es nicht immer möglich war, sich an Maximen oder Faustregeln zu halten, wenn der Text etwas anderes verlangte.

Der Unfall, der hier ganz am Anfang steht, ereignete sich im Frühling meines zweiten Studienjahres, als ich im Zeichenkurs der Dekanin für bildende Kunst einschlief und erst wieder zu mir kam, als mich ihre Hand fest an der Schulter packte. Sie war eine elegante, respektgebietende Erscheinung mit kurzen lockigen Haaren, etwas förmlich, aber warmherzig und bekannt für ihre Wolkenbilder.

Mr. Chee, sagte sie und zerrte mich hoch. Ich denke, Sie sollten das bei sich zu Hause fortsetzen.

Meine Wange fühlte sich feucht an und das Blatt auf dem Tisch ebenfalls. Ich packte meine Siebensachen und ging.

Davor hatte sie meine Arbeiten geliebt und oft vor versammelter Klasse gelobt, danach konnte ich ihr nichts mehr recht machen. Sie trug Arbeiten, die sie bereits benotet hatte, als nicht abgegeben ein – als hätte sie noch die Erinnerung daran auslöschen wollen, wie sehr sie ihr vordem gefallen hatten. Ich legte sie ihr zum Beweis ins Fach, mitsamt ihren sehr gut lesbaren Anmerkungen, aber es nutzte nichts: Mit der Zwei minus, die sie mir gab, lag ich unter dem Mindestdurchschnitt für ein Hauptfach. Ich flog aus dem Studiengang.

Den Sommer vor meinem zweiten Studienjahr versuchte ich mir darüber klar zu werden, was denn nun geschehen sollte — und so wurde ich Veganer, fuhr täglich dreißig Kilometer mit dem Fahrrad, half abends meiner Mutter in unserem Fischrestaurant aus und reduzierte mein Gewicht von 75 auf 65 Kilo. Ich verwandelte mich in eine braune Strichzeichnung meiner selbst und aß Erdbeereis am Stiel, während ich die Hummer- und Pommesbestellungen der Touristen an die Küche durchgab. Und dann, in den letzten Augusttagen, rief mich ein Schulfreund an, der eine Stadt weiter wohnte.

Hast du eine Schreibmaschine?, fragte er.

Ja, sagte ich.

Kannst du mir die leihen?, fragte er. Ich muss eine Geschichte abtippen, ich will mich für das Seminar von Phyllis Rose bewerben. Kann ich heute Nachmittag bei dir vorbeischauen und sie mir abholen?

Klar, sagte ich.

Nach dem Auflegen schrieb ich in den vier Stunden, die mir noch blieben, mit dieser Schreibmaschine eine Geschichte, die mir auch dadurch im Gedächtnis geblieben ist, wie sie Gestalt annahm, was, wie ich heute weiß, bei Geschichten selten genug vorkommt: zügig und selbstsicher. Ich vergaß immer, dass ich auch Erfolge vorzuweisen hatte. In der Highschool hatte ich einen Lyrikwettbewerb der Geraldine R. Dodge Stiftung gewonnen, ein von mir verfasstes Theaterstück war vom Begabtenförderprogramm des Staates Maine mit einer öffentlichen Lesung belohnt worden, mit Schauspielern der Portland Stage Company. Aber in meinen Augen waren das Unfälle gewesen, in einem Leben, bei dem ich nur Zaungast war. Aus irgendeinem Grund hatte mir nichts von alledem dasselbe befriedigende Gefühl geschenkt wie diese erste Kurzgeschichte, die Gewissheit, dass ich tatsächlich schreiben konnte.

Ich hatte aus Bruchstücken meines Lebens etwas Neues gemacht, sie neu zusammengesetzt, wie bei der einen Aufgabe im Zeichenkurs, wo wir drei Naturstudien zu einem frei erfundenen Tableau kombinieren sollten. In der Geschichte ging es um einen Jungen, der den ganzen Sommer auf dem Fahrrad verbringt (um mich also). Er wird von einem Auto angefahren, fällt ins Koma und muss immerzu von seinem Unfall träumen, bis er schließlich wieder aufwacht (so war es meinem Vater ergangen, und dann natürlich der schicksalhafte Tag im Kunstunterricht). Nachdem er wieder bei Bewusstsein ist, erscheint ein Priester, um sicherzustellen, dass er nicht vom Glauben abfällt (ich und unser Pastor, unmittelbar nach dem Tod meines Vaters).

Was ich an diesem Tag empfand, nennt die Schriftstellerin Lorrie Moore den «Trost der Maske»: Wenn man sich einen Raum außerhalb des eigenen Lebens schafft, für das Leben, das im eigenen Leben keinen Platz hat, für alles aus dem Gedächtnis Verbannte. Aber das wusste ich damals noch nicht.

In diesem Moment hätte ich nur sagen können, dass ich zum ersten Mal von mir selbst beeindruckt war. Und dass ich wiederholen wollte, was immer ich da tat, wenn ich eine Kurzgeschichte schrieb.

Mein Freund war angekommen. Ich schloss den Deckel der Schreibmaschine und überreichte sie ihm. Ich verriet ihm nicht, was ich getan hatte. Als ob niemand wissen dürfe, was ich vorhatte. Stattdessen lief ich, sobald er weg war, zur Post, etwas verschämt, als wäre es etwas Verbotenes, und bewarb mich mit meiner Geschichte.

Du bist auf der Liste, sagte mein Freund, Wochen später, als wir beide wieder an der Wesleyan waren, und seine Stimme hatte einen verletzten Unterton. Herzlichen Glückwunsch.

Als ich nachsah, fand ich seinen Namen nicht auf der Liste. Ich fühlte mich, als hätte ich das Herzstück der Schreibmaschine entfernt, bevor ich sie ihm gab, und hätte mich gern bei ihm entschuldigt.

Ich glaubte nicht daran, dass ich aufgrund meines Geschriebenen angenommen worden war.

Später sollte ich für den Kurs eine Eins bekommen, was ich auch dann noch nicht verstand, als ein Kommilitone allen verkündete, er habe eine Zwei. Ich begriff es nicht, weil ich nie das Gefühl hatte, als wüsste ich, was ich da tat. Für das nächste Semester bewarb ich mich auf Kit Reeds Seminar – Erzählliteratur für Fortgeschrittene, alle zwei Wochen zwanzig Seiten Text – und erhielt auch von ihr eine dieser rätselhaften Einsen. Anschließend bewarb ich mich erfolgreich auf die Bennington Writing Seminars, wo ich bei Mary Robison und Toby Olson studierte und Bobbie Bristol kennenlernte, Jane Smileys Lektorin bei Knopf. Sie bot mir an, sich eine meiner Kurzgeschichten anzusehen, und schickte sie mir dann mit der Notiz zurück, dass wir ins Geschäft kommen könnten, wenn ich bereit wäre, sie zu einer Novelle auszubauen.

Ich hatte keine Ahnung, was eine Novelle war oder wie man eine schrieb, und meine Begeisterung über ihre Nachricht wich einem Gefühl von Verwirrung und schließlich dumpfer Trauer.

Große und beneidenswerte Dinge geschahen da um mich herum. Ein etwas aufgeweckterer Student hätte in dieser Situation vielleicht Mary Robison oder Kit Reed darum gebeten, ihm zu erklären, was eine Novelle ist, hätte sie geschrieben und mit einundzwanzig sein erstes Buch veröffentlicht, doch das war ich nicht. Ich glaubte, mir mein Schicksal selbst aussuchen zu können. Ich wollte, dass mir Jane Smileys Lektorin sagt: Junge, du bist Künstler, lass doch das Schreiben. Ich konnte den Weg nicht finden, auf dem ich längst war, den Weg unter meinen Füßen.

Doch genau dazu, denke ich, brauchen wir Lehrer.

2

Meine deutlichste Erinnerung an sie ist ein Frühlingstag, sie kommt lächelnd auf mich zugelaufen, ihr Lippenstift wie zugeschnitten auf ihr Lächeln. Ich frage sie nie, warum sie lächelt, aber hier bin wahrscheinlich ich der Auslöser, wie ich da rauchend vor unserem Seminargebäude stehe. Sie ist Annie Dillard, und ich, das Abziehbild eines Einundzwanzigjährigen, schwarz gekleidet, kunstvoll zerzaustes Haar, Zigaretten, düstere, doch poppige Musik auf dem Walkman, soll bei ihr kreatives Schreiben studieren. Ich bin mir ziemlich sicher, dass sie das amüsant findet. Sie kommt zu Fuß, weil das schöne Haus, das sie zusammen mit ihrem Ehemann und ihrer Tochter bewohnt, keine fünf Minuten entfernt ist, und jedes Mal, wenn ich auf dem Campus daran vorbeikomme, durchzuckt es mich bei dem Gedanken daran, dass sie tatsächlich dort lebt. Jahre später, als ich an der Wesleyan unterrichte und sie schon lang nicht mehr da ist, spüre ich nur noch das Fehlen dieses Gefühls.

Ihr Umriss hebt sich scharf ab vom Dunkelgrün der Bäume hinter ihr. Sie trägt helle Farben, Perlen um den Hals und an den Ohren. Sie ist groß, athletisch, energiegeladen. Ihre Haut leuchtet. Sie streckt mir die Hand entgegen.

Chee, sagt sie, geben Sie mir doch mal einen Zug ab.

Sie nennt uns alle beim Nachnamen.

Sie lässt eine Zeit lang den Rauch hervorkräuseln und atmet dann entschlossen aus. Danke, sagt sie und gibt sie mir zurück, lächelt wieder und geht hinein.

Der goldene Marlboro-Filter trägt eine Krone aus Lippenstift.

Das bedeutet, wie ich bald lerne, dass mir noch fünf Minuten bis Unterrichtsbeginn bleiben. Während ich die Zigarette ausdrücke, denke ich an die Menschen, die jede Kippe von ihr aufbewahren würden. Oder wenigstens diese eine. Ich kicke sie in den Rinnstein und komme mir sehr tugendhaft dabei vor.

Trotz ihrer Perlen und des Tab-Kragens, der aus ihrem Pullover hervorlugte, wirkte sie in dieser ersten Sitzung, als würde sie von ihren Fäusten Gebrauch machen, wenn man sich nicht benahm. Sie kam in den Seminarraum gestiefelt wie ein Cowgirl, zog einen vollgeschriebenen Schreibblock, eine Thermoskanne mit Kaffee und eine Packung Brach's einzeln verpackte Karamellbonbons aus ihrer Tasche und setzte sich. Mit einer schnellen Drehbewegung öffnete sie die Thermoskanne, goss sich Kaffee in den Deckel, der zugleich als Becher diente, und nippte daran, während sie ihren Blick durch den Raum schweifen ließ und uns allen ein breites Lächeln schenkte.

Hi, sagte sie, wie mitten durch ihr Lächeln hindurch. Ich hatte einhundertdreißig Bewerbungen und habe dreizehn angenommen.

Die gesichtslose, schemenhafte Masse der Abgewiesenen flackerte kurz um uns auf, der Schrecken, es beinahe nicht geschafft zu haben.

Gasthörer sind nicht erwünscht, sagte sie. Unter keinen Umständen. Egal wer.

Die Seminarsitzungen hatten einen Rhythmus, diktiert dadurch, dass sie vor Kurzem mit dem Rauchen aufgehört hatte, ihrem frischgebackenen Ehemann zuliebe. Eine typische Fernbeziehung, erklärte sie mir während einer längeren gemeinsamen Rauchpause. Wir haben uns auf einer Konferenz kennengelernt. Bis wir zusammengezogen sind, dachte er, ich wäre allerhöchstens Gelegenheitsraucherin. Sie lachte, wie über einen gelungenen Streich.

Jede Sitzung begann damit, dass sie ihre schmale, längliche Thermoskanne und eine neue Packung Brach's einzeln verpackte Karamellbonbons hervorzog – die mit dem weißen Kern. Dann rückte sie ihren vollgeschriebenen Schreibblock zurecht und goss sich Kaffee ein, den sie trank, während sie Bonbon um Bonbon auswickelte und sich in den Mund schob. Der Stapel Bonbonpapiere, der zu ihrer Linken in die Höhe wuchs, flatterte immer auf, wenn sie die Seiten ihres Karoblocks hin und her wendete, um uns in knappen Merksätzen die Grundregeln des Schreibens zu vermitteln; oft schlossen sich dann kürzere Exkurse an, manchmal beschränkte sie sich auf lange Listen: auf das Wort «Seele», wenn möglich, verzichten; keine wörtliche Rede, wenn man den Dialog auch zusammenfassen kann; keine Massenszenen, vor allem keine Partys.

Sie begann oft schleppend, wie benommen, erreichte aber schon bald ein rasantes Vortragstempo, ein virtuoses, opernhaftes Parlando. Dann sammelte sie sich einen Moment, blätterte vielleicht in ihren Aufzeichnungen, während wir noch hektisch kritzelnd ihre letzten Sätze zu Papier brachten, und setzte, wenn das Geräusch unserer Stifte verstummt war, zum nächsten Höhenflug an, der sie jetzt in eine andere Richtung tragen würde.

Jede Woche bekamen wir eine Schreibaufgabe, zu der wir einen siebenseitigen Entwurf schreiben mussten, mit dreifachem Zeilenabstand.

Dreifach?, fragten wir in der ersten Sitzung, etwas unsicher, weil das so noch keiner verlangt hatte.

Damit ich meine Kommentare dazwischenquetschen kann, sagte sie.

Die plötzliche Stille im Seminarraum machte hörbar, wie schwer wir uns mit diesem Gedanken taten. Sollte es wirklich so viel zu sagen geben?

Doch sie stand schon an der Tafel und schrieb eine Liste mit Korrekturzeichen an: *Stet*, das ist lateinisch und bedeutet *Kann man so stehen lassen* ... Wenn ich etwas durchstreiche und der Strich endet in so einem Kringel hier, nach oben, dann heißt das *Weg damit.*

Und es gab sehr viel zu sagen. Jeden Dienstag mussten wir unsere Hausaufgaben abgeben und bekamen sie schon am Donnerstag wieder zurück, die dreizeiligen Zwischenräume und auch die Blattränder bleistiftgrau von ihren Anmerkungen. Manchmal schreiben Sie ganz erstaunliche Sätze, hieß es an einer Stelle, und manchmal bin ich erstaunt, dass Sie einen einzigen ganzen Satz zusammenbringen. Sie hatte sogar Pfeile gezogen, die auf den erstaunlichen und den enttäuschenden Satz zeigten. Einen Text von ihr zurückzubekommen, das war wie auf die Tanzfläche gehen und sein Lieblingshemd zum ersten Mal im Schwarzlicht sehen – all der Staub und die ausgefallenen Haare, die immer da, sonst aber unsichtbar sind, wurden plötzlich sichtbar.

In ihrem Seminar wurde mir klar, dass ich, obwohl ich

diese Sprache mein Leben lang gesprochen hatte, im Grunde sehr wenig über das Englische *wusste*. Englisch war aus dem Niederdeutschen hervorgegangen, einer Sprache, die sich sehr gut für Klassifizierungen eignete, hatte sich dann mit griechischen, lateinischen und angelsächsischen Wörtern vollgefressen und graste jetzt verschiedene asiatische Sprachen ab. Lateinische Wörter waren mehrsilbig, angelsächsische kurz, höchstens zweisilbig. Als guter Schriftsteller verwendete man beide, um mit dem Satzrhythmus spielen, ihn variieren zu können.

Unter der Oberfläche meiner Texte entdeckte sie sehr bald «bizarre grammatische Strukturen», wie sie das nannte. Was Annie in meinen Entwürfen eingekringelt hatte, zeigte mir, dass die Probleme meiner Herkunft geschuldet waren: Maine. Von der Familie meiner Mutter hatte ich zwar ein Händchen für das vielsagende Detail geerbt – *Einen zweiten Hamburger, den würde er sich nie bestellen, und wenn er noch so hungrig wäre, dazu ist dein Onkel Charles einfach zu geizig –*, aber auch eine Erzählstimme, die zugestellt war mit Höflichkeitsfloskeln, wie sie in dieser Gegend zum guten Ton gehören – *Ich dachte, ich sollte dir vielleicht schreiben, um dich zu fragen, ob dich das interessieren könnte –*, eine sprachliche Norm, die Beleidigungen, bohrende Fragen, aber leider auch Beschreibungen verhindert. Die deformierte Syntax schottischer Siedler, die von ihren englischen Herrschern gezwungen worden waren, nach Maine auszuwandern, und auch nach ihrer Ankunft an der gewohnten indirekten Rede festhielten. Und obendrauf das Museum sprachlicher Klischees in meinem Kopf.

Es war, als wäre ich in einer vergessenen schottischen Kolonie aufgewachsen und hätte mein Englisch aus Gene-Kelly-Filmen.

Umstandshuberei war eine Krankheit. «Sollte», das sagte einem nicht, was tatsächlich geschehen war, und das reichte nicht. Ich erinnere mich fast wortwörtlich an eine von Annies Fugen über dieses Thema:

> Sie wollen lebendige, packende Texte. Und wie bekommen Sie die? Durch Verben, ganz wichtig. Präzise Verben. Die gesamte Handlung, alles, was im Text geschieht, geschieht in den Verben. Unpersönliche Wendungen, das heißt Infinitive. Aber zu viele Infinitive, da bekommen Sie beim Lesen einen Krampf in der Zunge: schreiben, fragen, interessieren, sprechen, lachen, n-n-n-n-n. Nein. Lassen Sie das. Verben sagen dem Leser, ob sich etwas einmal oder immer wieder ereignet, was sich bewegt und was stillsteht. Infinitive sind ein fauler Trick, mit dem man der Entscheidung ausweicht, und irgendwann passiert dann alles gleichzeitig, Tohuwabohu, absolutes Chaos. Lassen Sie das. Und außerdem, an schlecht gewählten Verben kleben Adverbien, dabei bräuchte man die gar nicht. Ist er schnell gerannt oder einfach gesprintet? Ist er langsam gelaufen oder geschlendert, herumspaziert?

Das Chaos hatte sich unterdessen ihres Karoblocks und der Bonbonpapiere bemächtigt, auf ihrem Tisch wütete ein Sturm, der, befeuert von Koffein und Zucker, zu einem bedrohlichen Crescendo angeschwollen war. Auch diesmal hielt sie, soweit ich mich erinnere, an dieser Stelle kurz inne, um versonnen in die Ferne zu schauen, dann wieder auf den Block vor sich und schließlich zu sagen: Ich meine, was *genau* ist denn da los in Ihrem Text?

Während fiktionale Texte den Trost der Maske boten, zeigten nichtfiktionale Texte, Annies Überzeugung nach, das empfindende, wahrnehmende Ich hinter der Maske, unersetzbar und darin potenziell wertvoll. Ihrer Ansicht nach diente der literarische Essay, in der direkten Auseinandersetzung mit dem Unbekannten, sei es eine fremde Zivilisation oder die eigene Psyche, der Ausbildung des moralischen Urteilsvermögens – und das, worauf es dabei ankam, war man selbst.

Sie sind der Einzige Ihrer Art, sagte sie immer. Das, worum es hier geht, ist Ihr einzigartiger Blickwinkel, in diesem Augenblick, dieser Epoche, egal ob sie über Tunis schreiben oder die Tannen vor Ihrem Fenster. Es hat keinen Sinn, originell sein zu wollen, sagte sie abschätzig. Ja, es ist alles schon geschrieben worden, aber genauso gilt, dass das, was Sie schreiben wollen, unmöglich geschrieben werden konnte, bevor Sie es dann geschrieben haben – sonst würde es ja bereits existieren! Möglich wird es erst, indem Sie es schreiben.

3

Erzählende Prosa verknüpft Einzelheiten auf eine Weise, die es dem Leser ermöglicht, die Erfahrungen des Schriftstellers nachzuerleben, verkündete sie. Das erschien uns offensichtlich und radikal zugleich – so deutlich hatten wir diesen Gedanken noch nie formuliert gehört. Sie sprach oft von unserem «Job». Wenn Sie Ihren Job gut machen, fühlt der Leser, was Sie gefühlt haben. Sie brauchen dem Leser nicht zu sagen, wie er sich fühlen soll. Niemand lässt sich gern zu seinen Gefühlen zwingen. Sie glauben mir nicht? Dann probieren Sie's doch mal, versuchen Sie mal, jemandem zu sagen, wie er sich jetzt fühlen soll.

Wir sollten es vermeiden, Gefühle zu benennen. Die Leitung wird grau, wenn man das macht, sagte sie. Sagen Sie dem Leser nicht, dass jemand glücklich oder traurig war. Wenn Sie das machen, bekommt der Leser nichts zu sehen. Sie ist nicht wütend, sagte Annie, sie wirft seine Kleider zum Fenster raus! Seien Sie *konkret*.

Durch das viele Streichen und Zusammenschneiden und Diesen-Teil-hierhin-und-den-an-den-Anfang-Schieben, und das muss auf Seite sechs, lernte ich irgendwann, dass man die ersten drei Seiten eines Entwurfs meist nur damit verbringt, sich ausgiebig zu räuspern, und dass alles, was an einem Entwurf brauchbar ist, erst ab der vierten Seite kommt. Dass der Anfang, den man partout nicht finden kann, manchmal ganz am Ende steht, dass man die ganze Zeit auf diesen Anfang hingeschrieben hat und es manchmal ein besserer Text wird, wenn man die erste mit der letzten Seite vertauscht.

Eines Nachmittags brachten wir, auf ihre Anweisung, Papier, Schere, Tesafilm und mehrere Fassungen eines der Essays mit, für den wir bis dahin keine überzeugende Form gefunden hatten.

Jetzt schneiden Sie Ihre besten Sätze aus, sagte sie, und kleben sie auf ein leeres Blatt Papier. Und wenn Sie damit fertig sind, füllen Sie die Lücken aus, sagte sie. Ergänzen Sie, was fehlt, und lassen Sie es nach dem Besten streben, was Sie bisher geschrieben haben.

Ich sah, wie all diese Sätze, auf die es nicht ankam, wegfielen.

Man könnte meinen, dass man seine Stimme als Schriftsteller schlicht hat, dass sie etwas Natürliches ist, das sich ganz von selbst herausbildet, ohne fremde Hilfe, aber das ist ein Irrtum. Das Blatt zeigte mir, dass die eigene Stimme gefesselt, nervös, träge ist und außerdem, jedenfalls in meinem Fall, extrem vergesslich. Und dass sie freigeschnitten werden muss.

Nach dem Vortrag über Verben kringelten wir auf jeder Seite die Verben ein, tabellierten sie, summierten sie auf und bildeten den Mittelwert. Können Sie Ihren Durchschnitt erhöhen?, fragte sie. Die Übung habe ich von Samuel Johnson, erzählte sie uns, er schätzte lebendige Texte und hat seine Verben immer gezählt. Und jetzt gehen Sie die Verben mal durch. Haben Sie sich für die richtigen entschieden? Ist das wirklich das passende Verb, für genau diese Sache? Denken Sie daran, Adverbien sind ein Indiz dafür, dass Sie das falsche Verb erwischt haben. Mit den Verben kontrollieren sie, was sich im Kopf des Lesers abspielt. Denken Sie scharf nach – wann hat sich dies im Verhältnis zu dem ereignet? Und haben Sie das auch genau so beschrieben?

Ich beugte mich über mein Blatt und starrte mit wachsendem Verständnis auf die Kringel und die falschen Entscheidungen in ihnen und um sie herum.

Unwichtige Details, Nebensächlichkeiten, die kann man dazuerfinden. Wichtige Details kann man nicht erfinden.

Ich kann mich an die Details, die in diesem Zusammenhang wichtig sind, deutlich erinnern: dass ich an einem Donnerstagmorgen mitten im Frühling vor Seminarbeginn zum Campuszentrum lief, um mir aus dem Campusbriefkasten mein Manuskript abzuholen. An diesem einen Essay hatte ich intensiver und mit mehr Leidenschaft gearbeitet als an allem, was ich bis dahin geschrieben hatte. Ich hatte das Gefühl, endlich zu wissen, was ich tat – welche Entscheidungsmöglichkeiten ich hatte und inwiefern sie den Text besser oder schlechter machen würden, Zeile für Zeile. Nachdem ich über ein Jahr hilflos herumgetrieben war, war das ein Gefühl, wie wenn man mit dem Fuß im dunklen Wasser plötzlich auf Grund stößt. Hier, sagt man sich. Hier kann ich mich abstoßen.

Ich öffnete den Umschlag. In ihm fand ich mein Manuskript tätowiert mit Sätzen, die Zwischenräume noch enger beschrieben als sonst. Ich las mir alles sorgfältig durch und blätterte die Seiten um, um den Anmerkungen auf die Rückseite zu folgen, wo ich, ganz am Ende, dieses Postskriptum fand: Ich habe die ganze Nacht über das hier nachgedacht.

Der Gedanke, dass ich sie mit etwas wach gehalten hatte, was ich geschrieben hatte, dass es ihr wichtig genug gewesen war, ließ mich nicht los. Ich weiß noch, wie ich mir gesagt habe, Okay, wenn du sie mit etwas, was du geschrieben hast, eine ganze Nacht vom Schlafen abhältst, dann kann aus dem hier vielleicht wirklich was werden.

Mich hatte die Vorstellung, begabt zu sein, immer geärgert. Ich hatte keinen Respekt davor, und meiner Erfahrung nach hatte das keiner. Wenn man mich in der Schule begabt genannt hatte, war ich zur Zielscheibe allgemeinen Spotts geworden. Ich wollte arbeiten. Arbeit konnte ich honorieren. Annie war derselben Ansicht.

Talent allein reicht nicht, hatte sie uns gesagt. Schreiben ist Arbeit. Jeder kann das, jeder kann lernen, wie das geht. Das ist keine Hexerei, das sind Denkgewohnheiten und Arbeitsgewohnheiten. Als ich angefangen habe, waren viele begabter als ich, sagte sie, und die sind jetzt tot oder im Gefängnis oder haben aufgehört zu schreiben. Der Unterschied zwischen ihnen und mir ist, dass ich weitergeschrieben habe.

Begabung ist keine Garantie. Ohne Arbeit bleibt die Begabung eine Begabung – ein Versprechen, kein fertiges Produkt. Ich wollte lernen, wie man vom Unfall am Anfang zum Schriftsteller wird, und das habe ich von ihr gelernt.

4

Als das Seminar bei Annie beendet war, wollte ich so sein wie sie.

Ich wollte einen Schuber bei HarperCollins, einen gut aussehenden Professor zum Mann, eine Tochter, ein vom College gestelltes Haus, pro Jahr ein Seminar unterrichten und den Rest der Zeit schreiben. Ich wollte sogar ihren ramponierten Saab und das Sommerhäuschen auf Cape Cod. Von meiner Warte aus, also dem Garten ihres Hauses auf dem Campus, bei einem Grillfest zu Semesterende, konnte es für einen Schriftsteller kein besseres Leben geben. Es war mein letztes Jahr an der Uni, und der bevorstehende Abschluss würde, so viel war klar, meine gesamte Lebensweise, meine Wirklichkeit vernichten. Und das hier, auf dem Knie balancierte ich einen Pappteller mit den fettigen Überresten des Burgers, den ich soeben verzehrt hatte – vegan war ich schon lange nicht mehr, das soll hier nicht verschwiegen sein –, das hier war doch mal eine klare Zielvorgabe.

Wenn ich hier meinen Job gemacht habe, sagte sie in der letzten Sitzung, dann werden Sie in den nächsten zehn Jahren nie ganz zufrieden sein mit dem, was Sie geschrieben haben. Nicht, weil Sie nicht gut schreiben könnten, sondern weil ich Ihnen beigebracht habe, höhere Ansprüche an sich zu stellen. Messen Sie sich nicht aneinander. Ihre Messlatte sollte Colette sein oder Henry James oder Edith Wharton. Messen Sie sich an den Klassikern. Das ist Ihr Ziel, da wollen Sie hin.

Sie hielt inne. Wieder eine ihrer Absencen. Und dann lächelte sie. Wir wussten alle, dass sie recht hatte.

Gehen Sie in die Buchhandlung, in die Abteilung, wo Ihre Bücher stehen werden, sagte sie. Gehen Sie einfach hin und suchen Sie Ihren Platz im Regal. Und da legen Sie Ihren Finger hin, und so sollten Sie es immer machen.

Im Seminar kam mir die Vorstellung lächerlich vor. Aber irgendwann nach Ende der letzten Stunde tat ich es dann doch. Ich ging auf das Regal zu. Chabon, Cheever. Ich schob meinen Finger dazwischen und schaffte Platz. Bald machte ich das, wann immer ich eine Buchhandlung betrat.

Jahre später gebe ich in meinen Seminaren denselben Rat. Thoreau, den Annie sehr bewunderte, hat einmal gesagt: «Auf lange Sicht trifft man nur, worauf man zielt.» Sie hat uns gezeigt, worauf wir zielen sollen.

Woran ich mich als Erstes erinnere, sind unsere hoch erhobenen Hände, die sich in der Luft wiegen und aufbäumen wie Seegras in der Dünung, während die Prozession, aus Rücksicht auf die an Aids und ARC Erkrankten, von denen manche in Rollstühlen sitzen, nur langsam vorrückt. Unser Vertrauensmann für die Kommunikation mit der Polizei wurde kurz nach Beginn des Protestmarschs, unten am Rathaus, zu Boden geworfen und mit Handschellen gefesselt, als er versuchte, Kontakt zu einem Polizisten aufzunehmen. Er war vom Bürgersteig, den wir nicht verlassen durften, auf die Straße hinausgetreten, wo behelmte Motorradbullen in Achten und Ellipsen herumrasten wie bei einem Schaufahren. Später kann er uns berichten, dass ihm die Polizei Wasser verweigerte, als er seine Zidovudin nehmen wollte, und ihn außerdem mit Berichten quälte, einige von uns wären erschossen worden. Aber fürs Erste verschwindet er hinter einer Wolke aus Polizeischilden.

Wir bleiben in Bewegung, damit die Demonstration nicht aufgelöst wird, denn nur in ihrem Schutz können wir unseren geheimen Plan verwirklichen: Am Ende der Marschroute wollen wir eine Kreuzung blockieren, um gegen die Untätigkeit der Regierung angesichts der Aids-Epidemie zu protestieren.

Es ist der 6. Oktober 1989. Ein kalter, grauer Tag, einer dieser Tage in San Francisco, die sich anfühlen wie ein leichter grippaler Infekt, heiß und kalt zugleich, verschwitzt und unterkühlt. Die Sonne ist nirgends zu entdecken. Ich glaube, die Passanten würden uns für Theaterfans halten, die sich besonders zeitig auf den Weg zur Abendkasse gemacht haben, wäre da nicht die Horde schwer bewaffneter Polizisten, die uns auf Schritt und Tritt begleiten, die Hände sämtlich in Latexhandschuhen.

Damit sich die freitäglichen Touristenscharen nicht beeinträchtigt fühlen, müssen wir fast die gesamte Wegstrecke auf dem Bordstein zurücklegen, wobei die Polizei aufpasst, dass wir nicht bei Rot über die Ampel laufen. Wir skandieren unsere Parolen, wenn auch ziemlich verhalten, eingeschüchtert von der frühzeitigen Festnahme, dem Wetter und der Polizistenflut: Nach unserer Zählung kommen auf jeden Demonstranten zwei Bullen.

Als wir das Münzamt erreichen, werfen wir rot bemalte Pennys über den Zaun: Blutgeld, das war die Idee dahinter, aber jetzt ärgert mich die Naivität dieser Geste. Ich frage mich, wie weltfremd wir sein müssen, einem Polizeiaufgebot wie diesem mit Bastelarbeiten zu begegnen. «Unsere Steuern sind für uns!», brüllt ein Demoteilnehmer neben mir, als wäre ihm plötzlich eingefallen, wie wütend er ist.

Endlich, als wir am Castro ankommen, wird die Polizeikette vom Verkehr durchtrennt wie durch einen sauberen Venenschnitt, und wir schwappen über die Kreuzung, bilden einen Kreis, haken uns unter und schneiden den Verkehr in alle vier Richtungen ab. Jetzt klingen unsere Parolen selbstbewusst und stark. «Was wollen wir? Versorgung, für alle! Wann und wo? Jetzt und hier!» Der Stimmung heizt sich auf, Polizisten blasen in Trillerpfeifen, lassen ihre Motoren aufheulen und brüllen ins Megafon, wir sollen die Kreuzung räumen, sonst drohen Festnahmen. Im hinteren Bereich des Kreises, so weit weg von den Bullen wie nur möglich, setzen sich die Ersten auf den Boden. Die Polizei kann es noch nicht sehen, aber eine Gruppe Motorradbullen schert in eine Seitenstraße aus, um uns in den Rücken zu fallen, eine uralte Strategie. An der Ecke Eighteenth und Castro bildet sich am Ausgang der U-Bahn eine Menschenblase, weil auch die Gehwege blockiert sind. Einige entdecken Freunde in der Demo, winken und setzen sich dazu. Es wird bereits dunkel, Hauptverkehrszeit, und mir wird bewusst, dass diese Ecke bald vollkommen überlaufen sein wird.

Die Polizei treibt uns an zwei Häuserecken zusammen, und wer noch auf der Straße sitzt, wird einer nach dem anderen weggezerrt. Mit gezückten, wie Speere angelegten Schlagstöcken schlagen sie gegen Hände, um sie zum Loslassen zu zwingen, oder versperren uns den Fluchtweg die Straße hinunter. Als ich versuche, mich trotzdem durchzudrängeln, sagt mir einer der Polizisten, das Kriegsrecht sei ausgerufen. «Macht das nicht der Präsident?», frage ich. Er senkt schweigend den Blick; vielleicht schämt er sich, beim Lügen ertappt worden zu sein. Hinter uns trifft eine weitere Gruppe U-Bahn-Fahrer ein, die zu spät erkennen, dass sie jetzt zusammen mit den Demonstranten eingekesselt sind. Da ich nicht wegkann, klettere ich auf einen Zeitungskasten und klammere mich an eine Laterne, gerade rechtzeitig um mitzuverfolgen, wie die letzten Demonstranten von der Kreuzung getragen werden.

Bereitschaftspolizisten in Zweierreihen marschieren die Straße auf und ab. Es wirkt komisch, beinahe mitleidrergend, und soll offenbar Stärke ausstrahlen. Teilweise ist die Straße schon wieder freigegeben für den Verkehr, doch eine Gruppe steht noch bereit, in die Bresche zu springen, und jetzt rennen sie auf die Straße und setzen sich auf die Fahrbahn, mit untergehakten Armen. Ein Motorradfahrer fährt zu dicht an einem Polizisten vorbei, der sofort herumwirbelt und laut in seine Trillerpfeife bläst, woraufhin der Fahrer von zwei anderen gepackt und vom Motorrad gerissen wird. Der erste tritt das Motorrad um. Der Fahrer zieht den Kopf ein, als er auf die Knie gestoßen wird, und krümmt sich unter den Schlägen, die sofort auf ihn einprasseln, Fäuste fliegen und dann ein Schlagstock, der wie eine Sense die Luft durchschneidet. «Keine Polizeigewalt!», ruft eine Frau, die direkt danebensteht. Die Menge nimmt den Ruf auf. «Keine Polizeigewalt! Keine Polizeigewalt! Keine Polizeigewalt!» Sie ist zart gebaut, ihr Haar ist wuschelig und rot und wippt in der Luft, sodass der Polizist leicht danach greifen kann, er wendet sich von der Prügelorgie ab, packt sie an den Haaren und wirft sie mit dem Gesicht voran zu Boden.

Jetzt rennt alles, und überall schnellen Schlagstöcke nach oben. Schreie hallen durch die Straße, und den ganzen Block entlang verriegeln Restaurants ihre Türen, und den Gästen wird erklärt: Sie können jetzt nicht gehen, warten Sie einen Moment, entschuldigen Sie die Unannehmlichkeiten. Hier oben auf meinem Zeitungskasten scheint die Luft fast unbewegt, doch etwas weiter hinten sehe ich einen Jungen, den ich kenne, wie er mit hoch erhobenen, fast überkreuzten Händen langsam rückwärtsgeht, während fliehende Demonstranten auf den Bordstein zurennen und die V-Formation der anrückenden Polizei unter ihrem Ansturm aufbricht. Der Polizist an der Spitze holt aus, sein Schlagstock gleitet vom Unterarm meines Freundes ab und trifft ihn voll auf die Stirn. Mein Freund sackt zusammen, das Gesicht sofort blutüberströmt, und stürzt auf den Fußgängersteig, den er hatte erreichen wollen. Der Polizist geht ungerührt weiter, und die nächsten beiden treten gemeinsam einen Zeitungskasten um, der die Beine meines Freundes unter sich begräbt, wobei ihre Beine genau dieselbe langsame Bewegung ausführen, zwei schrecken-erregende Revuetänzerinnen.

Ich springe von meinem Kasten. Ich habe Angst, dass er totgetrampelt wird. Er ist bewusstlos und für die panische Menschenmenge unsichtbar. Ich renne zu ihm und sehe, dass bereits jemand da ist und ihn von dem Kasten befreit. Ich knie mich hin und sage leise seinen Namen. Mike, sage ich. Er öffnet die Augen und weint bereits. Seine erste Stra-ßenschlacht mit der Polizei, meine auch. Kopfverletzungen bluten immer besonders stark, sage ich, weil mir nichts Bes-seres einfällt, als ich versuche, ihn zu beruhigen. Und reiße ein Stück Stoff von meinem T-Shirt und presse es gegen seinen Kopf.

Um uns bildet sich eine Menschentraube, kurz darauf erscheint ein Sanitäter. Als sie meinen Freund zum Kranken-wagen bringen, laufe ich hinterher. «Sie gehören zu ihm?», fragen sie mich, und ich bejahe, weil es wahrscheinlich das Sinnvollste ist, was ich jetzt tun kann. «Legen Sie eine Hand an den Krankenwagen», sagen sie mir, «damit man Sie nicht festnimmt», und ich tue, was sie sagen.

Da stehe ich also, die eine Hand am Krankenwagen, und es kommt ein Fernsehteam und fragt mich nach meinen Ein-drücken vom Geschehen. Ich berichte, was ich gesehen habe, ohne meine Hand vom Krankenwagen zu lösen. Als sie weg sind, denke ich daran, dass ich bisher geglaubt hatte, in einem

Land zu leben, das anders ist als das hier. Aber das hier ist das Land, in dem ich lebe, sage ich mir und spüre das Metall unter meinen Fingern.

Das ist das Land, in dem ich lebe.

GIRL

HAARE

Das Jahr ist 1990, der Ort San Francisco, das Castro. Es ist Halloween. Ich stehe im Badezimmer meines Freundes John, allein vor dem Spiegel, obenrum ein schwarzer Rollkragenpullover, untenrum Leggings, und im Licht der zwölf Hundert-Watt-Birnen erstrahlt mein Gesicht.

An der Highschool habe ich Theaterschminken gelernt, falsche Schnurrbärte und Wimpern angeklebt, blaue Flecken, Wunden und Tätowierungen aufgemalt. Ich weiß noch, wie ich immer kurz davor war, das zu tun, was ich jetzt getan habe, und es dann immer sein ließ, es immer auf später verschob.

Damit ist es heute vorbei.

Mein Gesicht ist, im eben aufgetragenen Make-up, ein voller Erfolg. Die hohen Wangenknochen, die großen, schrägen Augen, der breite Mund, das schmale Kinn, der rundliche Unterkiefer, alles hat neue Saiten aufgezogen bekommen, durch Grundierung, Puder, Kajal, Lippen- und Augenbrauenstift. Mithilfe dieser Werkzeuge habe ich auf meinem eigenen Gesicht ein zweites errichtet, und obwohl ich nicht wiederzuerkennen bin, finde ich mich schnell hinein, als hätte ich immer schon gewusst, wie dieses Gesicht zusammenzusetzen ist. Meine Hände zittern nicht, sondern bewegen sich langsam und mit einer Sicherheit, als hätten sie die Routine von Jahren.

Ich lächle.

Ich nehme den schwarzen Kajalstift und widme mich wieder den Augenwinkeln, setze jeweils Schrägstriche, ziehe mit der befeuchteten Fingerseite die Linien lang und lasse sie in einer schwarzen Spitze zusammenlaufen – keine Krähenfüße, Krähenflügel.

Die neun Leberflecken im Gesicht sind alle unter Grundierung und Puder verschwunden. Ich suche mir einen aus, rechts auf der Oberlippe, wo Schönheitsflecken hingehören. Dass ich hier einen habe, ist wie eine wahr gewordene Prophezeiung. Ich setze mit dem Stift einen kleinen Punkt obendrauf.

Ich nehme den Lippenstift und öffne den Mund zu einem O. Ich habe immer schon wahnsinnig gern Lippenstifte aufgeschraubt, und etwas durchzuckt mich, als der glänzende Stummel zum Vorschein kommt. Ich trage die Farbe auf, Mauve Frost, dann eine zweite Schicht, und jetzt schimmert mein Gesicht – ein weißer Himmel, der Leberfleck ein Planet, die Augen seine großen, beringten Schwestern. Ich presse die Lippen zusammen und spüre, wie Farbe überall dort haften bleibt, wo sie bisher nicht war.

Die Perücke ist blond, schulterlang und aus Kunsthaar – Puppenhaar von Dynel, wie für Barbiepuppen und genau das, was ich wollte. An der Haube zeigt sich, dass es eine Billigperücke ist, also schneidere ich mir aus einem T-Shirt-Ärmel ein Stirnband und mache aus der Perücke eine Halbperücke.

Die Perücke setze ich erst ganz zum Schluss auf. Ohne sie sieht man den typisch männlichen Haaransatz, die werdenden Geheimratsecken. Man sieht meine dunklen Haare und sieht, dass ich keine Blondine bin, keine weiße oder überhaupt eine Frau. Die Perücke ist ein Walkürenschopf, den ich mit Haargel in Form zu bringen versuche, wodurch die Haare elektrisch aufgeladen werden und in die Höhe schnellen, eins nach dem anderen. Noch eine Stunde später umgibt mich ein Heiligenschein aus gekräuselten Haaren, und blaue Funken sprühen, sobald ich jemanden berühre.

John klopft an der Tür. «Girl!», ruft er durch die Tür hindurch, «Bist du bald mal fertig?» Er selbst ist es bereits, Pullover und schwarzer Minirock, die schwarze Ponyperücke geschmückt mit einer rosa Schleife. Er hat seine Wangenknochen mit Rouge betont, ich habe darauf verzichtet. Er trägt hohe Absätze, ich trage Springerstiefel. Ich habe mich für alltagstaugliche Schuhe entschieden, John dagegen für Fick-mich-Pumps, Absätze sieben Zentimeter. Es ist mein erstes Mal. Heute Abend wird im Castro Halloween gefeiert, und wir versuchen beide, als Frauen durchzugehen, als «echte», nur haben wir uns unterschiedliche Frauentypen zum Vorbild genommen.

Was für ein Girl bin ich? Nachdem ich die Perücke aufgesetzt habe, wird mir klar, dass ich mich nicht einfach nur als Frau, sondern als weiße Frau verkleidet habe. Oder als jemand, der versucht, als weiße Frau durchzugehen.

«Komm rein!», rufe ich. John erscheint hinter meiner Schulter im Spiegel, eine Cheerleaderin auf Abwegen, das Mädel, das sich immer hinten auf das Motorrad des halbstarken Rebellen schwingt. Er zieht die Augenbrauen bis zum Anschlag hoch.

«Jesus Muttergottes», sagt er. «Girl, du bist wunderschön. Unglaublich.»

«Kannste ruhig glauben», sage ich und schaue ihm in die Augen.

Ich lege den Kopf in den Nacken und werfe probehalber die Haare über die rechte Schulter, wie ich es immer bei meiner jüngeren Schwester gesehen habe. Immerhin, ich weiß jetzt etwas über sie, was ich zuvor nicht wusste: wie es sich anfühlt und warum man es macht. Es ist wie ein eigener kleiner Paukenschlag.

«Macht einem fast schon Angst», sagt John. «Du bist wirklich makellos schön.»

«Na, und du erst recht», sage ich. «Wo ist Fred?» Fred ist mein neuester Lover, und ich weiß immer noch nicht, ob ich ihn hier dabeihaben möchte, aber nun soll es wohl so sein.

«Alles okay bei euch?», fragt Fred, als hätte sich im Badezimmer ein Unglück ereignet. «Oh mein Gott, du bist ja wunderschön!» Wie geblendet steht er im Türrahmen. Er sieht noch aus wie immer, ein schlanker weißer Junge mit großen Ohren und langen Wimpern, die dunklen Haare keine zwei Zentimeter lang. Er hat sich noch nicht umgezogen.

Er steht immer noch wie angewurzelt da und sieht mich mit einem Blick an, den ich von ihm nicht kenne. Ich hatte nie diese Wirkung auf Männer, er war nie wie gelähmt von meiner Schönheit, und ich frage mich, was ich jetzt von ihm verlangen könnte, wozu er vorher nicht bereit gewesen wäre. «Schatz», sagt er, die Stimme voller Staunen. Er kommt näher, langsam und leicht vornübergebeugt, den Blick auf mich geheftet.

Ich spüre ein Lächeln in mir aufsteigen, ein uraltes, älter vielleicht als ich selbst; ich kenne diese Szene, habe sie schon tausendmal gesehen, aber nie damit gerechnet, dass ich eines Tages mitspielen dürfte: das Traumgirl, das sich von ihrem Lover den Hof machen lässt, und dieses Girl bin ich.

Für einen Moment löst sich, was mein Leben so verwirrend gemacht hat. Niemand wird mich fragen, ob ich weiß bin oder

Asiate. Niemand wird mich fragen, ob ich ein Mann bin oder eine Frau. Niemand wird mich fragen, warum ich Männer liebe. In diesem Moment wünsche ich mir, dass Fred an diesem Abend ein Mann bleibt. Dazu braucht man keinen Mut: Ein Mann und eine Frau können, in diesem Land, in dieser Welt, verliebt durch die Straßen ziehen, ohne deswegen behelligt zu werden – und einen Moment lang wünsche ich mir, dass ich für diese eine Nacht seine aufgedonnerte Freundin sein kann und er der wortkarge, starke Mann an meiner Seite. Ich will die ganze Nacht seine Hand halten, ohne dass etwas dabei ist, nichts Politisches, nichts Gefährliches, einfach nur das. Ich will den Schutz jener uralten Gesetze, die seit Jahrhunderten der Mob diktiert.

Er legt die Arme um mich, und ich werfe den Kopf in den Nacken. «Wow», sagt er. «Sogar aus der Nähe ...»

«Hast du schon mal ein Girl geküsst?», frage ich.

«Nein», sagt er und lacht.

«Dann hast du jetzt Gelegenheit dazu», sage ich, und er lehnt sich zu mir hinunter und küsst mich langsam, mitten durch sein Lächeln hindurch.

MEIN LAND

Ich bin halb weiß, halb koreanisch – oder, um genauer zu sein, schottisch-irisch, irisch, walisisch, koreanisch, chinesisch und mongolisch. Ein immer wiederkehrendes Thema, mein ganzes Leben lang, diese Frage, was ich denn nun eigentlich sei. Manche meinen sogar, es mir ins Gesicht sagen zu müssen, wie mein erster Friseur in San Francisco.

«Na, Girl – du bist gemischt, oder? Aber du gehst bestimmt durch», sagte er, als wäre das ein Grund zur Freude, und betrachtete mich weiter forschend im Spiegel, als wäre ich verkleidet in seinen Laden gekommen.

«Und als was?», fragte ich.

«Na, als Weißer. Du siehst aus wie ein Weißer.»

Wer von «gemischt» und «durchgehen» spricht, meint immer nur das eine, aber das möchte ich dann wenigstens auch hören. Er sei Filipino, sagte er mir. «Du könntest einer von uns sein», sagte er. «Bist du aber nicht.»

Ja. Ich könnte es sein, bin es aber nicht. Dieses Gefühl kenne ich gut.

Als Kind in Korea, als wir bei meinem Großvater lebten, durfte ich nie zum Spielen auf die Straße, jedenfalls nicht allein. Da sie meist ohne Vater aufwuchsen, galten Kinder amerikanisch-asiatischer Abstammung als vogelfrei und konnten wie eine Ware verkauft und gekauft werden, als Haushaltshilfen, Prostituierte oder beides. Dass mein Fall anders lag, hätte niemanden gekümmert.

«Eines Tages werden alle aussehen wie du», das bekomme ich ständig zu hören. Ich bin Bürger eines Landes, das ausschließlich in der Zukunft existiert, einer Nation, die sich vom Nationalismus nur aus Überforderung verabschiedet hat. Ich zucke jedes Mal zusammen, wenn mir jemand sagt, ich sei eine «gute Mischung», die «gut funktioniert» habe. Und was, wenn nicht?

Nach der Lektüre von Eduardo Galeanos *Erinnerung an das Feuer* denke ich noch lange an die aus der Sklaverei befreiten Mulatten Haitis, die ausgelöscht wurden, als die Franzosen die Insel zurückeroberten, und die mestizischen Kurtisanen Argentiniens, verhasst sowohl bei weißen Frauen, denn wie konnten sie es wagen, dieselben feinen Perücken zu tragen, als auch bei den Sklaven aus Chiloé, denn wer sich so kleidete, hielt sich wohl für was Besseres. Galeanos Trilogie gilt als poetische Geschichte beider Amerikas, doch was ich darin fand, war eine Geschichte der Rassenmischung.

Aus ihr lernte ich, dass die Geschichte der Mischlinge einem Muster folgt, das durch alle Zeiten, in allen Kulturen dasselbe ist: Die Privilegien der Herrschenden sind uns ebenso verschlossen wie die Gemeinschaft der Beherrschten. Beide Seiten verleugnen uns, weil wir in ihren Augen alles verkörpern, was der anderen Seite fehlt. Wir überleben nur, wenn man uns schätzt, und man schätzt an uns nur unsere Kraft, unsere Schönheit und manchmal auch, dass wir so klug und listig sind. Wenn ich diese Geschichten als Geschichten darüber lese, wer überleben darf und wer nicht, dann sehe ich, dass auch ich mich dieser Mittel, und bisher ausschließlich dieser Mittel, bedient habe, um zu überleben.

Die Schönheit also, die ich in der Travestie an mir entdecke: Sie besteht aus solchen Talismanen der Macht, ein Drahtseilakt, bei dem ich den Selbsthass der einen mit dem Selbsthass mindestens einer anderen Kultur ausbalanciere, ein Kunststück, das ich schon mein Leben lang vollführe, nur dass der Dreh- und Angelpunkt diesmal mein Gesicht ist. In dieser Nacht verspüre ich den Wunsch, immer auf diese Weise schön zu sein, weil mir diese Schönheit mächtiger erscheint als alles, was an mir je schön gewesen ist. Diese Schönheit ist die stärkste Droge, von der ich je gekostet habe.

Doch in meinem blonden Haar frage ich mich: Gehst du wirklich durch? Oder ist es nur die Dunkelheit, die Nacht, dass jeder nur sieht, was er sehen will?

Und als was genau gehst du durch? Und ist das wirklich alles, worum es hier geht?

Jedes Mal, wenn ich in dieser Nacht durchgehe, ist es ein Sieg über diese Zweifel, ein Zug an der Haschpfeife. Dieses Haar ist aus purem Nixengold, und wie jede Märchenfigur wünsche ich mir, dass der Traum beim Erwachen Wirklichkeit wird.

ENGEL

John und ich müssen viel Geduld aufbringen, als wir Fred schminken. Seine Augenlider zucken, wenn wir versuchen, Kajal oder Lidschatten aufzulegen. Er redet, während wir seine Lippen schminken. Er glaubt, das hier werde ihn befreien, und erzählt uns, wiederholt, dass er das früher nie gemacht hätte. Früher, das heißt wohl: vor mir.

«Schließ die Augen», sage ich zu ihm. Er schließt sie. Ich komme mir vor wie seine große Schwester. Ich tauche die Puderquaste in Fixierpuder und halte sie vor sein Gesicht. Ich hole tief Luft und puste die Quaste an. Eine Wolke hüllt ihn ein und legt sich leicht auf seine Haut. Der Glanz der Grundierung weicht seidiger Glätte. Er kichert.

John zieht ihm von hinten die Perücke über und zupft sie zurecht. Er kommt um den Stuhl herum, stellt sich neben mich, und gemeinsam begutachten wir unser Werk, auf der Suche nach behebbaren Fehlern. Es gibt keine. Fred öffnet die Augen. «Und?»

«Die schlaue Schwester, definitiv. Kate Jackson», sagt John und dreht lächelnd den Kopf zu mir. «Ich bin die hübsche Schwester, die feminine, Farrah. Und du, Girl — welche bist du?»

Ich schüttele den Kopf und klappe den Kragen meines Ledertrenchcoats hoch. Weder fühle ich mich wie einer der drei Engel für Charlie, noch sehe ich so aus. Wenn überhaupt, dann sehe ich aus wie ein versprengtes Mitglied der Gang aus *Die Satansweiber von Tittfield*, das Kind von Tura Satana und ihrer blonden Spießgesellin. Oder als hätte sie einfach mal ihre Haare auf eine Spritztour mitgenommen.

«Du bist die fiese Schwester», sagt John und lacht. «Die einen immer zum Heulen bringt und alle Puppen kaputtmacht.»

Es ist früher Abend. Auf der Eighteenth Street, draußen vor Johns Wohnung, schieben sich die Autos vorbei, und das Rampenlicht ihrer Scheinwerfer macht den Bürgersteig zur Bühne. Ich sehe meine Haare um mich herum aufblitzen, wenn sich in der Dunkelheit das Licht in ihnen fängt. Zu Halloween in Drag durch das Castro zu laufen ist Leistungssport als Freizeitvergnügen. Hier mitzumachen heißt, sich in Drag vor Menschen zu zeigen, die jeden zweiten Tag in Drag gehen, und mit einigen davon bin ich gut befreundet. Der Gedanke daran, sie zu sehen, macht mich halb wahnsinnig. Ich will mich nicht blamieren.

Laut den Zeitungsberichten vom nächsten Tag werden heute Abend vierhunderttausend Menschen ins Castro kommen, um uns zu sehen. Sie alle werden versuchen, diese Straße entlangzufahren, und vielen von ihnen wird es gelingen. Einige werden Baseballschläger dabeihaben, Bierflaschen, Schusswaffen. Einige von ihnen hassen Tunten, Transfrauen, Genderqueere. Sie erzählen dir gern, dass ihre Girls echte Girls sein sollen. Wenn sie dich aufreißen und die Wahrheit ans Licht kommt, werden sie dich zusammenschlagen und vielleicht umbringen. Für einige meiner Freunde ist es daher überlebenswichtig, gut blasen zu können – obwohl Männer bestenfalls unberechenbar sind.

«Also die meisten Männer, sobald sie kapieren, dass du einen Schwanz hast ... Was soll man sagen, Schätzchen, die rollen sich sofort auf den Bauch.» Das hatte mir ein Freund erzählt, eine Dragqueen, als ich gerade hergezogen war. «Als hätte man's geahnt, nicht? Ihr größter Wunsch ist es, endlich mal gefickt zu werden, nur trauen sie sich halt nie, danach zu fragen.»

Ich denke sehr oft daran. Und denke auch jetzt daran, hier auf der Straße, in meinem neuen Look.

John, Fred und ich laufen im stehenden Verkehr auf die Straße. Die Autos sind voller Menschen, die ich nie wiedersehen werde. John wendet sich auf seinen Absätzen hin und her, lässt seinen Körper beim Gehen um die eigene Achse kreisen, lächelt und winkt. Er weiß, dass sie wegen ihm aus ihren Vororten gekommen sind, dass er genau das ist, was sie sehen wollen. Mein Blick fällt auf einen Jungen hinter seinem Steuerrad. Ich lächle ihn an, und er hupt und brüllt, ganz außer sich vor Aufregung. Ich wickle eine Haarsträhne um meinen Finger und stolziere weiter. In der zweiten Klasse haben mir die Jungs gerne im Schulflur den Weg verstellt, um mir zu sagen, dass ich wie ein Mädchen ginge, mit hin- und herschnellenden Hüften, und wie ich jetzt diese Straße überquere und um mich herum die Autos voller Menschen spüre, die mich beobachten, lasse ich es zum ersten Mal zu, dass ich wirklich so gehe, wie es sich meine Hüften immer gewünscht haben. Ich gehe immer schon so, doch so sehr wie jetzt? Noch nie.

Das Gebrüll aus dem Auto hält an, und die Freunde des

Jungen lehnen sich aus dem Fenster und rufen mir nach. John lacht. «Ich warne dich, Mädel! Du brauchst wirklich einen Aufpasser!» Fred läuft still vor uns her. Von hinten sieht er in seiner Army-Jacke wie ein langhaariger Mann aus. Seine Beine bewegen sich in geraden Linien unter seinen schmalen Hüften, er wippt beim Gehen auf und ab, das Perückenhaar federt auf den Schultern nach. Er geht immer schon so, das sehe ich jetzt, und darin unterscheiden wir uns voneinander. Ich will nicht, dass ihm heute Abend etwas zustößt, aus welchem Grund auch immer – weil es nicht zur Frau reicht, oder gerade, und also nicht zum Mann.

Anfangs geben mir die Sprüche, die uns aus den Autos hinterherschallen, ein Gefühl von Stärke. Schönheit macht stark, oder nicht? Ich hatte immer geglaubt, dass Schönheit Stärke ist, deshalb wollte ich schön sein. Die Beifallsschreie auf der Straße sind für mich, was ein Rekord im Bankdrücken für einen Gewichtheber ist. Die blonden Haare sind meine Flagge, und was da um mich herum durch die Nacht stürmt, die Teams. Aber mit jedem neuen Schrei höre ich deutlicher den scharfen Unterton heraus und dass die Aufregung umschlagen könnte in Gewalt, Schläge, Blut, Tod.

Wir erreichen das Café Flore, ein paar Straßen von Johns Wohnung entfernt. Danny Nicoletta, ein befreundeter Fotograf, ist ebenfalls da. Er sieht uns, erkennt mich jedoch nicht. Ich sehe ihn jeden Tag in diesem Café und habe ihm schon mehrfach Modell gestanden. Er hat nicht die leiseste Ahnung, wer ich sein könnte. Ich winke ihm, er sieht mich an, und ich fühle, wie er das eisblonde Ding da vor sich mustert. Ich werfe mein Haar zurück. Ich liebe das jetzt schon, diese Möglichkeit, Auftritte, Ankündigungen, einen Stimmungswechsel mit den eigenen Haaren zu interpunktieren.

«Hi Danny», sage ich schließlich.

Er schreit auf.

«Oh mein Gott, du siehst genauso aus wie dieses eine Mädchen damals, meine Babysitterin», sagt er. Er holt seine Kamera hervor und macht Schnappschüsse von mir, mitten im überfüllten Café, und jeder Blitz trifft meine Netzhaut wie ein kleiner Kuss.

Wir verlassen das Café, und ich rausche durch die Halloween-Nacht, strahlend, als ob ich das Licht sämtlicher Scheinwerfer und Blitzlichter in mich aufgesogen hätte. Ich laufe die Straße entlang und bleibe immer wieder stehen, um in den Schaufenstern einen Blick auf mich zu erhaschen. Ich stelle mich in Positur, um mich von Leuten fotografieren zu lassen, und winke, wenn mir etwas zugebrüllt wird. Ich tanze mit Freunden zu der Musik, die aus dem Lautsprecherturm neben der Bühne vor dem Café kommt. Eine Prozession auffällig durchtrainierter Ballköniginnen in glitzernder Abendgarderobe und mit übergroßen Klunkern ergießt sich aus einem der nahe gelegenen Fitnessstudios auf die Straße. Sie leuchten im Bühnenlicht, Oberkörper und Schultern glatt rasiert, die straffe Brustmuskulatur wie gemacht fürs Dekolleté. Sie kichern und girren die Schaulustigen an, die sich auf den Bürgersteigen drängen, geben sich schockiert und entrüstet oder schreiten würdevoll die Menge ab und winken das Winken der Queen. Im Vorbeigehen schenken sie uns einen anerkennenden Blick und ziehen dann weiter.

Die Macht, die ich heute Abend spüre, das weiß ich jetzt – das ist es, was wir meinen, wenn wir sagen: «Sie ist eine Queen.»

GIRL

Schon als Kind fand ich Make-up faszinierend. Ich weiß noch,
wie ich das erste Mal in der Öffentlichkeit Lippenstift trug.
Ich war sieben, acht Jahre alt und stand mit meiner Mutter
am Verkaufsschalter von Jordan Marsh, in der Maine Mall
in South Portland. Ich glaube, wir erledigten Weihnachts-
einkäufe, jedenfalls war es Winter, und sie ging die Kosmetik-
proben durch.

Meine Mutter ist eine wirkliche Schönheit aus einer Bau-
ernfamilie in Maine, deren Mitglieder fast ausnahmslos groß,
sportlich, schlank und hübsch sind, Männer wie Frauen. Ihre
Augen sind blau wie der Atlantik. Als Bauerntochter hat sie
einen Zug ins Praktische, von dem sie sich meist leiten lässt,
und daneben eine Schwäche für Mode und Glamour. In
jüngeren Jahren war sie stets schlicht, aber elegant gekleidet,
ihre bevorzugten Accessoires waren Cocktailringe, schwarze,
kniehohe Lederstiefel und eine weiße Sonnenbrille mit sehr
dunklen Gläsern.

Ich hatte ein Geheimnis vor meiner Mom, oder glaubte das
zumindest: Ich schlich mich regelmäßig in ihr Badezimmer,
um mit ihrem Make-up zu experimentieren. Ich verbrachte
Stunden vor ihrem Badezimmerspiegel und probierte alle
möglichen Gesichtsausdrücke durch – im Ruhezustand wirkte
mein Gesicht unentschlossen, wie in der Schwebe zwischen
zwei Alternativen. Manchmal starrte ich es an und stellte mir
vor, wie es aussehen würde, wenn ich entweder weißer oder
asiatischer wäre. Aber Make-up, das verstand ich; ich hatte
miterlebt, wie sich meine Mutter verwandelte, wenn sie sich
schminkte, und genau das wollte ich auch. Also griff ich,
während sie mit ihren Proben beschäftigt war, nach einem

der Lippenstifte, legte ihn auf und drehte mich dann lächelnd zu ihr um.

Es war als Überraschung gedacht, ich wollte ihr eine Freude machen. Ich bin sicher, der rotorange Farbfleck auf meinem kleinen Gesicht wirkte grotesk, ja beängstigend.

«Alexander!», das war alles, was sie sagte. Sie sprang von ihrem Stuhl am Clinique-Tresen, packte meinen Arm, zog mir meine Skimütze über den Kopf und führte mich aus dem Kaufhaus heraus, hinüber zu unserem Auto, als hätte man mich beim Ladendiebstahl erwischt. Wir fuhren schweigend nach Hause, und sobald wir angekommen waren, wischte sie mir den Lippenstift aus dem Gesicht und ermahnte mich, so was ja nicht noch mal zu machen.

Sie war wütend, erschrocken, fühlte sich von mir hintergangen. Hier war eine Grenze, von der ich gedacht hatte, ich könnte sie in beide Richtungen überschreiten, aber anscheinend konnte ich das nicht.

Bis ich es dann doch konnte. Bis ich es tat.

Als Kind war nicht nur meine ethnische, sondern auch meine Geschlechtszugehörigkeit häufig unklar. Was für ein hübsches kleines Mädchen Sie da haben, sagten die Leute im Lebensmittelgeschäft zu meiner Mutter. Ich war sechs, sieben, acht. Sie ließ mir die Haare nie kurz schneiden.

Ich bin ein Junge, sagte ich dann immer, woraufhin sie rot wurden, eine Entschuldigung murmelten oder sagten: Aber er hat ja so lange Haare. Und es kam mir vor, als hätte entweder ich einen großen Fehler gemacht oder meine Mutter.

Ich versuche schon so lange, aller Welt zu beweisen, dass ich ein ganz normaler Junge bin, dass es eine echte Erleichterung ist, damit aufzuhören und das Gegenteil zu tun.

Vor dieser Halloween-Nacht glaubte ich, ganz gut zu wis-

sen, wie es ist, eine Frau zu sein. In der Schule hatte ich viele
Lehrerinnen, ich hatte viele Bücher von Schriftstellerinnen
gelesen; als Jugendlicher waren meine besten Freunde Freundinnen. Aber jene Nacht war wie ein Blick in ein anderes Universum. Drag ist eine Erfahrungswelt für sich – nicht die
Wirklichkeit, eher ein Theater der Weiblichkeit und auch
anders, als trans zu sein. Drag ähnelt, je länger ich darüber
nachdenke, nichts so sehr wie dem, was es ist: Kostüm, Illusion, ein Zaubertrick, der andere genauso in seinen Bann
schlägt wie einen selbst.

Aber Girl – Girl ist eine Sache für sich.

Für meine Freunde und mich, damals in San Francisco,
sind wir alle «Girls», bis auf die wenigen Ausnahmen, denen
das zu tuntig ist und die sich die Anrede «Girl» natürlich erst
recht gefallen lassen müssen. Meine Freundinnen nennen
sich untereinander ebenfalls «Girl», und manchmal klingt
es, als wären sie selbst ein bisschen überrascht davon, wie
sehr ihnen das gefällt. Ich habe es mir auf den Treffen von
ACT UP und Queer Nation angewöhnt, ein kleines Wört-
chen, das damals die Runde zu machen begann. Wenn wir es
aussprechen, ist es wie ein Stein, der von einem zum anderen
geht, der Stein, der uns alle treffen sollte. Und je öfter wir
ihn auffangen und weiterreichen, desto weniger kann er uns
anhaben und desto besser wissen wir, wer alles Teil unserer
neuen Familie ist. Wer uns kennt und wer nicht. Die Kugel,
die für uns bestimmt war und die wir jetzt mit Stolz tragen,
unser Erkennungszeichen.

Später am selben Abend landen wir im Club Uranus. John
und Fred haben die Perücken abgenommen und das Make-up
entfernt, ich nicht. Fred störte es einfach – unter Perücken
wird es sehr warm –, und John wollte sich zwar von einem

Mann flachlegen lassen, aber als Mann. Ich konnte mich noch nicht trennen. Auf dem Weg zum Club waren wir auf der Straße an Heteropärchen vorbeigekommen. Ich hatte mich bei Fred untergehakt, und mir fiel auf, dass mich die Männer im Vorbeigehen wie eine Frau taxierten, und die Frauen ebenso. Nur einer schien das Spiel durchschaut zu haben, ein Mann, der sich an einer Ampel aus seinem Autofenster lehnte, um mir zuzurufen: «Hey Lola, komm doch mal her, hierher, Baby! Ich liebe dich!»

Im Club treffen wir auf meinen Freund Darren, ein schlanker, blonder Junge, der sich als Marie Antoinette verkleidet hat: dreißig Zentimeter hohe Turmfrisur, das Kleid von einem professionellen Kostümverleih, mit Reifrock und allen Schikanen. An den Füßen, genau wie ich, Springerstiefel. Er hebt regelmäßig die Röcke, um darauf aufmerksam zu machen, dass er darunter nichts anhat.

Bald stehe ich auf der Go-go-Bühne neben der Bar. Auf meinem Rücken reitet ein schmächtiger weißer Junge in einem Tanga aus Gaffatape, sein Körper ist glatt rasiert. Wir schwitzen beide, das Licht eine Krone aus nasser, greller Hitze. Die Musik ist laut und sehr schnell. Ich schüttele den Kopf wie ein Löwe und lasse die Perücke fliegen, um mich abzukühlen. Was sich unten an der Bühne vorbeidrängelt, starrt uns entweder an oder ignoriert uns vollkommen.

Ich kann kaum etwas erkennen, aber bald entdecke ich Fred, der die Hand hebt und mir von dort, wo er steht, kurz zuwinkt. Ich würde ihm gerne sagen, dass ich den Jungen auf meinem Rücken kenne und dass er sich wegen ihm keine Gedanken machen soll, doch er scheint das auch so zu begreifen. Ich frage mich, ob Fred eifersüchtig ist, aber dann sage ich mir, Nein, und dass er ja wusste, worauf er sich bei mir

einlässt – als wir uns kennenlernten, hat er mir alle Clubs der
Stadt aufgezählt, wo er mich schon auf den Tischen hatte tanzen sehen. Heute Nacht ist eine dieser Nächte, eine Nacht, in
der ich mich verwandle, rasend schnell und ohne Vorwarnung,
in der ich hineinwachse in neue Formen, neue Konstellatio-
nen, ohne zu wissen, wohin das führen wird.

In diesem Moment fühle ich mich zu Hause wie nie zuvor,
nicht in San Francisco, nicht auf dieser Welt, sondern in meiner eigenen Haut. Ich bin auf der anderen Seite von etwas
angelangt, von dem ich nicht weiß, was es ist. Ich bin gespannt
darauf, es herauszufinden.

ECHT

Noch Jahre später bin ich stolz darauf, wie echt ich an diesem
Abend wirkte. Ich denke oft an die Männer, die mich für eine
echte Frau hielten, an die Heteros in ihren Autos, die mir
zujohlten, an ihren Gesichtsausdruck, wenn ich sagte: «Danke,
Jungs», meine Stimme wie immer, und die Veränderung, die
über ihre Gesichter schwemmte.

Ihr wolltet mich, wollte ich ihnen sagen. Und wollt mich
vielleicht immer noch.

Echt ist gut. Echt ist das Ziel. Allerdings macht niemand
Drag, um eine echte Frau zu sein. Drag ist nicht dasselbe.
Drag weiß, dass es anders ist. Doch wenn man in Drag als echt
durchgeht, ist das schon für sich die Goldmedaille.

Doch fast immer, wenn ich an diese Nacht denke, ist mir
nur allzu gegenwärtig, dass sie die erste war, in der ich mich
mit meinem Gesicht wohlfühlte. Mir ist das suspekt, es ver-

wirrt mich. Ich spüre, wie ich mich nach der Macht sehne, die ich damals hatte. Ich giere danach wie nach Kokain.

Der kleine Junge, der ich einmal war, der Junge, der vor dem Spiegel Grimassen schnitt, dieser Junge war glücklich. Aber der Aufwand war einfach zu groß. Ich könnte das nicht, tagtäglich, obwohl ich Frauen kenne, die das tun. Und wirklich glücklich machen würde es mich auch nicht, und das weiß ich auch.

Als mir mein Freund Danny ein Foto gibt, das er an diesem Abend aufgenommen hatte, sehe ich etwas, das mir zuvor nicht aufgefallen war. Ich sehe ein kleines bisschen aus wie meine Mutter. Ich hatte mir, nur für ihn, meine Brille aufgesetzt — ein Witz à la «Mädchen mit Brille — nur mit Promille» —, und auf diesem einen Bild sehe ich alles: den dunklen Rand meines echten Haars, wie billig die Perücke ist, das glatte Gesicht, endlich strahlend vor Selbstvertrauen.

Ich schicke meiner Schwester einen Abzug, mit dem Zusatz: So würde ich aussehen, wenn ich deine große Schwester wäre.

Was immer ich tun muss, um dieses Gesicht zu lieben, ich kann diesen Schritt nicht einfach überspringen, indem ich mich schminke. Ich darf der Macht, die ich an diesem Abend empfand, dem flüchtigen Gefühl, endlich dem Status quo anzugehören, nicht blind hinterherlaufen, indem ich mich zu etwas zurechtschminke, das dem Etwas gleicht, das sie wollen. Echt sein bedeutet, zu Hause zu sein in diesem Gesicht, wie es morgens beim Aufwachen ist.

Ich bin nicht der Mensch, der an diesem Abend seinen ersten Auftritt hatte. Ich bin derjenige, den nur ich sah, den ich bis dahin abgelehnt hatte, den ich sehen musste und nicht sehen konnte, bis ich fast alles, was ihn ausmacht, entfernt hatte. Sein Gesicht ist nicht zur Hälfte dies oder zur Hälfte das, es gehört alles zusammen und ist ganz etwas anderes.

Wer man wirklich ist, weiß man manchmal erst, wenn man sich eine Maske aufsetzt.

...

Ein paar Monate nach Halloween leiht sich einer meiner Freunde die Perücke aus. Er tritt neuerdings regelmäßig in Drag auf, ich nie. Ich nehme sie in die Buchhandlung mit, in der wir beide arbeiten, und überlasse sie ihm. Sie sieht aus wie etwas Ausgebranntes, wie das, was nach einer langen Nacht im Kerzenstumpf zurückbleibt.

Ich schaue mir einen Auftritt meines Freundes an, bei dem auch die Perücke zum Einsatz kommt. Er verwendet sie als Pferdeschwanz einer gigantischen Haarskulptur aus drei verschiedenen Perücken. Unter der überbordenden Fracht wirkt er wie eine Traumvision im Reifrock, das Gesicht blendend weiß, auf der Lippe ein einzelner Schönheitsfleck. Wer war die erste Blondine, die sich einen Schönheitsfleck auf die Oberlippe gesetzt hat? Wie weit in die Vergangenheit müsste man zurückgehen? Es ist, als wäre der Geist der Perücke in ihn gefahren, auf ihn übergangen.

Er hat mir die Perücke nie zurückgegeben, und ich habe ihn nie darum gebeten. Sie hat nie wirklich mir gehört.

NACH PETER

In memoriam Peter David Kelloran
17. Dezember 1961 – 10. Mai 1994

Ich schlief, aber mein Herz war wach.
— Hohelied 5:2

Ich bin eine Nebenfigur in Peters Geschichte. Peter David
Kelloran — oder Peter D. Kelloran, wie er seinen Namen
gedruckt sehen wollte — war Maler. Er starb im Alter von
dreiunddreißig Jahren, am Nachmittag des 10. Mai 1994 in
seinem Bett im Maitri, einem Hospiz in San Francisco, das
ihn aufgenommen hatte, nachdem ihm klar geworden war,
dass er sich in seiner Wohnung am Stadtrand nicht länger
selber versorgen konnte. An diesem Tag gab es eine Sonnen-
finsternis, und er starb währenddessen. Er hatte an diesem
Morgen mit seiner Mutter telefoniert. Seine Demenz hatte
ihm eine kurze Atempause gewährt, in der er ihr sagen konnte,
dass er sie liebte. «Und dann ist er allmählich von uns gegangen», sagt seine Freundin Laura Lister. Das Zimmer war
voller Freundinnen von Peter, die im Kreis um ihn herum-
saßen und ihre Hände auf ihn gelegt hatten. Laura erinnert
sich, dass das Telefon klingelte und sie ihre Hände von ihm
wegzog, um den Anruf entgegenzunehmen. «Er bäumte sich
im Bett auf.» Er ging nur langsam. «Und da hab ich ihn
angefleht zu gehen, ihn angefleht loszulassen, er musste doch
gehen, aber er wollte wohl nicht», sagt Laura. «Und dann hat
sich einer von den Ehrenamtlichen dazugesetzt und Peters
Hand in seine genommen. Man konnte die Veränderung

förmlich sehen. Als wäre ein Licht über ihn gekommen. Und dann war er fort.»

«All den lieben Menschen, die am Ende bei ihm waren, bin ich zu großem Dank verpflichtet. Sie waren alle so stark, so schön», sagt seine Mutter, Jill Kelloran, in ihrer Wohnung in Chicago. «Sie haben das getan, wozu ich körperlich nicht in der Lage war. Peters Tod zerriss mir das Herz, ich konnte nicht bei ihm sein, konnte es wortwörtlich nicht. Dass sie sich um ihn gekümmert haben, bis zum Ende, dafür werde ich ihnen immer dankbar sein.»

«Wir waren bei ihm, bis sein Körper kalt war», sagt Peggy Sue, eine weitere Freundin. «Maitri ist buddhistisch, also wurde er aufgebahrt. Und wir haben uns zu ihm gesetzt.»

...

Als ich ihn zum ersten Mal sah, arbeitete ich gerade im Castro bei A Different Light, einer schwul-lesbischen Buchhandlung, die daneben als Präsenzbibliothek und Begegnungszentrum diente. Ich war zweiundzwanzig Jahre alt. Peter war achtundzwanzig, groß, breitschultrig und schlank. Er war kräftig gebaut, der typische Ire, und trug meist Leder: Motorradjacke und Stiefel. Über seiner Stirn leuchtete ein einzelnes Büschel blau gefärbten Haars. Ich hatte ihn immer wieder im Castro und öfter auch bei Demonstrationen gesehen. Es sollte ein Jahr vergehen, bevor ich seine Stimme hörte, wie sie zu mir sprach.

Der Buchladen war landesweit der erste mit einer eigenen kleinen Ecke für Aids/HIV, vorne, gleich neben der Kasse. Als ich Peter an jenem Tag zum ersten Mal sah, nahm ich an, dass er entweder gerade serokonvertiert war oder gerade entschieden hatte, dass er irgendetwas tun musste. Im Laden sah ich viele in diesem Zustand, an den ersten Tagen danach, und dachte mir dann immer Geschichten über sie aus, nur für mich, zum Zeitvertreib. Oft war ich der Erste, mit dem sie nach der Diagnose sprachen, ein Verkäufer in einem Buchladen, der ihnen die schmale Auswahl an Büchern zum Thema zeigte, jede Woche ein paar mehr, aber immer noch sehr wenige.

An jenem Tag ging er die Bücher rasch durch, suchte sich ein paar mit Tipps zur Stärkung des Immunsystems aus und bezahlte, als gerade jemand anderes die Kasse betreute. Ich sah ihn gehen. Seine blauen Augen hatten die Intensität von Suchscheinwerfern, und es schien klar, was er sah und was nicht. Mich sah er nicht. Ich fühlte mich sofort von ihm berufen, zu ihm befohlen, und kann bis heute nicht sagen, warum — nur dass dieses Gefühl sofort da und fast übermächtig war. Ich war selbst überrascht, wie sehr ich von ihm gesehen sein wollte.

An diesem Tag im Laden, nachdem er mich nicht angesehen hatte, schlüpfte er schnell hinaus auf den belebten Bürgersteig, über den die Nachmittagssonne lange, überfüllte Schatten warf. Ich wusste weder, wie er hieß, noch sonst etwas über ihn, außer dass ich ihn atemberaubend schön fand und er mir gerade davoneilte. Und dass er womöglich, wahrscheinlich positiv war.

Tatsächlich war Peter, als ich ihn das erste Mal sah, schon seit drei Jahren positiv. «Er hat mir aus Marokko geschrieben», erzählt Laura von einer Reise, die er 1986 unternommen hatte, «und konnte mir eigentlich nur schreiben, wie schlecht es ihm ging. Und als er dann zurück war und der Test positiv ausfiel, haben wir uns ausgerechnet, dass es da bei ihm losgegangen sein muss.»

Er behielt es jahrelang für sich, weihte niemanden ein außer Laura, die es ebenfalls für sich behielt. «Viele waren sehr wütend auf mich deswegen», sagt sie. «Aber wenn alle nur noch an deinen Tod denken, das bringt dich erst recht ins Grab. Und außerdem», fügt sie hinzu, «wenn man es nicht schafft, sich auszusprechen, bevor einer stirbt — selbst schuld. Das hätte man jeden Tag davor machen können.»

Ich gehörte nicht zu denen, die angerufen wurden, als Peter starb. Ich erfuhr es drei Monate nach seinem Tod, in New York, von meinem Freund Choire, der inzwischen ebenfalls an die Ostküste gezogen war, und wir unterhielten uns gerade über gemeinsame Freunde in San Francisco, als er sagte: «Also, nach Peters Tod...»

Es fühlte sich an, als hätte er nur seine Waffe reinigen wollen und mir unabsichtlich ins Herz geschossen.

«'tschuldige bitte», sagte Choire, «ich dachte, du weißt das. Ich hasse so was.»

...

Als ich nach San Francisco kam, war das Castro auf keinem Stadtplan zu finden. Ständig rief irgendwer in der Buchhandlung an, um sich den Weg ins Viertel beschreiben zu lassen. Ein verbindendes Moment unserer Gruppe war, dass wir alle vom Osten an die Westküste geflutet waren, eine Welle junger Collegeabsolventen, die ihr Paradies in San Francisco gesucht und gefunden hatten, günstige Wohnungen und Secondhand-läden, vollgestopft mit den alten Sport-T-Shirts, Jeans und Flanellhemden, die wir so liebten. Ich erinnere mich an den Augenblick, als mir schlagartig der Zusammenhang zwischen der leeren Kleidung und den leeren Wohnungen klar wurde, an einem ganz gewöhnlichen, sonnigen Nachmittag auf dem Weg zur Arbeit. Dort, auf einer Decke auf dem Bürgersteig, standen ein Paar Zwölf-Loch-Stiefel aus schwarzem Leder mit Stahlkappen. Sie waren frisch poliert und glänzten im Sonnenschein. Ich ging hinüber, immer dem abschüssigen Hang nach, und blieb in kurzer Entfernung stehen, um mir anzusehen, was der improvisierte Flohmarkt sonst noch zu bieten hatte. Einige alte Platten, Queen und Sylvester; drei Jeans; zwei Lederarmbänder; ein Karton mit alten T-Shirts; eine abgetragene Armbanduhr, die Zeiger drehten sich noch; einen Gürtel im Westernstil, punziertes Leder; und Cowboystiefel in derselben Größe wie die Stahlkappenstiefel. Ich probierte die Stahlkappenstiefel an, die sich anfühlten, als hätten sie genau meine Größe, und musterte im Aufstehen den Verkäufer.

Dieser Mann war dünn, dünn auf eine Weise, die mir sehr vertraut war. Wie von innen ausgehöhlt. Seine Haut rötete sich, und seine braunen Augen sahen mich an, als müsste jeden Moment ein Blitz aus dem klaren Nachmittagshimmel auf mich hinabfahren. Während ich noch die zwanzig Dollar für die Stiefel bezahlte, wurde mir klar, dass sie sich erst vor Kurzem geleert hatten. Dass er mich in den Schuhen eines gerade Verstorbenen weggehen sah. Und dass es schon eine ganze Weile so ging.

Ich kam 1989 nach San Francisco, direkt nach dem College, und blieb zwei Jahre. Wenn ich sage, dass ich einer Gruppe angehörte, dann meine ich damit eine Gruppe von Aktivisten, die ihre Zeit und Energie auf eine ganze Reihe verschiedener Organisationen und Unterstützergruppen verteilten: ACT UP und Queer Nation waren die Keimzelle für viele Initiativen, die damals dort entstanden und bis heute bestehen. Wir machten Protestaktionen und verbrachten unsere Freizeit damit, über zukünftige Aktionen und die öffentliche Wirkung unserer vergangenen zu diskutieren. Wir dachten über Politik nach und über ihr Verhältnis zu unserem Privatleben, bis zu einem Punkt, wo das Politische persönlich wurde, weil wir kein anderes Leben mehr hatten. Wir verstrickten uns in erbitterte Fehden und Debatten, verließen wutschnaubend Treffen, feierten ausgelassene Feste. Wir veranstalteten Mahnwachen und Partys, machten Fehler und machten sie wieder gut. Als durchschnittliches Mitglied war man dreiundzwanzig, HIV-negativ, weiß, hatte ein College besucht, war in der Regel schwul oder lesbisch und kam nicht aus San Francisco.

Ich war zweiundzwanzig, HIV-negativ, amerikanisch-asiatischer Abstammung, hatte ein College besucht und kam nicht aus San Francisco. Auf den Fotos aus dieser Zeit sieht man mich als dünnen, dunkelhaarigen jungen Mann, der nachgerade überglücklich aussieht, wenn man bedenkt, dass er fast durchgehend den Wunsch verspürte, tot zu sein. Auf allen Fotos lächle ich. Der junge Mann, der ich damals war, hatte ein Motorrad, arbeitete in einer Buchhandlung, hing mit Dragqueens ab, die nie zu irgendwelchen Treffen kamen, und war bekannt dafür, dass er dann und wann auf Tresen tanzte. Er war Mitglied von ACT UP/SF, bevor es zur dramatischen Spaltung der Gruppe kam, Mitglied von Queer Nation und nerviger Praktikant bei *Out/Look*, einer queeren wissenschaftlichen Zeitschrift. Er war im Medienausschuss von ACT UP und galt anfangs als der, der für niemanden zu haben war, und dann als der, der schon mit jedem was gehabt hatte. Seine Todessehnsucht unterminierte er, indem er sich klarmachte, dass um ihn herum Menschen starben, die voller Lebenswillen waren, und das war auch das mit Abstand wichtigste Motiv für seinen Aids-Aktivismus. Als Aktivist war man außerdem nie allein, und die Probleme kamen immer dann, wenn er allein war. Also sorgte er dafür, dass er es nie war.

···

Damals in San Francisco glaubte ich, die Welt würde bald entweder in Flammen aufgehen oder in einem Heilungsprozess wiederhergestellt werden, der all unsere Vorstellungskraft überstieg. Die Welt schien mir dringend reparaturbedürftig, rettungsbedürftig. Jetzt, zwanzig Jahre später, glaube ich, dass dieses Gefühl vielleicht immer richtig ist. Wer von uns bei ACT UP und Queer Nation war, handelte sich irgendwann den Vorwurf eines «schwulen Zionismus» ein, und das traf zumindest insofern zu, als dass wir, ähnlich wie im jüdischen Denken, der Überzeugung waren, dass wir die Welt in Ordnung bringen könnten, indem wir zusammenhielten und zusammenarbeiteten.

Warum erzähle ich diese Geschichte? Ich bin, wie gesagt, nur eine Nebenfigur, die in dieser Geschichte eigentlich nichts verloren hat; doch die Hauptfiguren sämtlicher Geschichten aus den ersten zehn Jahren der Epidemie sind alle fort. Die Männer, denen ich in die Zukunft folgen wollte, sind tot. Nur weil ich sie gefunden hatte, wollte ich weiterleben, lebte ich weiter und lebe ich heute. Ihnen verdanke ich, dass ich überlebt habe, davon bin ich überzeugt. Die Welt ist nicht repariert, und wie sie geheilt werden könnte, übersteigt immer noch knapp mein Vorstellungsvermögen, obwohl wir diesem Ziel vielleicht ein paar Schritte näher gekommen sind. Für den Moment ist es an den Nebenfiguren, sich dem Publikum vorzustellen und die Geschichte voranzubringen.

...

Meine nächste deutliche Erinnerung an Peter ist, wie ich ihn um fünf Uhr morgens auf der Market Street sah, unter dem riesigen Safeway-Schild mitten in der Stadt. Unsere ACT-UP-Unterstützergruppe hatte sich auf dem Parkplatz zu einer «Aktion ohne ACT-UP-Bezug» versammelt, es handelte sich also größtenteils um dieselben Leute, nur dass sie hier unter einem anderen Namen agierten – wenn es für eine gemeinsame Aktion keinen Konsens gab, konnte eine Unterstützergruppe tun, was die Gruppe als Ganzes nicht tun wollte. Ich habe bei einer Handvoll solcher Aktionen mitgemacht. An diesem Morgen wollten wir über tausend Exemplare des *San Francisco Chronicle* mit neuen Titelseiten versehen. 9000 TOTE IN DER STADT, das war die Schlagzeile auf unserer selbst gemachten Titelseite. Findige Mitglieder unserer Gruppe hatten den Schriftsatz und das Layout der Zeitung imitiert, allerdings hieß die Zeitung jetzt *San Francisco Chronic Liar*. Wer den dazugehörigen Artikel las, erfuhr bald, dass es sich bei den neuntausend Toten um die Opfer der Aids-Epidemie handelte, doch das Titelbild, eine Luftaufnahme der Stadt, ließ eher an einen Bericht über eine Naturkatastrophe oder einen Terroranschlag denken – aber genau das war die Aids-Epidemie für uns ja auch. Ziel der Aktion war es, die Medien zu einer angemessenen Berichterstattung über Aids zu bewegen.

Etwa dreißig oder vierzig von uns hatten sich eingefunden, wir bildeten Teams und teilten die Bündel mit den gefälschten Titelseiten unter uns auf, wobei jedes Team für ein Stadtviertel zuständig sein sollte. Unser Plan sah vor, die Zeitungen heimlich in unsere Autos zu schaffen und dort in die gefälschten Titelseiten einzulegen. In jedem Auto saß eine Dreiergruppe: einer mit den Münzen für die Zeitungskästen, einer als Fahrer und einer zum Schmierestehen. Als wir die Zeitungen ballenweise aus den Kästen herausholten, kamen wir uns sehr gefährlich vor. Aber die Titelseiten um sie herumzulegen war dann doch eine eher nervtötende, alberne oder bestenfalls lustige Tätigkeit. Nachdem wir mit den Zeitungen fertig waren, blieben wir noch eine Weile im Auto sitzen, um die Wirkung unserer Aktion abzuwarten. Endlich, nach etwa zwanzig Minuten, kam ein Fußgänger zum Zeitungskasten, öffnete ihn und überflog die Titelseite. Einen Moment lang starrte er verdutzt die Schlagzeile an, dann machte er sich auf den Weg zur U-Bahn.

Unsere ganze Mühe nur für diesen kurzen fragenden Blick? Im morgendlichen Dämmerlicht kam uns die Aktion so lächerlich wie notwendig vor. Es bleibt uns nichts anderes übrig, wir probieren alles, was irgendwie Aussicht auf Erfolg hat, das sagte ich mir an diesem Morgen, und das sagte ich mir in diesen Tagen oft. Bei solchen Aktionen ging es uns darum, eingeschliffene Wahrnehmungsmuster aufzubrechen, eine Weltsicht, für die wir und unser Tod schlicht inexistent waren. Wir mussten dafür sorgen, dass man uns nicht länger ignorieren konnte. Dabei war uns bewusst, dass die klassischen Protestformen — Verkehrsblockaden, Demonstrationszüge, Verhaftungen provozieren — in den Medien oft verzerrt dargestellt werden, durch Überstunden bei der Polizei zusätzliche Kosten für den Steuerzahler verursachen und zu Einträgen ins Strafregister und Polizeigewalt führen können. Auch deswegen hatten wir die Zeitungskästen nicht mit Gewalt geöffnet, sondern unsere Münzen eingeworfen. Etwas Lautes tun, aber leise, quasilegal. Wir wussten nicht, was funktionieren würde, also probierten wir alles aus, was uns einfiel. Sich überhaupt nicht an irgendwelchen oder an all diesen Aktionen zu beteiligen, wäre mir damals ganz abwegig vorgekommen.

...

An diesem Morgen lernte ich Peter nicht kennen. Stattdessen starb ich tausend Tode, während er, blind für mich, den Parkplatz überquerte, in seiner Ledermontur, die in der Dunkelheit glänzte, während über seiner makellos weißen Kopfhaut sein blauer Haarschopf aufblitzte. Ich fragte meinen Freund Choire nach ihm aus. Wer war der denn?

Peter Kelloran, sagte er. Märchenprinz. Jasons Freund.

Jason war ein weiteres Mitglied unserer Aktivistenfamilie, mit dem ich außerdem gut befreundet war. Er nahm ebenfalls an der Zeitungsaktion teil. Mich erinnerte er immer an Propagandaposter aus dem Ersten Weltkrieg, ein Soldat von ätherischer Schönheit, nur in Punk. Jason war in sexueller Hinsicht beneidenswert erfolgreich, aber so eifersüchtig auf ihn wie an diesem Morgen war ich noch nie gewesen. Der blonde Musterknabe, gegen den ich immer den Kürzeren ziehen würde, und ich musste mich sehr zusammenreißen, ihm das nicht übel zu nehmen. Ausgeschlossen also, dass es mir je gelingen würde, Peter für mich zu interessieren.

...

Peter schien mir unerreichbar, nicht nur wegen Jason: Er war zu attraktiv, zu erwachsen, zu cool, um irgendwas von mir zu wollen, vollkommen unnahbar. Doch sosehr ich mir auch einzureden versuchte, dass ich bei Peter keine Chance hatte, er war der geheime Fluchtpunkt aller Bilder, die mir von diesem

Morgen im Kopf blieben. Danach jedenfalls sah ich ihn überall. Sein knallblauer Iro, die blauen Augen, in denen ein elektrisierendes Licht flackerte, das mich jedes Mal, wenn sich unsere Blicke trafen, wie ein Blitz durchfuhr. Sein Anblick, hinten auf dem Motorrad eines Freundes oder am Steuer seines VW-Kübelwagens, so tief im Sitz versunken, dass im Vorbeifahren nur sein Kopf zu sehen war.

Das nächste Mal sah ich ihn bei einer unserer Protestaktionen gegen die Dreharbeiten von *Basic Instinct*. Wie heute wenig bekannt ist, war eine Fassung des Drehbuchs an die Öffentlichkeit gelangt und hatte Proteste gegen die frauen- und lesbenfeindliche Handlung ausgelöst. Wir konnten nicht ahnen, dass *Basic Instinct* ein zukünftiger Kultklassiker des lesbischen Films und der Grundstein zu Sharon Stones Karriere sein würde. Mein damaliger Freund Faustino und ich standen schon unter der Überführung, auf der das Filmteam drehte, als sich Peter dazugesellte und wir gemeinsam in ein ohrenbetäubendes dreistimmiges Gejaule ausbrachen. Peter und ich hatten beide im Knabenchor gesungen; Faustino traf keinen einzigen Ton, hatte aber eine ziemlich laute Stimme. Der resultierende Klang *war* unheimlich, uns aber machte er glücklich, und ich erinnere mich an Peters Lächeln in der Nacht von San Francisco, während der Heulton hoch unter den Bauch der Brücke hinaufstieg und überall um uns herumflog.

Soviel ich weiß, hat unser Gejaule die Mitarbeiter am Set derart in Angst und Schrecken versetzt, dass Michael Douglas sein Auto in eine Scheinwerferbatterie lenkte. Er blieb unverletzt, aber die Dreharbeiten mussten unterbrochen werden. Ein paar Tage später verschaffte sich eine andere Unterstützergruppe, der ich ebenfalls angehörte, während der Dreharbeiten mit gefälschten Backstagepässen Zugang zum Set. Sogleich erschien Bereitschaftspolizei, die sich auf dem Gelände versteckt hatte, man legte uns Handschellen an und brachte uns aufs Revier, wo wir in Gewahrsam genommen wurden. Soweit ich mich erinnere, waren Peter und Faustino der Verhaftung entgangen. Nominell waren sie nur als Demonstrationsbeobachter dabei, und als wir die Polizeigarage verließen, warteten sie bereits auf uns. Ich weiß noch, wie ich unter dem Johl- und Pfeifkonzert meiner versammelten Freunde aus der Tiefgarage heraufgetänzelt kam – das war vielleicht das erste Mal, dass mich Peter wirklich sah. Er stand oben auf der Straße, im Gespräch mit Jason, doch ich sah, wie sein Blick mich fand und er mir kurz zulächelte, bevor er sich wieder Jason zuwandte.

Ein paar Wochen später, tags zuvor waren wir bei einer Straßenaktion gegen den Golfkrieg fast verhaftet worden, saß ich beim Brunchen im Baghdad Café, als sich Peter zu mir an den Tisch stellte und mich um meine Telefonnummer bat. Er wartete, leise grinsend, während ich sie ihm aufschrieb. Nachdem ich sie ihm überreicht hatte, ging er wieder, blickte sich im Gehen aber noch einmal um und winkte mir zu, wobei er meine Tischnachbarn mehr oder weniger ignorierte.

Er fragt nie jemanden nach seiner Telefonnummer, sagte mein Freund Miguel. Und außerdem ist er noch nicht über seinen Ex hinweg.

Menschen ändern sich eben, sagte ich.

Ich sagte das so trotzig und herausfordernd, wie mir damals oft zumute war. Und Peter war so ruhig geblieben, ganz im Gegensatz zu mir, dass seine Bitte nicht nach Verlangen, sondern entspannt und galant geklungen hatte.

Ich weiß nicht, wie Peter mich sah, und werde es nie erfah-

ren. Ich sah ihn so: Peter im Café Flore, wie er im sonnen-
durchfluteten Fenster sitzt, umgeben von Freunden; Peter, wie
er einen dunklen Bürgersteig entlangläuft, in der Hand einen
Eimer mit Kleister, und Flyer verklebt; Peter bei Treffen, wie
er mürrisch dreinblickend im hinteren Teil des Raumes steht;
Peters leuchtender nackter Körper, wie er im Spiegel in seiner
Wohnung auf sein Bett zugeht.

...

Bei unserer ersten Verabredung nahm mich Peter zu einem
Konzert mit. Er holte mich in meiner Wohnung in der Market
Street ab, wir fuhren zum Konzert in die Innenstadt und
danach zurück zu mir. An die Musik erinnere ich mich nicht.
In dieser Nacht gab es für mich nur Peter. Ich bat ihn herein,
und er sagte, Klar. In meinem Zimmer setzte er sich auf mein
Bett aus Bauholz und Betonziegeln, das ein Freund und ich
zusammengezimmert hatten. Ich machte kein Licht.

Nachts wirkt San Francisco viel lebendiger als tagsüber.
Obwohl das Sonnenlicht alles klarer und bunter macht, ver-
stärkte es meinen ohnehin bestehenden Eindruck, dass die
Stadt eine Illusion war und sich erst in den Nächten das wahre
Selbst, die wahre Farbe aller Dinge zeigte. In dieser Nacht
kam mir Peter viel älter vor als ich. Er trug die Lederjacke, die
ich über alles liebte, und es war eines der wenigen Male in der
Zeit, in der wir uns kannten, dass seine Haare blond waren,
der Kopf fast kahl rasiert. Im Laufe des Abends hatte er regelmäßig seine Astragalustropfen eingenommen und nahm sie
jetzt wieder, als wir auf meinem Bett saßen.

Also, sagte er, während er die Pipette in seiner Jacke verschwinden ließ, normalerweise bringe ich Jungs zu mir nach

Hause, fessele sie und peitsche sie aus. Er lächelte, während er das sagte.

Willst du mich zu dir nach Hause bringen, fesseln und auspeitschen?, fragte ich.

Willst du denn gefesselt und ausgepeitscht werden?, fragte er.

Nein, sagte ich, eigentlich nicht. Ein Teil von mir dachte, er macht bestimmt Witze. Der andere Teil wusste um seinen Ruf.

Er legte sich zu mir. Wir hatten beide noch unsere Mäntel und Stiefel an, und ich hatte zum ersten Mal das Gefühl, mit ihm allein zu sein. Schon in Ordnung, sagte er, müssen wir auch nicht machen. Und dann legte er seinen Arm um mich.

Kann ich dich um was bitten?, fragte ich ihn, nachdem wir eine Weile so dagelegen hatten, schweigend und ohne uns zu rühren.

Ja, sagte er.

Könntest du dich auf mich drauflegen? Einfach nur auf mir liegen?

Er wälzte sich auf mich, hielt mich dabei immer noch locker im Arm, und sein Gewicht presste die Luft aus mir heraus.

Drück ich dich nicht platt?, fragte er.

Nein, sagte ich. Das war genau das, was ich gewollt hatte. Sein Gewicht presste mich aus. Ich fühlte mich zugedeckt, beschützt; etwas Dunkles zog sich aus mir zurück, und zum gefühlt ersten Mal fühlte ich mich in den Armen eines Mannes geborgen. Ich war immer noch derselbe – ich war nicht auf Knopfdruck ein anderer geworden, doch das schreckliche Gefühl, von dem ich damals verfolgt wurde, erreichte mich nicht mehr. Und auch so kann sich Liebe anfühlen. Peter blieb eine ganze Weile so liegen. Vielleicht schlief er sogar irgendwann ein. Aber das ist der Grund, weswegen ich die Geschichten darüber, wie dürr er später war, nicht mit dem Gewicht des Jungen zusammenbringe, der mich auf mich selbst festnagelte, mich die Stelle in mir spüren ließ, wo ich an der Welt hafte.

Irgendwann stand er auf, um nach Hause zu fahren. Wir verabredeten, dass wir uns wiedersehen würden. So wie mit ihm hatte ich noch mit niemand anderem eine Nacht verbracht, und soweit ich weiß, galt das für ihn genauso. Man verliebt sich nicht einfach nur ineinander, sondern bietet einander den Raum, in dem sich eine neue Identität herausbilden kann, eine neue Haut, wie ein Kokon für das, was man als Nächstes sein wird. Uns selbst und einander fremd; nur die Atmosphäre des Zimmers, seine Stille, war uns vertraut. Quer durch die Stadt hing man in Slings, tanzte auf Tischen, lief durch dunkle Gassen einem Fremden hinterher, und wir standen draußen vor meiner Haustür wie ein junges Paar aus *Happy Days*, aus den Fünfzigerjahren, so milde wie Milch. Ich blickte ihm nach, bis er verschwunden war, dann drehte ich mich um und ging zurück nach oben ins Bett.

Wie ich erst Jahre später erfuhr, hatte er kurz zuvor seiner Mutter von seiner Erkrankung erzählt. Er hatte sich den Kopf kahl rasiert, nachdem er von der Hochzeit seiner Schwester zurückgekehrt war, für die er sich die Haare hatte rauswachsen lassen. Auf den Fotos von der Hochzeit «sah er wunderschön aus», sagt seine Mutter. Seine Großmutter, Paula Morgan, war anderer Ansicht. «Er ist krank», sagte sie, als sie ihn gesehen hatte. Sie wusste, was los war, noch bevor er es ihnen sagte. «Er war ein ganz besonderer junger Mann», sagt sie jetzt über ihn. «Und ich glaube, das ist etwas, was nur ganz besonderen jungen Männern zustößt.»

...

Als ich Peter kennenlernte, trennte ich mich gerade von Faustino, oder besser gesagt: löste sich auf, was wir aneinander hatten.

Ich war verliebt in Faustino wie nur je in einen Mann. Als ich ihm einmal von meinen Schlafstörungen erzählte, machte er einen Ring für mich, in den *zzzzzz* eingraviert war – er war Goldschmied. Nie zuvor hatte jemand etwas einzig und allein für mich gemacht. Wir fuhren beide Motorrad und verbrachten ganze Abende damit, die endlosen Ausfallstraßen hinunterzurasen, um unsere Motorräder dann, zu Hause angekommen, aneinander anzuschließen. Aber sobald wir drinnen waren, uns ausgezogen hatten und im Bett lagen, war es, als wäre ein Schalter umgelegt worden: Ich erstarrte plötzlich und fühlte mich, als würde da ein Fremder an meiner Stelle liegen. Es war immer dasselbe, und ich wusste nicht, was ich dagegen tun konnte; ich wusste nicht, was das Problem war. Ich war, wie ich später erfahren sollte, in einem Alter, in dem häufig Erinnerungen und Gefühle zurückkehren, die im Zusammenhang mit sexuellem Missbrauch in der Kindheit stehen. Ich dachte, ich wäre der Einzige, dem es so ging, aber es war nur allzu verbreitet; ich hatte einfach niemanden, der es mir erklären konnte.

Jedenfalls hatte ich Faustino vorgeschlagen, dass wir uns eine Zeit lang trennen sollten, bis ich die Sache in den Griff bekommen hatte. Und in dieser Zeit lernte er Jason kennen.

Ich hatte also wieder einmal versagt, so jedenfalls fühlte ich mich. Es war mir nicht entgangen, dass wir in unserem Aktivistenkreis das einzige Paar waren, das aus zwei nichtweißen Männern bestand. Alle anderen schwulen People of Color in unserer Gruppe waren mit weißen Männern zusammen. Sie neigten alle dazu, vor allem mit weißen Männern anzubandeln, und sprachen untereinander ganz offen darüber. Ich erinnere mich noch an einen jungen weißen Mann auf einer Soli-Party, der auf mich zukam und fragte, wie es denn so wäre, mit seinem zukünftigen Ehemann zusammen zu sein.

Willst du den Ring sehen, den er für mich gemacht hat?, sagte ich und ließ ihn kurz aufblitzen.

Faustino war mit seinem Motorrad von West Texas aus nach San Francisco aufgebrochen und, wie er mir erzählt hatte, unmittelbar nach seiner Ankunft in die Buchhandlung gekommen, in der ich arbeitete. Ich erinnere mich noch genau daran; das Sonnenlicht hinten auf seinen Beinen, das schüchterne Lächeln auf seinem Gesicht, als sich unsere Blicke trafen und wir uns ineinander verliebten. Unser erster Kuss war auf einem Queer-Nation-Kiss-in, in einer Heterobar in der Innenstadt. Von Anfang an, bis zu diesem Einschnitt, ging es in unserer Beziehung um verwirklichte Träume und das Streben nach Gerechtigkeit. Auch hier war es Liebe auf den ersten Blick gewesen, mit dem Unterschied nur, dass er sich genauso auch in mich verliebt hatte. Das wollte ich nicht verlieren. Aber ich konnte, was mit mir geschah, weder verhindern noch erklären.

Gut möglich, dass mich Peter an diesem Tag ansprach, weil er bereits wusste, dass Jason jetzt was mit Faustino hatte. Solche Beziehungsdramen passten nicht zu ihm. Aber das heißt nicht, dass es nicht gestimmt hätte. Vielleicht wollte er durch mich etwas klarstellen.

Jason und ich waren so etwas wie die gegensätzlichen Seiten derselben Medaille, ich die helle und er die dunkle – oder, wie ich es erlebte, er die sichtbare und ich die unsichtbare.

Dass uns nicht nur einer, sondern zwei Männer miteinander verbanden, war schon seltsam genug. Und dass es mir vorkommen sollte, als hätte ich beide an Jason verloren – das wäre die endgültige Bestätigung meiner Urangst gewesen: dass mich in der Liebe immer der erstbeste blonde weiße Mann ausstechen würde.

Faustino wollte dann irgendwann seinen Ring zurück und bekam ihn auch, nachdem ich nach New York gezogen war, inzwischen verliebt in einen anderen. Jason und Peter kamen wieder zusammen und besiegelten ihre Partnerschaft mit einer privaten Zeremonie, um sich anschließend wieder zu trennen.

Sie trennten sich dann noch ein weiteres Mal, und trotzdem glaubte Peter manchmal, als die Demenz ihn schon in ihrem Klammergriff hatte, und bis zu seinem Tod immer wieder, dass Jason, der ihn regelmäßig besuchte, immer noch mit ihm zusammen wäre. Egal, was ich meinem Freund Miguel erzählt hatte, Peter hatte sich nicht geändert: Er liebte Jason immer noch und würde ihn bis zu seinem Tod lieben.

Peter sollte als Erster sterben; Jason kurz nachdem ich ihn interviewt hatte, um das hier zu schreiben. Faustino ist noch am Leben, aber wir sprechen nicht miteinander. Ich hoffe, dass wir es eines Tages wieder können.

Ich entzog mich diesen Wirren. Peters Geschichte ging ohne mich weiter, bis an ihr Ende.

...

Hier ist alles, was ich nie von Peter wusste:

Er kam in Albuquerque, New Mexico zur Welt und wuchs in Washington auf, erst auf Mercer Island und dann in Bellevue, wo er die Newport Highschool besuchte. Auf der Highschool war er zwar im Schwimm- und im Skiteam, aber «nicht so ehrgeizig, wie man es von einem zukünftigen Sportler erwartet», fügt seine Mutter Jill hinzu. Er war intelligent, pfiffig, lernen musste er kaum, die Schule fiel ihm leicht. «Er hat mich oft gepiesackt», erzählt seine Schwester Lisa. Sie erinnert sich daran, dass er sie morgens, wenn sie sich, seiner Meinung nach, nichts Ordentliches angezogen hatte, zurück nach oben beförderte und ihr etwas anderes anzog. Er machte viel Unfug, und das meiste ließ man ihm durchgehen. «Er ist früher ständig ausgebüxt, ohne dass wir irgendwas davon mitbekamen», erinnert sich Jill. «Wir hatten ja keine Ahnung, er ist jahrelang abends einfach zum Fenster raus, aus seinem Zimmer, und hat sich dann stundenlang draußen rumgetrieben. Damit hat er schon als Kind angefangen.»

Nach seinem Abschluss in Grafikdesign an der University of Washington ging er nach Europa, wo er ein Jahr in Spanien und Portugal verbrachte. Er war eine Art Wunderkind gewesen, gleich gut in Keramik, Zeichnen und Design. Am College hatte er ein Relief getöpfert, so groß, dass sich kein Ofen fand, um es zu brennen; es blieb in seinem Elternhaus in Washington, bis sein Vater Tom das Haus verkaufte. Jill besitzt immer noch einen Satz fischförmiger Teller von ihm und erinnert sich, dass er ihr einmal zu Weihnachten Kerzenhalter aus Kupfer geschickt hatte; die ehemaligen Tischbeine waren einzeln in braunes Packpapier eingewickelt und so angeordnet, dass sie zusammen einen Stern bildeten. «Ich wollte sie gar nicht anrühren», sagt sie. «Das war so schön, im Grunde war das das eigentliche Geschenk.»

In San Francisco arbeitete er als Barkeeper in der Paradise Lounge und gestaltete daneben sämtliche ihrer Veranstaltungsplakate, in einem psychedelischen Stil, der zum Markenzeichen der Bar werden sollte – Plakate, die so beliebt waren, dass sie häufig gestohlen wurden. «Wirklich schön», sagt seine Freundin Laura, die hinter dem Tresen seine Kollegin war. Peter schuf Bilder für den Marlboro-Boykott von ACT UP und war stolz, als die Quartalsberichte zeigten, dass Marlboro in dem Vierteljahr, in dem der Boykott begann, Verlust gemacht hatte. Außerdem wollte er Musiker werden und hatte, bevor er zu krank dafür wurde, Pläne für Aufnahmen. «Er hatte eine wunderschöne Stimme», sagt Lisa. «Ja, eine ganz wunderschöne Stimme», sagt seine Mutter.

Alle, die ihn kannten, haben ihn als sehr beständig in Erinnerung, als verlässlichen Freund und zugleich als wandelnden Widerspruch: im Allgemeinen sehr reserviert, konnte aber im Gespräch, egal wem gegenüber und ohne erkennbaren Anlass, jederzeit einwerfen: «Ich bin ein Homo.» Ernst und würdevoll, ließ sich aber gelegentlich zu einem Jig hinreißen, einem kleinen Hüpftanz. Sehr zurückhaltend, stand aber, wenn er wollte, sofort im Mittelpunkt des Geschehens. «Als er in der fünften Klasse war, wurden wir vom Direktor in die Schule gebeten», erinnert sich seine Mutter, «zu einer Schulaufführung, einer Talentshow. Und da erschien dieser kleine Junge auf der Bühne, mein Junge, und wirkte so selbstbewusst... Die gesamte Show hat er moderiert, von Anfang bis Ende, selbstsicher wie ein kleiner Johnny Carson.» Zum Abschlussball seines Jahrgangs kam Peter in einem schwarzen Smoking, den er mit grellrosa Farbe bespritzt hatte, Ton in Ton mit dem rosa Kleid seiner Partnerin und dem rosa Hemd, das er unter dem Smoking trug.

Nach dem College schloss er sich in San Francisco der Punkrock-Szene an, die sich um eine Bar namens A-hole gebildet hatte, wo er sich mit dem Maler Pasquale Semillion anfreundete, um den er sich zusammen mit Laura bis zu dessen Tod an Aids kümmerte. Peter hatte die Fotografie für sich entdeckt und malte daneben weiter seine abstrakten Gemälde. Wer welche Werke von ihm besitzt, weiß heute niemand so genau. Im Haus seiner Schwester hängen, eingerahmt an der Wand, drei seiner Plakate für die Paradise Lounge; seine Mutter hat die Teller, ein paar Gemälde und eine Skizze, die er *Three Dogs and a Pig* betitelt hatte, obwohl sie vier Hunde zeigt – für Jill eines der besten Beispiele für seinen Humor. Laura hat Gemälde und Fotos und Kassetten. Jason hatte, bevor er starb, nichts als seine Erinnerungen, beschränkt allerdings auf die Zeit, als Peter schon erkrankt war. «Ich erinnere mich kaum noch an davor und an seine Kunst leider auch nicht», sagt er. «Ist das nicht schrecklich?»

Seine Lieblingsmusiker: Yello, Adam Ant und die Einstürzenden Neubauten. Sein Lieblingskleidungsstück: eine Gürtelschnalle in Form einer Gewehrkugel. Sein Lieblingsautor: Kurt Vonnegut Jr., insbesondere die Erzählung «Welcome to the Monkey House», in der Billy the Poet, ein unbeschwerter, sexbesessener Gelegenheitsdichter, in einem Amerika der Zukunft seinen finstern Plan verfolgt, die Amerikaner dazu zu bringen, endlich das zu genießen, was sie sich immer versagen: Sex.

Jill besitzt ein eingerahmtes Foto von ihm, das sie sich regelmäßig ansieht: Peter am Meer, in Portugal, winkend im Sand vor einem Zelt, das er sich aus Strandgut – Fahnen, alte Jeans, Segelreste – zusammengebastelt hatte und in dem er monatelang lebte. Bei seinem Vater hängt eingerahmt ein fünfseitiger Brief, den Peter ihm aus seinem portugiesischen Zelt geschrieben hatte.

Wenn ein Künstler jung stirbt, spricht man immer von den

ungemalten Bildern, den ungeschriebenen Büchern und verweist damit auf ein imaginäres Lagerhaus voller unverwirklichter Dinge, anstatt auf die Fantasie, die Vorstellungskraft, den viel reicheren verlorenen Schatz. Die Werke sind nichts als eine Fährte, ein Pfad durch die Zeit, eine Hinterlassenschaft, wie die Sonne einen Goldschimmer auf dem Meer hinterlässt: Man kann ihn sehen, aber zu fassen bekommt man ihn nie. Was wir mit jedem Tod verlieren, gleicht allerdings eher einem Stern, der vom Himmel herabfällt, ins Meer stürzt und erlischt. An das Unverwirklichte, an das zu denken, was nimmermehr Wirklichkeit werden wird, bleibt unerträglich. Ein bleibender Verlust an Möglichkeiten: Was uns geblieben ist, ist vielleicht besser als nichts, der Verlust aber scheint grenzenlos.

Ich kann nicht anders, als mich immer noch nach Peter zu sehnen, nach seinem Anblick, wie ich ihn einst sah, als ich jung und verliebt und er mein Augenstern war, die obere Ecke blau eingefärbt. Mein privates Pantheon an Helden aus dieser Zeit – Peter, Derek Jarman und David Wojnarowicz – hat mich dazu inspiriert, Künstler zu werden, zu protestieren, so queer, so selbstbewusst und so offen zu leben, wie ich will. Ihr Tod, durch Aids, durch die bewusste Untätigkeit der Regierung – wir waren nicht würdig, gerettet zu werden –, hat sie mir, hat sie uns allen viel zu früh genommen. Sie inspirieren mich bis heute. Und so stehe ich also hier und balanciere, was ich von ihnen gelernt habe, auf der Spitze eines zwei Jahrzehnte alten Flirts, der einzigen Form von Kommunikation, die es zwischen uns gab.

Merkwürdigerweise war mir Peter in vielerlei Hinsicht und weit mehr als meine anderen Helden, meine anderen Freunde, sehr ähnlich. Wir waren beide älteste Brüder, beide durch unsere Familien finanziell abgesichert und beide der

Überzeugung, dass man sich politisch engagieren musste. Wir waren beide als Kinder mit allem möglichen Unfug davongekommen, hatten beide Spaß daran, andere mit unserer Aufmachung zu schockieren, und standen beide auf Science-Fiction. Wir hatten beide als Kinder im Knabenchor gesungen. Hatten beide auf dem College Keramik studiert. Waren beide Ski gefahren und geschwommen und hatten Teamsportarten genauso verschmäht wie den Wettkampfgeist überhaupt. Doch letztlich frage ich mich, ob es nicht verfehlt ist, nur an das zu denken, was ich verloren habe. Ob es nicht besser wäre, darüber nachzudenken, was er mir geschenkt hat.

...

Mich in Peter zu verlieben hieß auch, mich in das zu verlieben, was ich als Nächstes sein wollte. Peter war Mitglied einer Gruppe, die man anfangs scherzhaft die BART-9 nannte, neun Aktivisten, die sich mit Handschellen an die Haltestange eines BART-Waggons gekettet hatten, als der Zug mit geöffneten Türen am Bahnsteig stand, um ihn an der Weiterfahrt zu hindern. Dieselbe Gruppe hatte früher schon eine Premierenvorstellung der San Francisco Opera gestört, die Golden Gate Bridge blockiert und im Laufe der Jahre viele ähnliche Protestaktionen durchgeführt; für die Mitglieder der Gruppe, in der Mehrzahl zugleich Mitglieder von ACT UP, war es nur eine weitere Protestaktion, mit der sie die öffentliche Aufmerksamkeit auf die Aids-Pandemie und auf Unternehmen lenken wollten, die mit den Sterbenden ihr Geschäft machten. Die BART-9-Aktion war rasch beendet, die Gruppe wurde festgenommen und abgeführt. Der Zug setzte, wenn auch verspätet, seine Fahrt fort. Infolge seiner Verhaftung konnte Peter an diesem Tag seine Medikamente nicht nehmen, erinnert sich Laura. «Es war ein Albtraum.» Für erkrankte Aids-Aktivisten bestand immer die Gefahr, im Polizeigewahrsam keine Medikamente nehmen zu dürfen. Die Polizisten, die ihnen, aufgrund welcher Vorschriften auch immer, ihre Pillen vorenthielten, waren Mörder.

Peter fand, man müsse das Risiko auf sich nehmen. Wir haben nichts zu verlieren, das war der Tenor damals bei den HIV-positiven Mitgliedern von ACT UP: Wir haben alles verloren und nichts mehr zu verlieren. Dazu muss man wissen, dass es 1989 nur AZT gab und sonst nichts. Und man muss wissen, dass sich Angehörige meiner Generation nur schwer von der Vorstellung lösen konnten, es hätte zuvor in San Francisco niemanden in unserer Lage gegeben — denn alle, die uns Neuankömmlinge hätten begrüßen können, waren bereits tot. Wir wollten mutig sein, hatten aber nichts, woran wir uns orientieren konnten, und mussten unsere eigenen Formen finden, genauso wie wir eigene Formen für Liebe und Aktivismus erfanden. Als ich kürzlich, für einen Artikel über Liebe und HIV, viele junge schwule Männer interviewte, fiel häufig der Satz: Ich kann mir nicht vorstellen, älter zu werden. Von denen, die ihnen hätten zeigen können, wie man auch mit vierzig oder fünfundvierzig schwul und am Leben sein kann, sind die meisten tot. Was mir damals geschah, geschieht jetzt wieder, zehn Jahre später.

In der *Odyssee* beschreibt Homer den Erderschütterer Poseidon als blauhaarig; er ist abwechselnd der «bläulich gelockte Poseidon» und der «blaumähnige Fürst». Bei Peter, der jetzt ins Meer zurückgekehrt ist, muss ich immer daran denken, das blaue Haar über seiner Stirn das Mal der antiken Gottheit.

Peter D. Kelloran, Einwohner von San Francisco, einer

Stadt bedroht von Erdbeben und bewohnt von Menschen, die den Wert dessen, was wir den alten Griechen verdanken, wenigstens nicht ganz vergessen haben, Peter der Blaumähnige, jetzt in den Armen Poseidons, des Erderschütterers – er gehört einer Zeit an, die selbst für uns, die wir sie durchlebt haben, kaum noch vorstellbar ist, eine Zeit, in der es nur ein einziges Medikament gab und sich die Hoffnung versteckt hielt, damit sie nicht starb.

Ich stelle ihn mir gern als eine der Science-Fiction-Figuren vor, denen er so glich, wie er im Flug die Himmel durcheilt, durch die Nacht gleitet in einem Hof blauen Lichts, lächelnd, ein rebellischer Punkrock-Engel, die Flügel im selben Blau, Abgesandter eines Himmels, in dem alle festlich gekleidet sind, in dem Barmherzigkeit Liebe ist und ein fremder Mann deine Hand hält, wenn du im Sterben liegst. Ein Himmel, in dem du dich, wenn irgendwo ein Unrecht geschieht, an einen Zug ketten kannst in der Gewissheit, dass es irgendwo da draußen jemand gibt, der dich wahrnimmt, irgendwo am anderen Ende der Stufenleiter des Seins, im Weltgeist, der Überseele. Jemand, der vielleicht schon gedacht hatte, es gäbe so etwas wie Stärke gar nicht, und der jetzt spürt, wie wichtig es dir ist, diesen Zug an der Weiterfahrt zu hindern.

Als Kinder hielten wir Superman für mutig, wenn er sich einem fahrenden Zug in den Weg stellte. Doch mit Mut hatte das nichts zu tun. Superman hat nie etwas aufzuhalten versucht, das ihn hätte zerstören können. Peter schon.

...

Die letzten zwei Jahre seines Lebens war er sehr krank und so dünn, dass seine Hose einfach an ihm herabfiel. Die Demenz war mal stärker, mal schwächer, er regredierte. Er fing wieder mit dem Rauchen an. Er fragte Jason immer wieder: «Weiß mein Vater, dass wir zusammen sind?» und: «Wir haben uns doch an der Highschool kennengelernt, oder?» Eines Tages, schon im Hospiz, ging er mit seiner Tante Janet auf die Straße, um Zigaretten und Burger zu holen, schaute sich um und sagte: «Diese Leute hier, die sind ja alle schwul! Alle schwul!» Peter war inzwischen so dünn, dass er selbst im Castro, wo man mit dem Wasting-Syndrom vertraut war, die Blicke auf sich zog.

«Er wollte unbedingt ins Maitri», sagt Janet. «Also sind wir hingegangen, und es war nichts frei, und wir dachten schon, wir müssten uns was anderes suchen, aber dann habe ich noch mal angerufen, und dann hatten sie doch einen Platz. Das war gut für ihn, denn da wollte er hin.» Janet hatte bei sich in Carmel eine Wohnung für Peter angemietet, damit er mit ihr zusammen Weihnachten feiern konnte, und kurz darauf, nach seiner Rückkehr, rief Peter sie an, um ihr zu sagen: «Es ist so weit. Ich bin so weit.» Bis dahin hatte er allein gelebt, Mahlzeiten und Pflege kamen ins Haus, und als er Janet anrief, war seine Begründung: «Ich kann mich nicht mehr selber versorgen. Es ist so weit.»

Stell dir vor, du wärst ein Kreis aus Licht und Klang, der sich ausdehnt und zusammenzieht, sodass alle deine Tage erneut durch dich hindurchlaufen, wieder und wieder. Von einem Moment auf den anderen durchlebst du jedes deiner Lebensalter, aber in zufälliger Reihenfolge. Die Zeit fließt durch dich hindurch, die gelebte Zeit, der Strom deiner Tage. Das war Peters Demenz.

«Ich wusste immer, wo er gerade war», berichtet Laura von seiner Demenz. «Mein Gott, er hat dann irgendwas gesagt, und sofort hieß es: ‹Vollkommen durchgeknallt›, aber er war nicht verrückt. Nein, alle fanden das immer sehr traurig, und das war es ja auch, aber irgendwo war es auch schön, weil es ihn zurückversetzte in schönere Zeiten, nur ging halt alles durcheinander. Ich weiß noch, wie er mal sagte: ‹Ich muss Laura ein Kind schenken!›, und im Hospiz dachten sie, also jetzt ist es wirklich vorbei, aber ich verstand ihn. Wir hatten immer überlegt, ob wir nicht zusammen ein Kind bekommen sollten, und dann, na ja, dann kam HIV, und er hat nie mehr davon gesprochen. Und als er dann plötzlich das Kind erwähnte, habe ich gesagt: ‹Nein, weißt du nicht mehr? Du bist doch krank geworden. Und dann konnten wir keins haben.› Und dann wurde er wieder sehr still.»

Jason erinnert sich, wie er ihm sagte: «Ich soll dir was sagen, Jason. Die wollen, dass ich dir das sage.» Also wartete Jason, und dann sagte Peter: «Liebe, darum geht es. Ich soll dir sagen, also die wollen, dass ich dir sage: Es geht um Liebe.»

«Zum Schluss war er so wütend», erinnert sich Laura. «Vor Weihnachten waren wir essen, um seinen Geburtstag zu feiern, er hat Schokolade gegessen, und ihm wurde ganz warm, weil er schon so lange keinen Zucker mehr zu sich nahm. Und dann brachten wir ihn also nach Hause, und ich bin bei ihm geblieben, und das war dann der Moment, wo ich spürte, dass wir ihn verloren hatten. Dass er sterben würde. Er war ganz klar im Kopf und sehr enttäuscht. Er sprach darüber, dass er nie einen Mann kennengelernt hätte, der ihn wirklich liebte, und dass er das jetzt nicht mehr erleben würde. Er sprach über alles, woraus jetzt nichts mehr werden würde, Musik, alles. Und als ich ihn so reden hörte, wusste ich, dass er es nicht schaffen wird.»

...

Zuvor hatte Peter bis mindestens 1995 am Leben bleiben wollen. Laura und er hatten sich in astrologische Studien vertieft und ermittelt, dass 1995 ein ganz besonderes Jahr werden würde, und das wurde es dann auch. Es war das Jahr, in dem die ersten Proteaseinhibitoren auf den Markt kamen, das Jahr, ab dem viele Erkrankte ihren Tod stunden konnten. Um Peter am Leben zu erhalten, hatte Laura sich so weit in die Forschungsliteratur eingelesen, dass sie ein Vollstipendium für ein Mikrobiologiestudium am Mills College erhielt. Die Nachricht erreichte sie am Montag nach seinem Tod. «Das hat mich aus dem Bett geholt», sagt sie. Nach Peters Tod hatte sie eine Woche lang ihr Bett nicht verlassen und musste noch im selben Jahr für zwei Wochen in die Psychiatrie, wegen schwerer Depressionen. «Und das war nicht der letzte Nervenzusammenbruch», sagt sie. «Ich wurde einfach das Gefühl nicht los, ihn im Stich gelassen zu haben, dass ich es nicht geschafft hatte, ihn am Leben zu erhalten. Und das tat so weh.»

Etwas später ließ sich Laura von ihrem Mann scheiden, zum Teil, weil ihr ihre Ehe ohne Peter leer vorkam. Auch das Studium gab sie auf. Peter war nicht der einzige Freund, den sie infolge der Epidemie verlor, aber in ihm verlor sie den Menschen, den sie am meisten geliebt hatte. «Wenn ich nur eine Sekunde lang daran glauben könnte», sagt sie, «je wieder so lieben zu können...» Ihre Mutter und Peters Mutter hatten kein großes Geheimnis daraus gemacht, dass sie die beiden gerne verheiratet gesehen hätten – Laura war eine Lister wie in Listerine, Peters Mutter eine Morgan wie in J. P. Morgan – doch sie mussten das Arrangement irgendwann als das akzeptieren, was es war.

Vielleicht hätten sich Laura und Peter nie so nahegestanden, wenn sie verheiratet gewesen wären.

Sie hatten mehrere bedeutsame Konkordanzen in ihren Geburtshoroskopen entdeckt. Am bedeutsamsten erschien Laura, dass Widder bei 27 Grad sein Mondzeichen war und ihr Sonnenzeichen. «Das Mondzeichen steht für dein Verhältnis zu dir selbst, wie du mit dir sprichst», sagt Laura. «Wie er mit sich sprach, das war ich. Und deine Sonne, so empfängst du die Welt.»

Peter wurde nicht beerdigt. Er wurde eingeäschert und seine Asche verstreut, von einem Katamaran aus, der an einem Sonnentag unter der Golden Gate Bridge hindurch aufs Meer hinausfuhr. «Es gibt kein Grab, keine Gedenkstätte», sagt Jill. «Nur unsere Herzen. Wir wissen, wo er ist.»

MEINE PARADE

Wenn sich auf Partys herausstellt, dass ich Schriftsteller bin, dauert es meist nicht lang: «Haben Sie das studiert?», werde ich gefragt. Ja, sage ich. «Und wo?», fragt man mich, weil ich das meist nicht gleich dazusage.

Ich war beim Iowa Writers' Workshop, sage ich.

Darauf erwartet mich seit Jahren eine von zwei Standardreaktionen. Die erste ist ungläubiges Staunen: Mein Gegenüber guckt, als stünde vor ihm oder ihr das Exemplar einer besonders seltenen Gattung. Einige melden sogar Zweifel an, als wäre das etwas, was man einfach erfände (und manche machen das vermutlich, obwohl ich die Vorstellung ziemlich traurig finde). Einige fragen mich, ob ich diese berühmte Schriftstellerschule meinen würde — es gibt im Bundesstaat Iowa noch andere, ganz ausgezeichnete sogar, aber da ich weiß, dass sie den Workshop meinen, sage ich ja, obwohl ich augenblicklich das Gefühl habe, als Hochstapler dazustehen, der sich mit fremden Federn schmückt.

Die zweite Reaktion ist Herablassung, als hätte ich mich zu einer schweren Sünde bekannt. Für diese Leute bin ich jetzt abgeschrieben, und ganz gleich, was ich tue, nichts wird widerlegen können, was sie jetzt von mir denken. Jeder meiner Erfolge wird meinen famosen «Beziehungen» zugeschrieben, jeder Misserfolg als Beweis für die Fallstricke der Akademisierung gewertet. Wenn ihnen je ein Buch von mir gefallen sollte, werden sie sagen: «Sicher, nicht schlecht – für M. F. A.-Literatur.»

Wahrscheinlich ist das der Preis, den ich jetzt dafür zahlen muss, dass ich früher selber einer von ihnen war, ein Skeptiker, für den von vornherein feststand, dass das alles nur Quatsch ist.

...

Einen ersten Eindruck von Iowa City bekam ich während meines Umzugs nach San Francisco, nachdem ich das College beendet hatte. Ich schlug meiner Mitfahrerin vor, bei Iowa City von der I-80 abzufahren, und wir bogen auf den nächsten Rastplatz ein.

«Nur kurz gucken, falls ich doch noch hier studiere», sagte ich. Sarkastisch dahingesagt schien mir das völlig unverfänglich, als hätte ich gesagt, dass ich mir nur kurz das Weiße Haus angucken wollte, falls ich eines Tages doch noch Präsident würde. Ich stieg aus, tankte auf, schaute mich einmal auf dem Rastplatz um und meinte zu ihr: «Sieht schlimm aus. Komm, weiter.» Und wir lachten, während wir davonfuhren.

Doch zugleich spürte ich hier erstmals das leise Klopfen des Schicksals, das mich seitdem verfolgen sollte: *Eines Tages wirst du das zurücknehmen müssen.* Doch ich schob den Gedanken beiseite. Ganz ausgeschlossen, dass ich mal in Iowa landen würde. Da würde ich nie hingehen, sagte ich mir, und die würden mich nie hinlassen.

Am Wesleyan, dem College, das ich gerade verlassen hatte, hatte ich kreatives Schreiben studiert, Literatur und Essay, und die drei Dozentinnen, mit denen ich über meine Zukunft sprach, sagten mir deutlich ihre Meinung. Mary Robison warnte mich davor, mein Schreibstudium fortzusetzen. «Was du machst, macht sonst niemand», sagte sie. «Und das solltest du dir nicht kaputtmachen lassen durch zu viele Seminare.» Auch Kit Reed äußerte sich eher abfällig: «Reine Zeitverschwendung. Du musst schreiben, dazu brauchst du kein Studium. Die können dir nichts bieten, was dir weiterhelfen würde. Los, schreib einfach.»

Nur Annie Dillard sprach sich für einen Master of Fine Arts aus. «Für dich wäre es das Beste, die Wirklichkeit so lange wie möglich hinausschieben zu können», sagte sie. «Du würdest lesen und schreiben und dich mit ernsthaften jungen Schriftstellern umgeben.» Zwei gegen eins also.

Die Wirklichkeit, der ich mich schließlich stellte, war die der Aids-Krise in San Francisco. Meine College-Freunde und Ko-Aktivisten zogen alle in die Bay Area, gründeten zusammen WGs und gingen zu Kundgebungen, Demos und Märschen, machten Protestaktionen und Straßentheater. Ich sah im Aids-Aktivismus und in queeren Initiativen eine politische Bewegung entstehen, die den Kampf meiner Generation aufnahm, und ich reihte mich in sie ein mit dem tödlichen Ernst des Soldaten. Menschen wie ich und meine Freunde wussten, dass Aids uns alle töten konnte, während unsere Gegner glaubten, es würde nur schwule Männer treffen. Wollten wir sie an unsere Menschlichkeit erinnern? Oder an ihre eigene? Darauf habe ich bis heute keine Antwort. Damals in San Francisco fühlten wir uns eher, als würden wir das Vorspiel zum Weltuntergang erleben.

Ich sollte zwei Jahre bleiben.

...

Im Sommer des Jahres 1991 zog ich nach New York, aus Liebe zu einem Mann. Außerdem wartete ein Job auf mich, dank der LGBT-Buchhandlung, in der ich bis dahin gearbeitet hatte, A Different Light im Castro, die sich bereiterklärt hatten, mich in ihrer New Yorker Filiale weiterzubeschäftigen. Von meinen neuen Chefs erhielt ich den Auftrag, den Bestand eines Lagerhauses in Queens zu katalogisieren, Teil der Konkursmasse einer schwul-lesbischen Versandbuchhandlung, der von A Different Light ersteigert worden war. Nach dem Chaos von San Francisco war New York nicht viel ruhiger, aber dieser Job schon: Als würde man seine Tage in einer Gummizelle absitzen, nur dass die Zelle mit Büchern ausgepolstert war.

Ich war mit dem tödlichen Ernst des Freiwilligen nach San Francisco gegangen und verließ es mit der Verbitterung des Veteranen. Ich hatte mit ansehen müssen, wie meine Freunde von der Polizei krankenhausreif geschlagen wurden, wie man sie verhaftet und ihnen ihre Aids-Medikamente abgenommen hatte, unter dem Vorwand, es handle sich um illegale Drogen. Ich selbst war grundlos in Verdacht geraten, eine kriminelle Verschwörung gegen die Polizei auszuhecken. Als eine der Gruppen, deren Mitglied ich war, mir auftrug herauszufinden, ob mein damaliger Freund tatsächlich der Polizeispitzel war, für den sie ihn hielten, was naturgemäß das Ende unserer Beziehung beschleunigte, obwohl er wahrscheinlich nichts von diesen Verdächtigungen wusste — von mir jedenfalls hat er es nicht —, wollte ich nur noch weg.

Nach alledem war es mir nicht unangenehm, jeden Tag still und leise in einem Lagerhaus zu sitzen, umgeben von Büchern. Und hier standen sie zu Tausenden, Bücher, die ich kannte, neben Büchern, von denen ich nie zuvor gehört hatte, Regale

und Kisten, die überquollen vor Büchern, wobei die Band-
breite von pornografischen Groschenheftchen über Erst-
ausgaben von Vita Sackville-West bis hin zu Werken der Vio-
let-Quill-Gruppe reichte. Meine literarischen Vorbilder waren
in der Mehrzahl Frauen: Schriftstellerinnen und Philoso-
phinnen wie Joy Williams, Joan Didion, Anne Sexton, June
Jordan, Sarah Schulman, Audre Lorde, Cherríe Moraga,
Christa Wolf – Autorinnen, die Literatur mit politischem
Engagement verbanden. Ihre Werke waren alle hier vertreten,
wie auch die ihrer Vorgängerinnen und Lehrmeisterinnen:
Muriel Rukeyser zum Beispiel, die ich in diesem Lagerhaus
für mich entdeckte und deren Gedichte ich immer noch sehr
liebe. Nach ihrem Vorbild wollte ich versuchen, meine literarischen Arbeiten mit meinem Glauben daran zu verschmelzen,
dass eine bessere, radikalere Welt möglich war.

Allmählich ging mir auf, dass die Zeit in diesem Lagerhaus
für mich – den jungen schwulen Schriftsteller, der eigentlich
alles schreiben wollte, Lyrik, Romane, Essays – eine Ausbildung war, wie ich sie so nie wieder erhalten würde. Und dass
der Katalog, den ich da gerade erstellte, unter anderem auch
verzeichnete, welche schwulen Schreibweisen erfolgreich
gewesen waren und welche nicht, was die Kultur zuließ und
was nicht.

Auf jeden Gore Vidal oder James Baldwin, auf jede
Gertrude Stein oder Susan Sontag kamen so viele andere, die
niemand kannte. Da mir der Ruhm das zu sein schien, was
bekannte Autoren vor dem Vergessen bewahrte, wollte ich
mehr darüber wissen. Wie hatten sie sich gegen das behaupten
können, was so viele andere ausgelöscht hatte? Zwei meiner
literarischen Helden, der Künstler David Wojnarowicz und
der Filmemacher Derek Jarman, starben damals unter den

Augen der Öffentlichkeit an Aids und sahen sich damit einer anderen, neuen Form der Auslöschung ausgesetzt; und aufgrund meiner Arbeit als Aktivist musste ich befürchten, dass es außer der Nachwelt nichts gab, was sie vor dieser Auslöschung bewahren konnte. Es war klar, dass ihr nah bevorstehender Tod, als absehbare Folge der Epidemie, von der Regierung wenn nicht beabsichtigt, so doch begrüßt wurde. Aids war vielleicht nicht das Strafgericht Gottes, doch ihre Untätigkeit war zweifellos ein Strafgericht der Regierung, ein De-facto-Todeskommando, das sich aus konservativen Politikern rekrutierte, die absurderweise in solchen gesundheitspolitischen Fragen das Sagen hatten und nicht etwa Mediziner, womit nicht gesagt sein soll, dass das gewinnorientierte Gesundheitssystem vollkommen unproblematisch gewesen wäre: Wer sich angesteckt hatte oder Gefahr lief, sich anzustecken, würde sehr wahrscheinlich sterben, weil es schlicht zu teuer war, uns zu retten.

Struktureller Tod: ein Vorgeschmack auf die Politik der Konservativen in den folgenden dreißig Jahren.

In San Francisco war regelmäßig ein Beat-Dichter in den Buchladen gekommen, um seine Bücher aus der Lyrikabteilung im hinteren Teil zu holen und vorne auf den Tisch mit den Neuerscheinungen zu legen. Sobald er den Laden verlassen hatte, stellten wir sie wieder zurück. Manchmal ließ ich sie noch eine Weile liegen; manchmal ärgerte mich, was ich damals für seine kleinliche Geltungssucht hielt. Doch hier, in diesem Lager, verstand ich ihn plötzlich. Die Sucht nach Ruhm war schrecklich und dumm, aber Ruhm bewahrte einen immerhin davor, für immer zu verschwinden, eine Gefahr, die für schwule Schriftsteller umso größer war, weil sich kaum ein Verlag für sie interessierte, von der Nachwelt ganz zu schweigen. War man berühmt, dann fanden die Bücher ganz von selbst ihren Weg auf den Tisch ganz vorn, auch ohne dass man nachhelfen musste.

Die Frage war nur, wie immer: Wie wird man berühmt?

Die beste Methode und die einzig ehrenhafte war meiner Meinung nach, etwas zu schreiben, was andere auch lesen wollten. Seit meiner Ankunft in New York hatte ich hier bereits Fortschritte gemacht. Ein Verlagslektor lud mich zum Lunch ein, weil er sich, aufgrund eines Reiseberichts, den ich für eine Zeitschrift geschrieben hatte, dafür interessierte, ob ich nicht einen Roman für ihn hätte.

Dieselbe Frage interessierte auch mich, und so erschien ich zu unserem Lunch in denkbar verwegener Aufmachung, die Haare in einer blauen James-Dean-Tolle, dazu ein zerfetztes schwarzes T-Shirt und schwarze Jeans. Mein neuer Freund saß in seinem Tweed-Sakko in der dunklen Kneipe und lächelte, während er an seinem Mineralwasser nippte, und irgendwie kamen wir darauf zu sprechen, dass er den Iowa Writers' Workshop besucht hatte. Hinter meiner San-Francisco-Queer-Punk-Nihilisten-Fassade hörte ich aufmerksam seinen Klatschgeschichten über Michael Cunningham zu, einen der wenigen männlichen Schriftsteller, die ich bewunderte. Seine Kurzgeschichte «White Angel», erschienen im *New Yorker* und eigentlich ein Auszug aus seinem Roman *Ein Zuhause am Ende der Welt*, war der Bleistiftstrich am Türrahmen, an dem ich meine eigenen Ambitionen maß. Meine Lieblingsanekdote aus diesem Gespräch dreht sich darum, dass Cunningham an der Uni immer laufen ging und anschließend neben der Tartanbahn seine Gauloises rauchte, was ihm bei seinen Mitstudenten den pikanten Spitznamen «French Cigarette» eintrug.

«Nach dem Abschluss gingen wir alle zurück nach New York», sagte der Lektor. Diese Information speicherte ich in meinem Kopf als besonders wichtig ab: all diese New Yorker Schriftsteller, die in den Mittleren Westen auszogen, um das Schreiben zu lernen, und dann zurückkamen. Ich wusste, dass Cunningham das durchbrochen hatte, was ich die schwule Glasdecke nannte, die mir hier, in diesem Bücherlager, nur allzu deutlich vor Augen stand. Und damit stellte sich die Frage, ob er das nicht unter anderem seinem Gang nach Iowa zu verdanken hatte, und wenn ja, ob das auch bei mir funktionieren würde.

So also die Überlegungen eines jungen Mannes, der noch nicht wusste, dass schwule Männer schon vor Cunningham im *New Yorker* publiziert hatten. Und dass auch das keine Erfolgsgarantie war. Dass es überhaupt keine Erfolgsgarantien gab, außer etwas zu schreiben und es mindestens einer anderen Person zu zeigen. Dann war alles möglich.

...

Jahrelang hatte ich mich darüber mokiert – allein die Vorstellung, sich auf einen M. F. A.-Studiengang zu bewerben! –, aber nach diesem Lunch war ich dann doch interessierter, als ich mir eingestehen wollte. Ich machte weiter meine abfälligen Bemerkungen, niemand konnte mich zwingen, nach vorgegebenen Rezepten zu schreiben, nein, es blieb dabei, ich wollte keine Literatur schreiben, die nichts über die Welt zu sagen wusste, weil sie nichts über die Welt wusste (sollte heißen: wie diese M. F. A.-Studenten), und genau deswegen war ich ja hier, mitten im Leben, im Mittelpunkt der Welt, und war das nicht besser? Wann immer sich die Gelegenheit bot, bekräftigte ich meine Weigerung, mich zwei Jahre lang dem Zwang auszusetzen, Raymond Carver zu imitieren.

Mein flotter Spruch über Carver war als vernichtende Kritik am Hauptschuldigen gemeint: Iowa. Wenn er nicht besonders originell ist, dann auch deswegen, weil die Formel für Spott über M. F. A.-Studiengänge, und insbesondere über Iowa, seit zwanzig Jahren dieselbe ist. Für M. F. A.-Hasser sind diese Studiengänge Maschinen, die jede Originalität abschleifen; hinein gehen Menschen, unverwechselbar sie selbst, und heraus kommen schriftstellernde Barbiepuppen, glattes, gut verkäufliches Plastik, eine Armee attraktiver amerikanischer Minimalisten.

Ich schrieb meine Texte auch ohne M. F. A., und auch so lief alles bestens, und gerade hatte ich eine Erzählung geschrieben, die mit ziemlicher Sicherheit meine bisher beste war — und mit ziemlicher Sicherheit nie veröffentlicht werden würde, weil sie dafür eine viel zu wüste Mischung war, aus zu vielen und zu schwulen Merkwürdigkeiten. Ich fühlte mich nicht als New Yorker Schriftsteller, und wenn ich noch so sehr hier lebte und schrieb, und schlimmer noch, ich musste viel zu viel arbeiten, um mir New York überhaupt leisten zu können. Das Gehalt, das mir die Buchhandlung zahlte, war so niedrig, dass ich oft vor der Wahl zwischen Essen oder U-Bahn stand. Ein U-Bahn-Ticket kostete genauso viel wie ein Bagel oder ein Stück Pizza ohne alles, also ging es immer um die Frage, welches Bedürfnis diesmal obsiegen würde. Einige meiner Collegefreunde, mit denen ich mich weiterhin regelmäßig traf, erklommen mit einer Sicherheit, die mir leider abging, Karriereleitern, die mir unerreichbar schienen. Ich sagte mir, dass mir halt ihre Beziehungen fehlten, die ihnen zu Jobs bei *The New Yorker*, *Paris Review*, *Grand Street* und allerlei

Verlagen verhalfen — wobei mir nicht aufging, dass ich ja sie kannte und damit ebenfalls Beziehungen hatte. Das Studium an der Wesleyan University war meine Eintrittskarte in diese Welt gewesen, aber es war eine Welt, in die sie bereits achtzehn Jahre zuvor eingetreten waren, hier in New York oder irgendwo in der Nähe. Ich stammte aus Maine, dem Bundesstaat, in dem sie alle miteinander dasselbe Ferienlager besucht hatten, nur war ich auf diesem Ferienlager leider nie gewesen. «Du kommst nicht wirklich daher, oder?», fragten sie mich immer, als könnten sie nicht ganz glauben, dass ich allmorgendlich in meinem selbst geschnitzten Kanu den Connecticut River hinab zum College gekommen war.

In solchen Momenten war mir nur unterschwellig bewusst, dass ich gerade eine Menge über soziale Klassen lernte; meist war ich vollauf damit beschäftigt, mir meine Verlegenheit nicht anmerken zu lassen. Ich hatte nicht den richtigen Stallgeruch, konnte aber mit gutem Aussehen punkten, einer scharfen Beobachtungsgabe, einer noch schärferen Zunge und damit, dass ich gern für Aufsehen sorgte, was mir außerdem die Gelegenheit gab, die Reaktionen meiner Mitmenschen zu beobachten, wodurch ich ebenso viel über sie wie über mich lernte. Da ich mich darauf verstand, bei alledem stets amüsant zu bleiben, akzeptierte man meine Eskapaden, zumal es auf jeder der Schulen, die diese Leute, die sich sämtlich untereinander kannten, besucht hatten, immer auch ein paar Menschen wie mich gegeben hatte — soll heißen: schwul, politisch, engagiert.

Als mir diese Beziehungen, um die ich nicht wusste, zu einem Jobangebot als Redaktionsassistent bei einer neu gegründeten Zeitschrift namens *Out* verhalfen, nahm ich es an. Der Job war ideal, um mich von der zwanghaften Beschäftigung mit der Frage abzuhalten, ob ich einen M. F. A.-Studien-platz bekommen würde, denn mittlerweile hatte ich mich beworben.

...

Ich hatte keine besonders hehren Gründe für meine Bewerbung. Mein Freund, der Mann, um dessentwillen ich nach New York gegangen war, hatte sich ebenfalls beworben. Wir hatten uns in San Francisco kennengelernt, bei einem Treffen von Queer Nation, und begonnen, uns lange Briefe zu schreiben, wodurch wir uns unversehens ineinander verliebten. Er war ebenfalls Schriftsteller, und mir gefiel die Vorstellung von uns als zwei jungen, talentierten schwulen Autoren, die gemeinsam ihren Weg gingen, ganz auf sich gestellt, abseits des Mainstreams. Doch mein talentierter Lover musste ständig irgendwelche ihm verhassten Aushilfsjobs machen und verdiente zwar mehr Geld als ich, hielt sich jedoch für nicht halb so talentiert, wie er es meiner Meinung nach war. Außerdem hatte er Kommunikationswissenschaften studiert und nicht, wie ich, Literatur, weshalb er glaubte, schrecklich ungebildet zu sein, und unbedingt mehr über Romane, Gedichte und Erzählungen wissen wollte. Er hatte nie einen Schreibkurs besucht und dachte, dass ihm das vielleicht helfen würde. Nachdem ich eines Abends meine Schicht in der Bar unter seiner Wohnung beendet hatte — wo ich arbeitete, um sowohl U-Bahn fahren als auch essen zu können —, ging ich nach oben und fand ihn unter einem Stoß M. F. A.-Broschüren auf seinem Bett.

«Was ist das denn?», fragte ich. Ich fühlte mich verraten, wollte ihm das aber nicht zeigen. Ich wusste sehr wohl, was das war.

Er antwortete abwehrend – ich hatte M. F. A.-Studiengänge oft genug durch den Dreck gezogen –, und unser kurzes Gespräch zeigte mir, wie unterschiedlich wir uns selbst und einander sahen. In seinen Augen hatte ich auch ohne M. F. A. eine Zukunft, bei sich hatte er große Zweifel.

Ich hatte das ungute Gefühl, dass er mir damit das nahe Ende unserer Beziehung ankündigte, und nahm es als Zeichen einer unausgesprochenen Unzufriedenheit. Letztlich suchte ich mir drei Universitäten heraus, bei denen ich mich bewerben wollte, drei Universitäten, bei denen er sich ebenfalls beworben hatte, wobei meine Wahl auf die fiel, die den Broschüren zufolge die meisten Lehrkräfte hervorgebracht hatten, bei denen also die Zahl der Absolventen, die später eine Universitätsstelle ergattert hatten, am höchsten war: die University of Arizona, die University of Iowa und die University of Massachusetts in Amherst.

Ich bewarb mich, ganz Zyniker, mit der Erzählung, die mit Sicherheit meine beste war und die mit Sicherheit nie veröffentlicht werden würde, in der sicheren Annahme, dass man mich ablehnen würde. «Wenn die mich nehmen wollen», sagte ich, «sollen die wissen, was für ein Freak ich bin.» In der Geschichte hilft ein junger, hellseherisch begabter, adoptierter Koreaner der Polizei bei der Suche nach verschwundenen Kindern. Außerdem ist er Mitglied eines losen Hexenzirkels und der Einzige in diesem Zirkel, der tatsächlich übernatürliche Fähigkeiten besitzt. Er hat Geschlechtsverkehr mit seinem Freund aus der Highschool, ebenfalls Mitglied im Hexenzirkel, und während eines improvisierten Exorzismusrituals ergreift ein Geist von ihm Besitz. Meinem geheimen Plan zufolge würde mich eine Fakultät, die sich ganz dem Ideal des minimalistischen Realismus verschrieben hatte, ein-

fach ablehnen müssen, sodass ich dann, glänzend bestätigt in
all meinen Vorurteilen, ungestört meiner Wege ziehen konnte.
Es kam jedoch anders.

Das erste Aufnahmeschreiben war von der U-Mass
Amherst, anbei das Angebot eines Stipendiums und ein kurzer Brief von John Edgar Wideman. Einen Tag später rief
mich auf der Arbeit eine Frau an, deren Stimme ich nicht
kannte. «Hier ist Connie Brothers, vom Iowa Writers' Workshop», sagte sie. «Unser Schreiben ist bereits auf dem Weg,
aber ich rufe Sie an, um Ihnen einen Studienplatz in der
Herbstklasse und ein Stipendium anzubieten.» Sie nannte
eine Summe.

Ich war überwältigt.

«Das ist ja Wahnsinn», sagte ich, als ich meine Sprache
wiedergefunden hatte, und platzte dann heraus: «U-Mass hat
mir dasselbe geboten.»

«Haben Sie sich schon dazu geäußert?»

«Nein», sagte ich und bereute sofort meinen Fauxpas.

«Geben Sie mir einen Tag Zeit», sagte sie und legte auf. Ich
hatte nicht in Verhandlungen eintreten wollen — mir war nicht
bewusst gewesen, dass es überhaupt einen Verhandlungsspiel-
raum gab. Ich wollte ihr bloß eine ehrliche Antwort geben:
Wie sollte ich mich zwischen zwei gleich hohen Stipendien
entscheiden? Eigentlich wollte ich sie noch zurückrufen und
mich entschuldigen, doch schon am nächsten Tag rief sie mich
an und bot mir, völlig unbekümmert, das Doppelte.

«Danke», sagte ich zum Hörer. «Ich melde mich dann bald
bei Ihnen.» Ich legte auf und verkündete allen die frohe Botschaft, meine Kollegen jubelten und schüttelten mir die Hand.

...

Bevor ich bei *Out* kündigte, lief ich einen ganzen Abend durchs East Village, um endlich zu einer Entscheidung zu kommen. Irgendwann landete ich im Life Café, einer wahren Institution im East Village, und spendierte mir einen Latte mit Mandelmilch und einen vegetarischen Burrito. Ich musste noch einen letzten Text Korrektur lesen, ein Spargelrezept, um genau zu sein. Ich war mir immer noch nicht sicher, ob ich New York verlassen sollte. Wenn ich nach Iowa ginge, dachte ich mir, würde ich für immer verschwinden, mir selbst und der Welt abhandenkommen. Und das Stipendium, auch wenn sie die Summe verdoppelt hatten – reichte das wirklich zum Leben? Hier in New York war ich nun wirklich nicht reich, aber wenn ich bei der Zeitschrift blieb, würde ich, wie ich wusste, ganz gut über die Runden kommen. Ich konnte mir zum Beispiel eine Mahlzeit wie diese hier leisten. Ich konnte aufsteigen in der New Yorker Zeitschriftenwelt, ein Gedanke, der mir sofort hohl und leer vorkam.

Am Nebentisch entspann sich ein Gespräch über die neuen Lederröcke von Versace – soweit Gespräch heißt, dass sich alle gegenseitig in ihren Ansichten bestätigen. Sie waren so schwer, sagten sie immer wieder. *Unglaublich schwer.* Ich wollte weg, das wusste ich jetzt. Ich wollte billige Mieten und ein Stipendium und Menschen um mich, die über Literatur nachdachten und über Literatur sprachen. Irgendwann würde bestimmt wieder eine Zeit kommen, in der ich nichts lieber mit anhörte als ein Gespräch über Versace, aber diese Zeit war noch weit. Alles, was man so machte und was nicht Schreiben war, war eben nicht Schreiben, und New York bot zwar viele Gelegenheiten zum Schreiben, aber mindestens genauso viele, nichts zu schreiben oder nicht das Richtige zu schreiben. Es gab so manches, was ich gerne gemacht hätte, zum Beispiel selber

Texte zu schreiben, anstatt sie bloß zu redigieren, aber dahin konnte man sich nicht hocharbeiten. Kolumnisten kamen von oben herabgestiegen, strahlend im Glanze ihrer veröffentlichten Bücher, die sie kaum hätten schreiben können, wenn sie ständig damit beschäftigt gewesen wären, andere an ihre Abgabetermine zu erinnern.

Mein Freund erhielt eine Absage aus Iowa, was wir beide sehr bedauerten, er noch mehr als ich — das war seine erste Wahl gewesen. Dafür hatte die University of Arizona ein Stipendium für ihn, meine erste Wahl, weil an dieser Universität Joy Williams lehrte, eine meiner Heldinnen, sodass ich mich schon fast dort gesehen hatte … bis sie mir absagten. U-Mass Amherst hatte uns beide angenommen, nur hatten sie für meinen Freund kein Stipendium. Während wir noch hin- und herüberlegten, fuhren wir nach Amherst, um uns mit John Edgar Wideman zum Mittagessen zu treffen, der eben John Edgar Wideman war: ein ungemein intelligenter, anständiger Mann, eine lebende Legende. Doch unsere Entscheidung war gefallen, noch bevor wir uns auf die Rückfahrt machten.

Wir hatten schon einmal eine Fernbeziehung geführt und würden es auch ein zweites Mal schaffen. Wir entschieden uns für unsere Karrieren und gegen das Beisammensein, weil es sowohl für unsere Beziehung als auch für unsere Zukunft das Beste zu sein schien. Wir räumten unsere Einzimmerwohnungen, luden zu einem Abschiedsessen ins Mary's im West Village, wo uns unsere Freunde mit einer Torte und der Titelmelodie von *Green Acres* überraschten, und fuhren dann auf die I-80, Richtung Westen, da ich als Erster abgesetzt werden sollte.

…

In diesem Jahr wohnte ich alleine am Stadtrand, in einer früheren ROTC-Wohnung für verheiratete Offiziere, unweit des Friedhofs und der Hilltop Bar, was dem gesamten Vorhaben einen Hauch von gescheiterter Militäroperation gab. Der Fußboden war mit Linoleum ausgelegt, Couch, Schreibtisch und Esstisch gehörten zum Inventar.

Mein Iowa war um einiges freundlicher als das, was mir mein Lektorenfreund geschildert hatte. Unter Frank Conroy, dem damaligen Direktor, war die Top-50-Rangliste aller Studenten aus dem Aufenthaltsraum verschwunden und mit ihr die erbitterten Fehden, die sie hervorgerufen hatte.

Von Conroy hieß es, dass er alle abgelehnten Geschichten noch einmal selber las, weil er der Überzeugung war, dass echte Genies anfangs immer abgelehnt werden. Als mir dieses Gerücht später zu Ohren kam, musste er mir natürlich sympathisch sein, aber in diesen ersten Tagen war er für mich ein fleischgewordener Mythos, wie er da im vollbesetzten Seminarraum saß, wie üblich mit doppelt übergeschlagenen Beinen, und vor der neuen Klasse die Rede hielt, die er immer hielt.

«Nur die wenigstens von Ihnen werden etwas veröffentlichen», sagte er, «höchstens zwei oder drei.»

Ich weiß noch, wie ich mich umsah und dachte: *Wetten, dass nicht?* Wissen konnte ich das nicht, aber ich sollte recht behalten: Mehr als die Hälfte von uns fünfundzwanzig hat später einen Roman oder einen Band mit Kurzgeschichten veröffentlicht. Im Übrigen sollte uns die Ansprache nicht entmutigen, im Gegenteil, sie sollte uns anspornen wie der Schlag auf die Schulter, mit dem der Zen-Meister einen vor sich hin dämmernden Meditationsschüler weckt.

Ich habe nie bei Conroy studiert, und trotzdem verdanke

ich ihm eine Lehre fürs Leben: Noch im selben Jahr präsentierte mich die Zeitschrift *Interview* als aufstrebenden Dichter, und ich zeigte ihm die Seite, mein riesiges Gesicht und das winzige Gedicht, fast verdeckt von meinen kurzen Haaren. Er lächelte, gratulierte mir und sagte dann: «Wenn man Erfolg hat, freut man sich und hört auf zu schreiben. Wenn man keinen Erfolg hat, verzweifelt man und hört ebenfalls auf zu schreiben. Sie müssen weiterschreiben. Lassen Sie sich durch nichts davon abbringen, ob Erfolg oder Misserfolg. Einfach weiterschreiben.»

...

Inzwischen wusste ich, dass die Stadt Iowa City nicht identisch mit dem gleichnamigen Autobahnrastplatz war, sondern eine hübsche Universitätsstadt fernab der Autobahn, voller viktorianischer Häuser, nach Plänen erbaut, die aus San Francisco kamen, weswegen ich gelegentlich leicht erschauerte, wenn ich an Häusern vorbeikam, die ich aus meiner geliebten Stadt zu kennen glaubte.

Nicht nur zwang mich niemand, wie Ray Carver oder sonst jemand zu schreiben, niemand zwang mich, überhaupt etwas zu schreiben. Meine einzige Aufgabe war herauszufinden, welche meiner Einfälle mich wirklich interessierten, um dann in den Seminarsitzungen herauszufinden, ob sich auch andere dafür interessieren ließen. Rätselhafterweise bestand keine Anwesenheitspflicht, was mich sehr überraschte. Obwohl diese Regelung nicht unumstritten war, folgt sie einer richtigen Einsicht: Wenn man kein Schriftsteller sein will, hilft kein Zwang. Wenn man es ohne Anwesenheitspflicht nicht schafft, sollte man einfach gehen – nicht schwänzen, sondern weggehen und wegbleiben. Schreiben ist viel zu mühsam, als dass einen jemand dazu zwingen könnte. Man muss sich dafür ins Zeug legen wollen.

In jenem Jahr wurden von 727 Bewerbern 25 angenommen, heute gehen beim Workshop regelmäßig über 1100 Bewerbungen ein. Im Herbst 2001 stiegen die Bewerberzahlen – wie für M. F. A.-Studiengänge landesweit – sprunghaft an und sind seitdem nicht wieder gefallen. Mich fasziniert das noch immer, die Vorstellung, dass die Anschläge vom 11. September ein Ansporn gewesen sein sollten, sich in Hochschulkursen zum Schriftsteller ausbilden zu lassen.

Ist man einmal drin, verliert man sich in wilden Spekulationen über die wahren Gründe der Aufnahme, einfach weil die Chancen so unwahrscheinlich schlecht stehen. Man hält entweder sich selbst oder alle anderen für absolut fehl am Platze, und unabhängig davon, welcher Deutung man als Erstes zuneigt, kippt das Bild irgendwann ins Gegenteil, und nicht mehr die anderen, sondern man selbst ist jetzt der talentlose Aufschneider, oder umgekehrt, bis man schließlich darüber hinweg ist. Oder sich weiter im Kreis dreht.

Bald zog ich mit Leuten herum, die ich kaum kannte, als würden wir uns schon ewig kennen. Wir führten lange, leidenschaftliche, auslaugende Gespräche, nur kurz unterbrochen von starkem Kaffee und jenen übergroßen, aufgeplusterten Bagels, wie sie typisch für den Mittleren Westen sind. Ich las, schrieb und soff, denn der Alkohol war billig, und wir trafen uns in Bars, die seit Jahrzehnten Sammelpunkt der Schriftsteller von Iowa City waren. Etwas geschah mit uns und schien uns alle zu erfassen, auch die, die nicht miteinander sprachen. Es war ein bisschen, oder sogar sehr, wie in einer Familie.

Meine erste Workshop-Professorin war Deborah Eisenberg. Sie erschien oft ganz in Schwarz gekleidet, was mir aus meinem früheren Leben in New York City vertraut war, und überquerte den Campus vorzugsweise auf unvorstellbar hohen Absätzen, von denen sie sich durch das Meer von Studenten in Flipflops tragen ließ. Sie war eine Frau, wie ich sie in New York angehimmelt hatte, und sie hier anzutreffen gab mir das sichere Gefühl, die richtige Wahl getroffen zu haben. Sie war eine wandelnde Erinnerung an das Leben, das ich hinter mir gelassen hatte, und zugleich ein Vorschein des Lebens, das ich wollte, und ich verliebte mich Hals über Kopf in sie. Im Anschluss an die erste Workshop-Sitzung bot ich ihr an, sie nach Hause zu fahren, wie ein junger Hund eifrig um ihre Aufmerksamkeit bemüht, um dann auf ihre Frage, seit wann ich denn schriebe, zu antworten, ich hätte damit erst spät, auf dem College angefangen. Sie lachte kurz in die Wagentür hinein, als ich das sagte, und richtete sich dann auf. «Ich habe erst mit Ende dreißig angefangen», sagte sie. «*Das* heißt für mich früh anfangen.»

Bald fuhr ich sie regelmäßig nach Hause, was ich unendlich aufregend fand. Ich vergaß darüber meine Enttäuschung, nicht in Arizona angenommen worden zu sein, und versenkte mich, sooft ich konnte, in ihr Denken, zunächst indem ich ihre Kurzgeschichten las, die in zwei (inzwischen vier) Bänden vorlagen. Außerdem besuchte ich ihr Seminar und las alles, was sie empfahl, von Elfriede Jelinek über James Baldwin bis Mavis Gallant, und wie alle im Seminar sog ich jedes Wort von ihr gierig in mich auf.

Mein erster Workshop bei ihr war eine Offenbarung. Ich stellte die Erzählung zur Diskussion, mit der ich mich beworben hatte – im Laufe dieses ersten Jahres machten das irgendwann fast alle, und meist noch während des ersten

Semesters –, da ich sie immer noch für das Beste hielt, was ich zu bieten hatte. Sie durchschaute sie sofort als Mischung aus Autobiografischem (mein damaliger Freund und ich waren an der Highschool tatsächlich Mitglieder eines Hexenzirkels gewesen) und Zusammenfantasiertem (ich habe der Polizei nie durch Wahrträume bei der Suche nach verschwundenen Kindern geholfen). Ich hatte den eher kruden Versuch gemacht, meine alte Rollenspielgruppe aus Highschool-Zeiten in den Text einzuarbeiten, es jedoch versäumt, einen glaubwürdigen, von meiner Person unabhängigen Erzähler zu erschaffen. Mit feinen Bleistiftstrichen schied Deborah frei Erfundenes vom Nichterfundenen und erklärte mir geduldig, dass man beim Schreiben nur das unter Kontrolle hat, was man selbst erfindet, und was nicht, nicht – und dass das heraussticht. Dass das Material, das wir dem eigenen Leben entnehmen, häufig deswegen so große Probleme aufwirft, weil so vieles von dem, was wir über uns selbst zu wissen glauben, erfunden ist und man sich das nur ungern eingesteht.

Manchmal saß sie zu Beginn der Stunde einfach nur da, schaute in die Runde, lächelte und sagte: «Ich weiß wirklich nicht, wie Sie das schaffen. Ich würde das nicht aushalten.» Anders als wir hatte sie nie einen M. F. A.-Studiengang besucht und hatte eine Menge radikaler Reformvorschläge, wie z. B. Stipendien nach dem Zufallsprinzip zu verteilen anstatt nach Leistung oder jedem den gleichen Betrag auszuzahlen. Im Workshop hörte sie aufmerksam zu, während wir unsere Geschichten durchsprachen, und beschloss dann stets die Diskussion mit ihren sehr durchdachten Bemerkungen, so-dass uns manchmal war, als hätten wir darüber gestritten, wie man die Weihnachtslichter einschaltet, und sie hätte auf den ersten Blick die ausgebrannte Glühbirne entdeckt, ausgewech-

selt, und prompt wären alle Lichter angegangen. Sie gab uns
außerdem einen der besten Ratschläge, die ich je bekommen
habe, zum Umgang mit Ratschlägen in Workshops. Er lautete
ungefähr so:

> Hören Sie auf die Kommentare Ihrer Kommilitonen und hören
> Sie sich alles schön der Reihe nach an. Man rät Ihnen vielleicht,
> Sie müssten nur diese eine Sache ändern, auf Seite 6, und schon
> wäre alles perfekt, und jemand anderes sagt dann: Nein, Seite
> 13, da müssten Sie noch mal ran. Und dann ändern Sie irgend-
> was auf Seite 10, verteilen die neue Fassung, und plötzlich hören
> Sie von allen Seiten: «Das ist wirklich viel besser so, das ist
> genau das, was ich meinte.» Die Probleme sind nie dort, wo wir
> sie vermuten.

Für mich war das eine sehr wertvolle Lektion. Es ist ein typi-
scher Anfängerfehler, nach dem Workshop sofort nach Hause
zu rennen und alles zu überarbeiten, was im Seminar moniert
wurde, und wenn die Unterrichtsmethode Workshop einen
Geburtsfehler hat, dann diesen, dass allzu vertrauensselige
Menschen genau das machen. Wenn sich ein Leser am
Erzähltempo stört, kann das in Wirklichkeit heißen, dass ihm
wichtige Informationen fehlen, die zum Verständnis der
Geschichte nötig wären, über die Figur, den Ort, die Situation, in der sie sich befindet – und Probleme mit der Handlungsführung sind fast immer Probleme, die ihren Ursprung
in der Wahl der Erzählperspektive haben. Ich lernte, die
Kommentare meiner Kommilitonen als etwas zu nehmen,
womit ich die Untiefen meiner Entwürfe ausloten konnte,
und das verhalf mir zu einer deutlich verbesserten Work-
shop-Erfahrung.

Einer gängigen Kritik zufolge führen Workshops dazu, dass am Ende alle gleich schreiben und dass sich die Teilnehmer diesen identischen Schreibstil im Zuge des Workshops gegenseitig aufzwingen. Doch so habe ich das nie erlebt und denke stattdessen gerne an eine großartige Zeile aus einer von Deborahs Kurzgeschichten: «In Familien trifft man auf Menschen, wie man sie sonst nie kennenlernen würde.» Das gilt für Familien und gilt genauso für Workshops: Du triffst auf Menschen, mit denen du sonst nie etwas zu tun haben, geschweige denn ihnen deine Arbeiten zeigen würdest, und hörst dir nun an, was sie über deine Erzählung, deinen Roman zu sagen haben. Vielleicht nicht per se deine idealen Leser, sind sie es doch insofern, als dass du dir auch im wirklichen Leben deine Leser nie aussuchen und dich so daran gewöhnen kannst. Ihre Kritik zwingt dich, die Grenzen deiner Vorstellungskraft und damit die Grenzen deiner Vorlieben zu überwinden, und das wiederum trägt dich über die Grenzen dessen hinaus, was du in deiner Arbeit ohne fremde Hilfe erreichen kannst. Die Arbeit eines Schriftstellers wird durch seine Weltsicht eingeengt, die Workshop für Workshop dadurch aufgesprengt wurde, dass ich mich mit den Wirklichkeiten der anderen konfrontiert sah.

Ich werde nie vergessen, wie ein Kommilitone, als es im Workshop um eine meiner Geschichten ging, zu mir sagte: «Wieso bitte soll ich mich für das Leben dieser zickigen Tunten interessieren?» Ich fand das ärgerlich, musste mich aber fragen, ob ich meinen Figuren gerecht geworden war, wenn es meiner Geschichte nicht gelang, einen Leser für sie zu interessieren, der von sich aus wenig geneigt war, sie zu mögen oder ihnen zuzuhören – einen Leser wie ihn also. An diesem Tag formte sich in meinem Kopf, noch während ich ihm zuhörte, ein Schwur, der mich meine ganze Karriere hindurch begleitet hat: *Ich werde dich dazu bringen, dich dafür zu interessieren.*

Wem seine Frage zu harsch vorkommt, dem sei gesagt: Netter als das, was man im Workshop zu hören bekommt, wird die Kritik auch im späteren Verlauf einer Schriftstellerkarriere nicht. Ich habe damals im Workshop weder Beleidigungen noch Rassismus oder Homophobie toleriert und stand in diesem ersten Jahr so oft bei Connie Brothers im Büro, dass sie anbot, den gesamten Workshop in eine Sensibilisierungsmaßnahme zu stecken. Ich habe das Angebot abgelehnt, weil ich befürchtete, dass die eher reaktionären Teilnehmer mich dann erst recht zu ihrer Zielscheibe machen würden, anstatt ihren Rassismus und ihre Homophobie zu reflektieren. Stattdessen beschloss ich, Kontra zu geben, wann immer es geschah, was immer es war, immer wieder.

Heute glaube ich, dass ein M. F. A.-Studium vor allem dazu dient, in zwei Jahren eine Antwort auf die Frage zu finden, mit der man sich die zwanzig Jahre davor abgeplagt hat: ob das, was man schreibt, anderen Menschen etwas sagt oder nicht. Es ist meiner Meinung nach keine Flucht vor, sondern eine Konfrontation mit der Wirklichkeit, obwohl ich zugegebenermaßen immer wieder das Gefühl hatte, in einer Traumwelt gelandet zu sein, in der ich bei Marilynne Robinson, James Alan McPherson, Margot Livesey, Elizabeth Benedict und Denis Johnson sowie Deborah Eisenberg studieren durfte. Ich hatte einen Job aufgegeben und den Mann verlassen, der mich und den ich liebte, nur um dort sein zu können. Wirklicher wird es nicht.

Dieser Mann und ich trennten uns schließlich im Jahr 1994, dem Jahr, in dem ich in Iowa meinen Abschluss machte. Er hatte sich im ersten Jahr unserer Fernbeziehung erneut beim Workshop beworben, und als er dann wieder eine Absage erhielt, nagte es an ihm, und er wurde missgünstig. Eigentlich hatten wir den Sommer zusammen verbringen wollen, doch dann sagte er ab — mit den Worten: «Du wirst der Berühmte von uns werden, der, an den sich alle erinnern» —, und obwohl ich verstand, dass die Enttäuschung nicht leicht zu verwinden war, fühlte es sich an, als wollte er mich bestrafen. Er hat inzwischen großen Erfolg als Schriftsteller, und in dieser Hinsicht also nicht recht behalten. Ich glaube, dass Enttäuschungen — und der Wunsch, sich für solche Enttäuschungen zu rächen — enorm motivierend sein können. Von einem M. F. A.-Studiengang abgelehnt zu werden, kann genauso ein Anstoß sein, wie angenommen zu werden.

...

Das erste greifbare Ergebnis meines neu erworbenen M. F. A. war, dass mich diese Qualifikation für andere Jobs disqualifizierte, obwohl sich das später als Illusion erweisen sollte.

Qualifiziert war ich fürs Schreiben und Unterrichten. Das wusste ich. Und ich wusste auch, dass man an den einzigen Lehrberuf, der mich wirklich interessierte, nur herankam, wenn man bereits ein Buch veröffentlicht hatte. Da ich seit Kurzem wieder Single war und mir New York der richtige Ort für einen jungen Schriftsteller zu sein schien, der schwul und Single war, zog ich wieder dorthin zurück, in meinen Ohren das Echo des Lektors: *Nach dem Abschluss gingen wir alle zurück nach New York.*

In diesem ersten Sommer bewarb ich mich auf Verlagsjobs, aber sobald sich im Verlauf der Bewerbungsgespräche herausstellte, dass ich frisch aus Iowa kam, wurde mir versichert, dass

dies gewiss nicht der richtige Job für mich sei. «Als Schriftsteller weiß man besser nicht, wie Verleger über einen reden»,
riet mir ein befreundeter Verleger. «Außerdem ist die Bezah-
lung beschissen.» Ich habe seitdem einige erfolgreiche Schriftsteller kennengelernt, die eine Karriere im Verlagswesen hinter
sich hatten, aber mir fehlte die nötige Verschlagenheit, denn
Karriere im Verlagswesen macht nur, wer stets den Eindruck
erweckt, nichts läge ihm ferner als schriftstellerische Ambitionen.

Schließlich wurde ich Kellner — erst Bankettkellner, dann
in einem Steakhouse in Midtown Manhattan. Deborah Eisenberg hat als Kellnerin gearbeitet, sagte ich mir, als ich den
Job angeboten bekam. Ich dachte an die Geschichte, die sie
oft über ihre Zeit als Kellnerin erzählte, und orientierte mich
sogar ein bisschen daran. Joseph Papp vom New Yorker Public
Theater hatte sich mit einem Auftrag für ein Theaterstück an
sie gewandt und war ganz überrascht gewesen, dass sie ihren
Job nicht aufgeben wollte. Sie wollte nicht auf ihre gut bezahl-
ten Schichten verzichten. Er fragte sie, wie viel sie denn bei
diesen Schichten verdiente, und ihr Verdienstausfall wurde bei
den Honorarverhandlungen berücksichtigt.

So könnte ich auch leben, sagte ich mir. Und tatsächlich,
ein paar Monate, nachdem ich mit dem Kellnern angefangen
hatte, ich servierte gerade zwischen einem Redakteur und
einem vor Kurzem eingestellten Redaktionsassistenten, durfte
ich mit anhören, um welche Beträge es bei seiner Beförderung
ging: nicht einmal die Hälfte meines Jahresverdiensts. Ich war
reich wie ein Kellner, wie es damals hieß, blieb vier Jahre bei
diesem Job und schrieb währenddessen mein erstes Buch.

In meinen Jahren als Kellner war ich mir in Momenten der
Unsicherheit nicht zu fein dafür, mit meinem Abschluss in

Iowa anzugeben, aber machte mir anschließend immer Vorwürfe. Das weiße Hemd, die schwarze Fliege und die Schürze fühlten sich irgendwann an wie ein Kokon für den Roman, oder den Schriftsteller, oder beides. Ich schrieb meinen Roman in der U-Bahn, auf dem Weg ins Restaurant und zurück, und manchmal schrieb ich sogar während der Arbeit – ich habe immer noch einen Quittungsbeleg mit einem Gliederungsschema, das mir eingefallen war, während die Gäste in meinem Abschnitt zu ihrem Tisch geleitet wurden.

Im Jahr nach der Veröffentlichung meines Romans lud man mich ein, an der Wesleyan University zu unterrichten. Am ersten Unterrichtstag gratulierte ich mir zur Verwirklichung meines Plans. Ich weiß, dass mich einige Leute von oben herab behandeln, sobald sie erfahren, dass ich als Kellner gearbeitet habe, doch ich bereue nichts. Vom Kellnern konnte man nicht nur gut leben, man lernte auch viel über seine Mitmenschen. Ich sah Dinge, die ich mir nie hätte träumen lassen, eine Schule des Lebens jenseits der Grenzen meiner eigenen Gesellschaftsschicht. Man muss die Fantasie abrichten, glaube ich, wenn sie mit der Seltsamkeit der Welt mithalten soll.

...

Es ist eigenartig, an der eigenen Alma Mater zu unterrichten. Ich habe das zweimal gemacht, an der Wesleyan und an der University of Iowa. Du erfährst, dass Studenten und Dozenten gleichermaßen Insider sind, die sich allerdings in getrennten, gegeneinander abgeschotteten Welten bewegen. Wenn du als Ehemaliger unterrichtest, werden alte Mythen durch neue Gerüchte zurechtgerückt – Tratsch, der ausschließlich im Kollegium kursiert, vermischt sich mit Tratsch, der ausschließlich unter den Kommilitonen kursierte, als du selbst noch Student warst, und wird ergänzt durch den Tratsch derer, die du jetzt unterrichtest.

An der Universität Iowa lernte ich, über Raymond Carver zu sprechen, da sein Name immer fällt, sobald ich Iowa erwähne. Er gehört zur lokalen Folklore, jedoch nicht, wie man annehmen sollte, als sogenannter Hohepriester des Minimalismus. Das ist, oder das war, er nicht. Als er noch am Workshop studierte, jubelte niemand über seine Texte, wie wir als Studenten erfuhren. Und sein berühmter Minimalismus war das Ergebnis der Zusammenarbeit mit seinem Lektor Gordon Lish – eine Geschichte, die eher nach New York als in den Mittleren Westen gehört. Das Ausmaß, in dem sich Lish durch seine Kürzungen in Carvers Werk verewigt hat, ist der Stoff, aus dem heute Witze und Aperçus gemacht werden. Interessanter finde ich Carvers mindestens ebenso prägenden Einfluss als Universitätslehrer: Alle Welt wusste von Carver, dass er ständig betrunken war, zumindest ist er das in allen Geschichten, die mir je zu Ohren gekommen sind. Seine Generation von Professoren für literarisches Schreiben – größtenteils Schriftsteller, die ihre Universitätsstelle allein ihrem Werk zu verdanken hatten – hat viel dazu beigetragen, dass es seitdem heißt: *So sind sie, die Schriftsteller.* Und dieser Ruf verfolgt Schriftsteller, die im universitären Bereich tätig sind, bis heute.

Was immer man davon halten mag, zum Boom der M. F. A.-Studiengänge kam es nicht, weil junge Schriftsteller Carvers Werk imitieren wollten, wie zuweilen behauptet wird. Zum Boom kam es, weil zu viele dieser Schriftsteller Carvers Lebensstil imitierten und Univerwaltungen irgendeine Gewähr dafür haben wollten, dass die Schriftstellerinnen und

Schriftsteller, die sie da zum Unterrichten engagierten, auch über die dazu nötigen Fähigkeiten verfügten und bereit waren, sich kollegial an der Arbeit des Fachbereichs zu beteiligen. Sie mögen darüber die Nase rümpfen, weil das Werk ja alles ist, was zählt, aber dann sind Sie vermutlich noch nie einem Hochschulverwaltungsdirektor begegnet. Dank dieser Granden ohne Abschluss müssen wir heute alle einen Abschluss vorweisen.

Das hat ironischerweise zu der Klage geführt, nicht einmal unsere Sünden seien noch, was sie einmal waren, wir seien allzu brave, allzu zahme Geschöpfe geworden, die allzu zahme Texte schreiben, und auch daran sollen die M. F. A.-Studiengänge schuld sein, die von Schriftstellern ins Leben gerufen wurden, die – nun ja – keinen M. F. A. hatten.

Vielleicht teilen Sie die weitverbreitete Überzeugung, dass man nicht studiert haben müsse, um ein guter Schriftsteller zu sein, ja dass einen das Studium nicht zu einem besseren Schriftsteller mache, weil es vor allem auf Talent ankomme, die einzige Voraussetzung, die ein Schriftsteller brauche. Man hat mir oft gesagt, wie talentiert ich sei. Ich weiß nicht, ob mir das viel gebracht hat, außer dass ich mich gehen ließ, wo ich mich hätte anstrengen müssen. Ich kenne viele talentierte Menschen, die vielleicht nur deswegen keine Schriftsteller geworden sind, weil sie alles schleifen ließen, nachdem man ihnen von ihrem Talent vorgeschwärmt hatte. Vielleicht ist das wirklich etwas, womit man Schriftsteller aus dem Rennen werfen kann. Und ich kenne talentlose Menschen, die Schriftsteller geworden sind und außerordentlich gut schreiben. Talent ist schön, aber wer sich nicht ins Zeug legt, wer nicht lernt, an sich zu arbeiten und gegen seine schlimmsten Angewohnheiten und Vorurteile anzugehen, wer es nicht lernt, mit der Kritik anderer und der eigenen Unsicherheit umzugehen, wird kein Schriftsteller werden. Ob Promotion, M. F. A. oder Autodidakt — das Einzige, was man wirklich zum Schriftsteller braucht, ist Durchhaltevermögen und ein gerissenes, durchtriebenes Herz, das sich durch keinen Wechselfall des Schicksals, weder durch Misserfolg noch durch Erfolg, vom Ziel abbringen lässt.

...

«Das hier ist meine Parade durch die Institutionen», schrieb ich in einem Brief an einen Freund in San Francisco, kurz nach meiner Ankunft in Iowa. Ich hatte das Gefühl, Teil einer uramerikanischen Tradition geworden zu sein, und beschlossen, das Beste daraus zu machen — etwas Queeres also.

Eines meiner Lieblingsfotos aus meiner Studentenzeit in Iowa zeigt mich auf einer Halloween-Party, in sehr knappen Shorts, Netzstrumpfhosen und einer schwarzen Motorradjacke, auf dem Kopf eine meterlange blonde Perücke. Ich stehe vor einem großen Fadenkreuz, trage Lippenstift auf und bemühe mich, nicht in die Kamera zu schauen, weil ich weiß, dass sie mich im Visier hat. Als ich später zur Ballkönigin des Iowa Writers' Workshop Ball gekrönt wurde, der in einem Saal des Vereins der Kriegsveteranen stattfand, trug ich dieselbe Perücke, dazu ein hoch geschlitztes Mantelkleid aus rotem Leder, Make-up und High Heels. Ich erinnere mich noch gut an das Klappern der Saloontüren in der plötzlich eingetretenen Stille, als ich auf dem Weg zur Toilette durch den Barbereich musste, in dem die Veteranen saßen, und an mein unschlüssiges Innehalten, als mir klar wurde, dass ich mich jetzt für eine der beiden Türen entscheiden musste.

Ich glaube, ich bin immer noch diese Ballkönigin, gefangen zwischen zwei Türen.

Nach Iowa zu gehen war mit das Beste, was ich für mein Leben als Schriftsteller tun konnte. Dem Mythos zufolge wollte uns der Workshop jede Individualität rauben, mich aber hat er dazu ermutigt, ein Schriftsteller zu sein, wie es ihn nie zuvor gegeben hat. Nun lag es an mir, dieser Schriftsteller zu werden. Ich hatte mich aus Angst vor einem Verlust beworben, der trotzdem eintrat, und war hingegangen, weil ich hinkonnte und weil ich hoffte, damit so etwas wie Schutz zu finden vor dem Vergessenwerden, vor meinen Unzulänglichkeiten, vor den unerbittlichen Angriffen der Kultur auf die Geschichten von Menschen wie mir. Ich weiß nicht, ob sich diese Hoffnung erfüllt hat oder je erfüllen wird. Diese Dinge machen mir immer noch Angst. Ich muss immer noch gegen sie angehen. Und bin, fürs Erste, immer noch hier.

MR. UND MRS. B

Wie kannst du nur?, fragten mich meine Freunde immer, wenn ich ihnen davon erzählte. Wie kannst du ausgerechnet für *den* arbeiten? Willst du nie nach dem nächstbesten Messer greifen und es ihm in den Hals rammen? Sein Essen vergiften?

Du wärst ein wahrer Held, meinte einer.

Ich wollte ihn nicht erstechen, und vergiften wollte ich ihn auch nicht. Schon bei unserem ersten Zusammentreffen war nicht zu übersehen, dass er stark abgebaut hatte. Und *Wie konnte ich nur*, nun ja, da ging es mir wie so vielen, ich brauchte das Geld.

Außerdem kam es auf *ihn* eigentlich nicht an. *Sie* war es, die ich liebte.

...

Bevor ich anfing, bei William F. und Pat Buckley zu kellnern, kannte ich sie, wie man Prominente eben kennt: von den Titel- und Klatschseiten der *New York Post*, der *Vogue*, der *New York Times* und den letzten Seiten von *Interview*. Als ich 1991 das erste Mal nach New York zog, war Pat Buckley – aus der Sicht des staunenden Zaungastes, der ich war – *die* Dame der besseren Gesellschaft schlechthin.

Wie viele andere junge und ehrgeizige New Yorker gab auch ich mich gerne albernen Tagträumen hin, die sich vor allem darum drehten, wie ich eines schönen Tages ganz unverhofft vor Pat Buckley stehen würde, in einem Interieur, wie ich es nur aus jenen Hochglanzmagazinen kannte. Wenn ich in der U-Bahn saß und auf dem Weg zur Arbeit in der *Times* blätterte, malte ich mir aus, wie es wohl wäre, einen dieser dezent abgedunkelten Salons zu betreten, in denen die Reichen und Mächtigen zusammenkommen, um über das Schicksal der Kultur, wenn nicht der ganzen Welt zu entscheiden.

Wenn ich sage, dass William F. Buckley mich nicht allzu sehr beschäftigte, dann weil ich das, was Pat Buckleys Freunde auf den Partys stets nur «seine Zeitschrift» nannten, sprich: die *National Review*, nicht las. Seine Kolumnen in der *Post* allerdings las ich gelegentlich, ob nun ganz oder nur zum Teil. Ich las seine Texte, wenn ich es denn tat, weil ich in ihm den politischen Gegner erblickte und wissen wollte (oder doch glaubte, wissen zu wollen), was die Gegenseite sagte und dachte — aber oft waren sie mir so zuwider, machten mich derart wütend, dass ich mittendrin abbrach. Ich wusste, dass man als zivilisierter Mensch auch die Texte Andersdenkender lesen oder sich zumindest mit ihren Positionen auseinandersetzen soll. In dieser Hinsicht war ich offenbar nicht zivilisiert genug.

Aus der Nähe, als ich ihn dann öfter zu Gesicht bekam, wirkte er weit weniger dynamisch als sie, vielleicht infolge des Alkohols oder der Zigarren oder der Kombination von beidem, obwohl auch sie rauchte und dem Alkohol nicht abgeneigt war. Er war kleiner und zerknitterter, als wäre er irgendwann plötzlich sehr müde geworden und hätte es dann nie wieder geschafft, einmal richtig auszuschlafen. Sie war groß gewachsen, braun gebrannt und lebhaft, der wilde Haarschopf wirkungsvoll gesträhnt. Ihr Gesicht war eine kunstvoll gestaltete Maske und sah gelegentlich exakt so aus wie das Porträt von ihr, das in ihrer gemeinsamen Wohnung hing. Sie hatte eine raumgreifende Persönlichkeit, und so dauerte es immer eine Weile, bis man ihn entdeckte, wie er da auf leisere Weise Hof hielt. Es fiel nicht schwer sich vorzustellen, wie sie früher einmal gewesen war, eine respektgebietende, dabei nicht maskulin wirkende Frau, die geborene Anführerin. Und für uns, die wir bei ihnen angestellt waren, war sie es, die wir nie aus den Augen ließen, keine Sekunde. Denn von ihr wurden wir zur Rechenschaft gezogen, sobald uns ein Fehler unterlief.

…

1997, als ich anfing, für die Buckleys zu arbeiten, entsprach ich dem Idealbild eines New Yorker Bankettkellners: ein Meter siebenundsiebzig groß, vierundsiebzig Kilo schwer, neunundzwanzig Jahre alt, korrekt frisiert und gekleidet. Die Arbeit als Bankettkellner gefiel mir, weil ich im Smoking eine gute Figur machte und weil mir Schreibtischjobs, sofern es sich nicht um das Verfassen von Romanen handelte, zuwider waren. Als ich, nach meinem M. F. A. am Iowa Writers' Workshop, wieder zurück nach New York ging, schien das die einfachste Lösung für meine Finanznöte zu sein: Als Bankettkellner verdiente man 25 Dollar in der Stunde plus Spesen und arbeitete mal bei einer der riesigen Galas im Wintergarten des World Financial Centers, mal bei einem der Lunches der Zeitschrift *People* und dann vielleicht bei einer Ausstellungseröffnung des Guggenheim Museums. Dank des Smokings

und des gestärkten weißen Hemdes, und weil mich jeder Auftrag an einen anderen, häufig exklusiven Ort führte, kam ich
mir ein wenig wie James Bond vor. Meine Kollegen und ich
nannten uns gelegentlich die Regenbogenhelme, weil man uns
immer sonst wohin schickte, um aufzuräumen, ordentlich
Glanz und Glitter zu verbreiten, die Party zu schmeißen und
dann abzuhauen. Außerdem gefiel mir an der Arbeit, dass sie
mir nach Feierabend nicht im Kopf herumging.

Für meinen schriftstellerischen Werdegang hatte die Tätigkeit als Bankettkellner den Vorteil, dass sie mir Einblicke in
das Privatleben meiner Mitmenschen eröffnete, die mir in
jedem anderen Beziehungsverhältnis verschlossen geblieben
wären. Für die Kunden sind Kellner meist nur menschliches
Mobiliar, was zur Folge hat, dass sie sich unbeobachtet fühlen – und das war es, was ich daran schätzte. Da war etwa das
Weihnachtsbuffet, bei dem Gastgeber und Gastgeberin ihren
Anverwandten eine Auswahl Weine vorsetzten, die sie von
Freunden geschenkt bekommen und ihres Weinkellers für
unwürdig befunden hatten. Oder die Weihnachtsfeier, im
Verlaufe derer der Gastgeber einen seiner Freunde in die Gar-
derobe bat, um ihn dort in aller Ruhe durchzuprügeln (so
heftig, dass der Verprügelte die Feier verlassen musste) – als
Strafe dafür, dass er sich uns Kellnern gegenüber rüpelhaft
verhalten hatte. Anschließend teilte der Gastgeber die Zigarren seines Freundes unter uns auf und sagte: «Mein Freund
lässt ausrichten, es täte ihm leid.» Dann gab es die Party an
der Upper East Side, bei der wir unsere Smokings in einem
als Umkleide dienenden Apartment anzogen, das wir scherzhaft Papis Toberaum nannten: Die Wände waren mit grauem
Flanell ausgepolstert und die Fensterscheiben aus Milchglas,
offenbar, damit niemand hineinsehen oder gar fotografieren

konnte, was der Hausherr dort trieb. Und dann die andere Party an der Upper East Side, für eine Gruppe wohlhabender, nicht offen lebender Schwuler und Lesben, die sich, um ihre sexuelle Orientierung zu verbergen und ihr Vermögen zu schützen, pärchenweise zusammengetan und geheiratet hatten und nun als befreundete Heteropaare durchgingen. Mit einer altersmilden Mischung aus Glück und Resignation schauten sie auf ihre Söhne und Töchter, von denen viele offen schwul oder lesbisch lebten und in Begleitung ihrer gleichgeschlechtlichen Partner erschienen waren.

Die beste Entscheidung, die ich in meiner Karriere als Kellner getroffen habe, war es, den billigen Polyester-Smoking, den wir alle tragen mussten, vom Schneider anpassen zu lassen, schon kurz nachdem ich angefangen hatte. Bald fiel ich einer Kellnerlegende mit vielen einflussreichen Privatkunden auf, den alle nur den Captain nannten und der mich schließlich zu den Buckleys brachte: ein witziger, jungenhafter, aber schon etwas älterer schwuler Mann, dessen warmes Lächeln sich übergangslos in eine eiskalte Maske verwandeln konnte. Seine Gesichtszüge und sein blasser Teint wirkten englisch, aber der Nachname passte nicht. Als das Bewerbungsgespräch mit ihm beendet war und ich aufstand, um zu gehen, war ich fest davon überzeugt, durchgefallen zu sein. Wenn er einen mochte, gab er das nie sofort zu erkennen.

Zu seiner Klientel zählten einige der wohlhabendsten New Yorker. Ich entsinne mich, bei Allen Grubman, einem Anwalt, der die Prominenz der Unterhaltungsindustrie vertrat, Martha Stewart dabei geholfen zu haben, ihre Lieblings-Petit-Fours zu finden, während die Modedesigner Vera Wang und Tommy Hilfiger uns leicht gelangweilt zusahen. Beim Geschirrspülen nach der Party erfuhr ich, dass die Teller pro

Gedeck 3000 Dollar gekostet hatten. «Also nicht fallen lassen», sagte der Captain, «die sind mehr wert als du.» Bald war es Alltag, zu immer wieder neuen Prominentenwohnsitzen in die Fifth oder die Park Avenue zu hasten, um dann in Windeseile die Hintertreppe zu erklimmen und Teller und Gläser abzuwaschen, deren Wert meine Jahresmiete um ein Vielfaches überstieg.

Die folgende Szene unterschied sich zunächst in nichts von dem, was vielen anderen Kellnerjobs vorausging, und ich erinnere mich an sie nur wegen eines einzigen Wortes: Maisonettewohnung. Es begann mit einer Nachricht auf meinem Anrufbeantworter: «Komm in die Park Avenue Nr. ___. Das ist eine Maisonettewohnung. Nicht den Vordereingang, du musst einmal ums Eck, Seiteneingang. Aber nicht klingeln! Ich bin dann unten und lass dich rein, durch den Serviceeingang. Smoking, schlichtes Hemd, Fliege. Ich will ein frisch gewaschenes Hemd sehen – keine Flecken auf Manschetten oder Kragen. Und sieh zu, dass deine Schuhe geputzt sind, sie merkt das.»

Eine kurze Pause. Dann: «Mit ‹sie merkt das› meine ich Pat Buckley. Du arbeitest bei den *Buckleys*. Zeig dich einfach von deiner besten Seite.»

...

Ich kannte William F. Buckley, wie ihn jeder andere schwule Mann meiner Generation kannte: als Feind. Am 18. März 1986 erschien in der *New York Times* eine von ihm verfasste Kolumne, in der er dafür plädierte, Aids-Kranke an Gesäß und Handgelenken tätowieren zu lassen. Ursprünglich hatte ihm ein weithin sichtbares Zeichen vorgeschwebt, aber das hatte er dann verworfen, als unzulässigen Eingriff in die Privatsphäre.

Jemand mit meiner Biografie musste eine ungewöhnliche Erscheinung im Hause der Buckleys sein. Als ich noch in San Francisco lebte, war ich Mitglied der Ortsgruppe von ACT UP gewesen. 1991 hatte ich mich, zusammen mit Tausenden anderer Demonstranten, zu einem Die-in nach Maine begeben, wo wir uns in Kennebunkport vor dem Haus von Präsident George H. W. Bush auf die Straße legten, um gegen seine Untätigkeit in der Aids-Krise zu protestieren. Wann immer ich damals einen Polizisten sah, meldete sich meine posttraumatische Belastungsstörung, nachdem ich 1989 während einer außer Kontrolle geratenen Kundgebung in San Francisco von der Polizei attackiert worden war. Ich war ein engagiertes Mitglied im Medienausschuss der Gruppe gewesen und gelegentlich auch im Fernsehen aufgetreten, fest entschlossen, meinen Beitrag zum Kampf gegen eine Krankheit zu leisten, von der ich sicher war, dass sie die Welt in den Abgrund reißen würde. Zu jener Zeit hatte die Nachricht, dass zehntausend Amerikaner an Aids erkrankt waren, noch etwas Schockierendes. Doch in den sechs kurzen Jahren, die zwischen dem Die-in vor dem Hause der Bushs und jenem Tag lagen, an dem ich mich dem Dienstboteneingang der Buckleys näherte, hatte ich mit ansehen müssen, wie die Zahl der Infizierten mit jedem Jahr exponentiell stieg, jenseits aller Grenzen des Vorstellbaren. Nach Schätzungen der Weltgesundheitsorganisation aus ihrem Bericht für das Jahr 1997 waren zu der Zeit, von der hier berichtet wird, 860.000 Amerikaner mit HIV infiziert und weltweit 30,6 Millionen Menschen HIV-positiv.

Wenn ich Ihnen also sage, dass William F. Buckley für mich all das verkörperte, wogegen wir ankämpften, dann insbesondere deswegen, weil er der verbreiteten Überzeugung, dass diese Krankheit die Gesetze der Mitmenschlichkeit aufhob und die Erkrankten keine Hilfe erwarten konnten, eine starke öffentliche Stimme gab. Die Tätowierung, für die er plädierte, sollte sicherstellen, dass man es auch ja nicht vergaß. Ganz gleich, was Sie von meinen Freunden halten mögen, die sich im Scherz ausmalten, wie ich ihn umbrachte – vielleicht wird diese Haltung verständlicher, wenn man sie als Reaktion darauf versteht, dass er ihnen absprach, *Menschen* zu sein.

An dem Tag, als ich am Serviceeingang seiner Maisonettewohnung in der Park Avenue ankam, den Kellneranzug über die Schulter geworfen, wusste ich, dass wir in der Frage, was den Menschen zum Menschen macht, erbitterte Gegner waren. Ich hatte nie damit gerechnet, eines Tages William F. Buckley gegenüberzustehen, und so wurde mir erst unmittelbar vor Beginn meines ersten Arbeitstages im Hause der Buckleys bewusst, dass das, was ich hier zu tun im Begriff war, tatsächlich geschah. Ich lief von der U-Bahn zur Park Avenue und blickte ungläubig auf den riesigen Turm aus Ziegeln und Stein. Ich fragte mich kurz, ob sie ihre Kellner überprüfen ließen, ob sie meine Vergangenheit durchleuchtet hatten, ob jemand wie ich überhaupt bei ihnen arbeiten durfte. Ich atmete tief durch, um all das aus meinem Kopf zu verbannen.

Und dann öffnete sich die Tür, und ich wurde eingelassen.

...

Eine Maisonettewohnung – dies für alle, die es nicht wissen, und ich wusste es nicht – ist ein kleines Häuschen, das sich zwischen den Mauern eines Mietshauses versteckt. Die Besitzer teilen sich die Serviceleistungen mit den anderen Bewohnern des Hauses, haben jedoch ihre eigene Haustür. Im Eingangsbereich der Maisonettewohnung stand ein zierliches, vergoldetes Cembalo aus feinstem braunen Holz. Ich erfuhr, dass Christopher, der Sohn der Buckleys, sehr schön darauf spielen konnte. An der Wand rechts, nahe der Haustür, hing ein Jugendporträt von ihm, auf dem er überirdisch schön aussah, wie ein Elfenkind. Neben dem Cembalo stand ein Bäumchen aus Metall. Es steckte in einer flachen, mit Kieseln gefüllten Schale, und die Blätter waren, soweit ich sehen konnte, aus Glas oder Halbedelsteinen. Die untere Etage war voller Bäumchen dieser Art, alle etwa brusthoch, sodass einem war, als sei man in einen verzauberten Wald geraten, in dem jeden Moment das Elfenkind aus dem Gemälde erscheinen konnte, um den Anwesenden zum Konzert aufzuspielen. Verstreut über den Zauberwald fanden sich außerdem schwere Teppiche, Zigarrenaschenbecher, Stehlampen und mit Chintz bezogene Stühle. Die Inneneinrichtung sah aus, als sei sie irgendwann einmal der letzte Schrei gewesen und dann nie wieder erneuert worden. Dank der tiefen Rottöne der Wände und der glitzernden Steinbäumchen wirkte sie zugleich warm und kalt.

Dies sei meine Aufnahmeprüfung, teilte mir der Captain mit. Wenn ich mich bei diesem Auftrag, der zu seinen anspruchsvollsten zählte, bewährte, würde er mich in seine Kartei übernehmen. «Mrs. B wird dich mit Argusaugen beobachten», sagte er, «das macht sie immer, aber besonders dieses erste Mal. Gib dein Bestes, ansonsten ist das auch dein letztes Mal.» Als sich die Tür hinter uns schloss, sagte er: «Ach so – und für uns immer Mr. und Mrs. B.»

Dann wurde ich einem freundlichen älteren Herrn vorgestellt, der, soweit ich mich erinnere, ihren Haushalt führte.

Sein Name ist mir ebenso entfallen wie sein offizieller Titel, aber wäre dies ein Palast, dann wäre er der Kammerherr gewesen. Vom ersten Augenblick an erschien er mir als einer der liebenswürdigsten und elegantesten Männer, denen ich je begegnet war, mit vollem, weißem Haar und einem Blick, der immer leicht amüsiert wirkte, ganz gleich, ob er auf einen Martini oder einen Kellner fiel. Er war gerade in der Küche damit beschäftigt, die Köche einzuweisen. Die Kellner kamen ins obere Stockwerk, wo sie sich umziehen konnten, in einem kleinen Zimmer am Ende eines Flurs, von dem aus eine Hintertreppe hinunter in die Küche führte. Im Zimmer standen ein schmales Bett mit zerrissenem Bezug und ein Laufband, begraben unter Büchern und Kleiderbügeln aus Draht. Verstaubte Sporttrophäen säumten verstaubte Bücherregale.

«Wessen Zimmer ist denn das?», fragte ich den Captain.

«Mr. Bs», sagte er.

Ich starrte ihn an und wartete darauf, dass er losprustete.

Er sagte: «Ach, Süßer, keine Frage. Sie hat das Geld hier. Kanadischer Holzadel, soweit ich weiß. Ihre Freunde nennen sie ‹Timberrr› – einmal deswegen und dann auch, weil sie so hoch aufgeschossen ist und nach ein paar Gläschen gerne mal hinsegelt, weil sie ja auch nie Schuhe trägt.» Ich musste an Mag Wildwood denken, aus *Frühstück bei Tiffany*. Ich lachte, er lachte, und dann wurde sein Gesicht urplötzlich glatt und ausdruckslos, und wir hörten beide im selben Moment zu lachen auf.

«Wage es ja nicht, auch nur ein Wort über all das zu schreiben», sagte er, «sonst muss ich dich umbringen. Mit meinen eigenen Händen. Ich habe die beiden wirklich sehr gern.»

...

Zu den New Yorker Partys der Buckleys erschien typischerweise eine seltsame Mischung ihrer und seiner Freunde, das
heißt, ich erinnere mich, wie ich der Society-Dame Nan
Kempner und dem konservativen Schriftsteller Taki Theodo-
racopulos ein Tablett mit Jakobsmuscheln im Speckmantel
präsentierte und sie das Tablett angewidert beäugten, als
würden Insekten darauf herumkrabbeln, woraufhin ich zu
den Zeitschriftenmenschen weiterzog, die sich sofort um die
Tabletts scharten und alles aufaßen. Die beiden Gruppen, ihre
schwerreiche Society-Clique und die jungen, von Buckley
protegierten Schriftsteller, wussten recht wenig miteinander
anzufangen und ließen sich meist zu entgegengesetzten Seiten
des Raumes treiben, ohne dass die Atmosphäre je feindselig
gewesen wäre.

Die Schriftsteller verhielten sich mir gegenüber ziemlich
herablassend, aber ich wusste, dass ich mehr verdiente als sie.
Doch darauf kam es hier nicht an. Ich hielt ihnen die Tabletts
hin, und sie aßen sich satt. Die Speisen schienen einer anderen
Zeit entsprungen und wurden beispielsweise in Terrinen ser-
viert, wie ich sie sonst nirgends gesehen habe. Jakobsmuscheln
im Speckmantel. Gravlaxscheiben auf Melba-Toast. Die
Buckleys scherten sich nicht um die neuesten Kochtrends.
Thunfisch, außen kohlschwarz und innen rosa, war auf ihren
Tabletts nicht zu finden. Rosa waren einzig die Roastbeef-
häppchen. Garnelen in Kokoskruste würde es hier nie geben.
Und zum Dessert wurde meist, wenn nicht sogar immer,
Malagaeis gereicht, eine ihrer Lieblingsspeisen. Mir war das
sehr sympathisch.

An meinem ersten Abend, als ich mir keinen Fehler erlauben durfte, passierte es natürlich doch. Ich erinnere mich noch
sehr deutlich, wie ich mir um die Tische im Esszimmer herum

einen Weg durch das Stuhldickicht bahnte. Irgendjemand hielt aus irgendeinem Grund eine Ansprache, während der nächste Gang aufgetragen wurde – wir Kellner mussten mit einem Teller hinein und mit einem anderen wieder hinaus und hatten Ketten gebildet, um sie zügig gegeneinander auszutauschen. Ich servierte von der falschen Seite ab und setzte von der falschen Seite ein, die Gäste schienen nichts zu bemerken, doch als ich aufblickte, bemerkte ich mit Schrecken, dass Mrs. B mich anstarrte, als hätte ich es ganz bewusst getan, nur um ihre Gefühle zu verletzen. Ihre dunklen, dick umrandeten Augen sprühten vor kaum zurückgehaltener Wut.

Ich eilte sofort zum Captain. Er fluchte und sah mich finster an. «Chee...», begann er, aber brach sofort wieder ab. Dann sagte er: «Schon gut. Ich meine, jetzt sitzt du eben in der Tinte ... da gibt's jetzt nur eins, was du tun kannst.»

Wie sich herausstellte, ergab sich die Gelegenheit dazu, dieses eine zu tun, auf der nächsten Party. Um mich zu bewähren, trug ich nicht wie sonst Speisen und Getränke auf, sondern kümmerte mich um *sie*. Wenn sich Mrs. B, wie meist, angeregt mit irgendjemandem unterhielt, befanden sich stets Zigaretten, Feuerzeug, Lippenstift, Brille und Cocktail griffbereit auf einem Beistelltischchen neben ihr. Sie trank Kir royal, aber nur leicht gerötet, nicht zu dunkel. Ihre Schuhe zog sie aus und stellte sie beiseite. Und wenn sie dann aufsprang, weil sie auf der anderen Seite des Raumes jemanden entdeckt hatte, mit dem sie reden wollte, ließ sie alles hinter sich stehen und liegen.

Jemand, der wie ich Mist gebaut hatte, war jetzt verpflichtet, auf der Stelle nach hinten zu verschwinden und umgehend mit einem neuen, nach ihren Vorlieben gemixten Kir royal zu erscheinen. Auf keinen Fall durfte man ihr den bringen, den sie soeben stehen gelassen hatte. Mit der freien Hand schnappte man sich Lippenstift, Brille, Zigaretten und Feuerzeug, bückte sich, um ihre Schuhe aufzuheben, und ging dann dorthin, wo sie inzwischen wieder ins Gespräch vertieft war. Man unterbrach sie nicht, sondern wartete, bis sie einen ansah, und sagte dann: «Mrs. B, Sie haben das hier vergessen», woraufhin sie freudig aufjuchzte, einem alles abnahm, und tatsächlich — wenn der Kir royal die richtige Farbe hatte und man rechtschaffen zerknirscht wirkte, wenn man das alles genau richtig machte, jedes Mal, wenn sie wieder weiterzog, dann hatte man sich bewährt.

Als ich ihr zum ersten Mal die Schuhe reichte, errötete ich ein wenig. Als wäre ich frisch verliebt.

...

Ich hatte die berühmte Kolumne von Mr. B über das Aids-Tattoo nicht gelesen, bevor ich für ihn arbeitete, und auch danach las ich sie nicht. Ich hatte irgendwie das Gefühl, ich sollte auf die Lektüre besser verzichten, denn nachdem mich jener eine Freund gefragt hatte, ob mich jemals der Wunsch überkommen hätte, Buckley ein Messer in den Hals zu rammen, schoss mir die Vorstellung jedes Mal durch den Kopf, wenn ich bei ihnen im Haus war. Ich erinnere mich, wie ich ihm servierte und, während ich den Teller abstellte, auf seinen Hals starrte. Gerade das, woran zu denken ich mir verboten hatte, spukte mir ständig im Kopf herum. Ich kam mir ein bisschen wie der Erzähler in Tschechows *Erzählung eines Unbekannten* vor, der sich als Leibeigener ausgibt, um eine Anstellung im Hause des Sohnes eines verfeindeten Politikers zu finden. Da sein Akt politischer Spionage keinerlei Geheimnisse aufdeckt, verzweifelt der Erzähler bald an seinem Vorhaben, um dann mit der vernachlässigten Geliebten seines Arbeitgebers durchzubrennen.

Das habe ich nicht getan.

Denn so viel William F. dazu beigetragen haben mag, den Status von Menschen mit Aids zu untergraben, so viel tat Pat, wie mir schien, um ihnen zu helfen. 1987 – seine berühmte Kolumne war ein Jahr zuvor erschienen – unterstützte sie öffentlich eine Spendenaktion für das Aids-Pflegeprogramm des St. Vincent's, eines New Yorker Krankenhauses mitten im Epizentrum der Epidemie, bei der 1,9 Millionen Dollar zusammenkamen. Heute unterschätzt man leicht die Bedeutung solcher Gesten zu einer Zeit, als man um Menschen mit Aids einen möglichst großen Bogen machte. Pat war eine von New Yorks wichtigsten Spendensammlerinnen für wohltätige Zwecke, und so groß die Zahl derer gewesen sein mag, deren Leben durch ihren Mann aufs Spiel gesetzt wurde, scheint mir, dass die Zahl derer, die durch ihr Engagement gerettet wurden, womöglich noch größer war. Wenn es je als schick galt, Geld für Menschen mit Aids zu spenden, dann ist dies nicht zuletzt ihrem Einfluss geschuldet. Natürlich lässt sich von außen nichts Definitives über ihre finanziellen Verhältnisse sagen, doch glaube ich kaum, dass Mr. Buckley die Spendentätigkeit Mrs. Buckleys mitgetragen hätte. Will man also wissen, wessen Geld es war, dann hat man hier vielleicht den Beweis. Sie konnte es sich leisten, ihm zuwiderzuhandeln.

Und wenn es einem seltsam vorkommt, dass einer der prominentesten Schwulenfeinde Amerikas mit einer Frau verheiratet war, die von vielen schwulen Männern als Heldin verehrt wurde, wenn es einem seltsam vorkommt, dass der Haushalt, in dem sie mit ihm lebte, zuweilen vor schwulen Männern wimmelte, die ihren Gästen trotz seiner allgemein bekannten Ansichten Speis und Trank servierten, nun ja – es *war* seltsam. Es war eben, wie wir damals sagten, kompliziert. Und doch waren die Zeiten so, dass wir, ihre Kellner, es als eine Art Schutz und zugleich als Zeichen der Zuneigung empfanden, dass sie viele Millionen Dollar für Menschen sammelte, die man einfach ihrem Schicksal überlassen hatte. Das Geld, das sie für Menschen mit Aids sammelte, kam zwar nicht unmittelbar uns zugute, aber wie leicht konnten wir die nächsten sein, die es traf – ein Gedanke, der uns als schwulen Männern in den Neunzigerjahren ständig gegenwärtig war. Und daher, glaube ich, kamen die Witze darüber, wie wir ihn im Affekt umbringen würden. Doch nie, nicht einmal im Scherz hätten wir daran gedacht, ihr auch nur das Geringste anzutun.

...

Ich erinnere mich, dass ich im Fond ihrer Limousine saß, auf dem Weg zu einer Party der Buckleys in ihrem Haus in Connecticut. Wie mir unser Captain mitgeteilt hatte, verwahrte der Fahrer eine Schusswaffe unter dem Sitz. Ein VW Cabriolet fuhr dicht an die Limousine heran und hupte dreimal kurz, um auf sich aufmerksam zu machen. Es war Nan Kempner, die uns mädchenhaft begeistert zuwinkte. Sie trug ein Kopftuch, die Enden unter dem Kinn verknotet, das Cabrio war offen. Das war wenige Jahre vor ihrem Tod.

«Die hält uns bestimmt für *sie*», sagte einer der Kellner.

Das glaubte ich nicht. Ich war mir ziemlich sicher, sie wusste, wir waren bloß die Kellner. Wie hätte sie nicht wissen sollen, dass Mr. und Mrs. B bereits in Connecticut waren? Sie hatte eben Manieren, das war es. Vielleicht irrte ich mich, aber ich fand es immerhin vorstellbar, dass es sie freute, jene Männer zu sehen, deren dargereichte Speisen sie stets so demonstrativ ausschlug.

Die Einladung zu einer der Partys in Connecticut war – für die Gäste wie für die Kellner – das sichere Zeichen dafür, dass man es geschafft hatte. Dort für sie arbeiten zu dürfen, war ein Vertrauensbeweis. Am besten erinnere ich mich an die Rosen, überall und vorbildlich gepflegt. Ich hatte in Brooklyn meinen eigenen kleinen Rosengarten, und gut gepflegte Rosen haben mich immer beeindruckt. Sofort sah ich Mrs. B vor mir, wie sie ihre Rosen versorgte, bevor mir wieder klar wurde, wer sie war, und ich ihr Bild durch das eines Gärtners ersetzte. Ihr Anwesen in Connecticut war ein großes, dabei eher unscheinbares Haus in Stamford, einer Stadt, die infolge der Bandenkriminalität in ihren Vierteln ohne Meerblick zunehmend in Verruf geraten war. Als Nan Kempner zuvor davongeflitzt war, hatte ich mich gefragt, ob sie sich der Gefahr bewusst war, aus ihrem Cabrio heraus entführt zu werden. Vielleicht steckte unter ihrem Sitz ebenfalls eine Schusswaffe.

Diesmal zogen wir uns in einem Dachzimmer um, mit Blick auf den Pool und das übrige Anwesen, bevor wir nach unten eilten, um uns den Bedürfnissen der etwa hundert Gäste zu widmen, die sich auf dem Rasen tummelten. Die Party verlief mit dem üblichen Trubel, und bis zum Abend, als wir nach oben gingen, um wieder in unsere Alltagskleidung zu schlüpfen, geschah nichts Bemerkenswertes. Durch das offene Dachfenster fiel mein Blick auf Mr. Buckley, der mit einem dunkelhaarigen jungen Mann, den man nur von hinten zu sehen bekam, zum Pool lief. Ich zog eine Augenbraue hoch, und einer der Kellner sagte mir: «Das hat hier Tradition. Wenn die eine Party veranstalten, lädt er nach Ende der

Feierlichkeiten immer einen der männlichen Mitarbeiter zum Nacktschwimmen ein.» – «Ist das so», sagte ich.

Wir hörten es plätschern. Mein Kollege grinste. «So ist das. Schließlich haben sie das immer so gemacht, damals in Yale», sagte er. Ich hatte das noch nicht ganz verdaut, als plötzlich Mrs. Buckley hereinkam.

Sie war, wie gesagt, sehr groß und stand jetzt im Türrahmen wie ein riesenhafter Geist. Wir erstarrten. Sie hatte uns in unterschiedlichen Stadien des Umziehens erwischt, meine Hosen hatte ich noch an, aber Hemd und Jackett bereits abgelegt und trug nur noch ein Unterhemd mit V-Ausschnitt. Sie war nie zuvor in das Zimmer gekommen, in dem wir uns umzogen. Ihr Blick senkte sich auf mich, unter halb geschlossenen Lidern. Ich stand nahe der Tür, näher als alle anderen, und die Kollegen starrten uns stumm an, während sie mich lange, lange musterte und dann langsam auf mich zukam, bis sie direkt vor mir stand. «Danke», sagte sie ganz leise und blickte mich dabei an. «Vielen, vielen Dank.» Und während sie das sagte, legte sie ihre langen Finger in mein Brusthaar.

«Ich habe zu danken», sagte ich. Mir wurde klar, dass sie mich wahrscheinlich kaum erkannte. Sie hatte ihre Brille nicht auf, und sie war betrunken.

Mir fiel nicht viel dazu ein, höchstens, dass meine Kirs royals nicht die schlechtesten waren. Ich fragte mich, ob Mrs. B beschlossen hatte, dass es nunmehr an ihr wäre, sich einen männlichen Mitarbeiter zu angeln. Was wollte sie an diesem Abend hier, wo sie sich doch sonst nie bei uns blicken ließ? War diese Party unerträglich gewesen, wo alle anderen erträglich gewesen waren? Was auch immer der Grund ihrer Anwesenheit war, wir waren alle schockiert, sie hier oben zu sehen.

In ihrem Gesicht lag etwas schrecklich Einsames und Trauriges, und dann war es weg, und sie schien wieder zu sich zu kommen. «Danke – ich danke Ihnen allen», sagte sie, drehte sich um und verließ das Dachzimmer.

Wir zogen uns fertig um und fuhren mit dem Auto zurück nach New York, bevor die Schwimmer zurück waren.

···

Wenn ich in den darauffolgenden Tagen an jenen Abend zurückdachte, konnte ich es kaum fassen. Und auch nach Monaten und Jahren konnte ich es nicht fassen. Ich wusste, natürlich, wenn ich je darüber schreiben sollte, würde mir mein Captain den Hals umdrehen oder Schlimmeres mit mir anstellen, und was noch wichtiger war: Meinen Job wäre ich natürlich los. Und wozu? Kellner wie Escorts wissen, dass die kleinste Indiskretion das Ende ihrer Karriere bedeutet. Geheimnisse gibt man nur preis, wenn es kein Zurück geben soll. Ich wusste damals sehr wohl, dass ich mir eine Existenz aufgebaut hatte, wie sie vielleicht typisch für New York ist: Ich hatte mir eine Nische geschaffen, die meinen Lebensunterhalt sicherte, in einer Stadt, in der einen Job zu finden und ihn zu behalten immer schon Extremsport war. Zudem unterstützte ich mit dem verdienten Geld meine jüngere Schwester, die zu jener Zeit noch das College besuchte. Mit anderen Worten: Ich durfte es nicht riskieren, als Kellner, der ausgepackt hatte, traurige Prominenz zu erlangen und von allen New Yorker Verlagen auf die schwarze Liste gesetzt zu werden. Sie waren *monstres sacrés*, und ich war es nicht. In meinem Leben bliebe nichts wie zuvor, an ihrem würde es abperlen – es würde keinen Helden aus mir machen, nur ein abschreckendes Beispiel, das rasch abgetan wäre. Und so wurde stattdessen eine Geschichte daraus, die ich anderen erzählte, eine, der sie ungläubig lauschten und an deren Ende wir alle lachten, als wäre das alles nichts als ein großer Spaß.

Inzwischen, nach all den Jahren, kommt diese Geschichte auch mir wie eine Art Pointe vor, der Kulminationspunkt meines Lebens als Bankettkellner. Als hätte ich nach dieser Nacht nie wieder gekellnert, obwohl ich weiß, dass dem nicht so war. Zum Beispiel bin ich mir sicher, dass ich mindestens noch einmal bei den Buckleys war, in New York. Doch so wie die Dinge lagen, konnte es einen echten Abschied nicht geben. Ich konnte nicht absehen, wann genau ich den Job aufgeben würde, und ihnen eine Nachricht zu hinterlassen – «Vielen Dank für die Zeit, die ich in Ihren Diensten verbringen durfte» –, das wäre mir, angesichts unseres doch eher unpersönlichen Arbeitsverhältnisses, unpassend erschienen. Nachdem der Roman, an dem ich die ganze Zeit über gearbeitet hatte, fertiggestellt und verkauft war, beendete ich meine Karriere als Kellner und ging dazu über, meinen Lebensunterhalt mit einer Mischung aus Stipendien, Verlagsvorschüssen und Schreibunterricht zu bestreiten. Ich erinnere mich, wie ich nach Veröffentlichung eben jenes Romans zu einer Party in Chelsea kam, als Gast, und plötzlich mein Captain vor mir stand, ein Tablett auf dem Arm. Er lächelte mich an, wir redeten ein paar Takte, er gratulierte mir. Ohne dass es erwähnt werden musste, verstand sich, dass ich weiterhin verpflichtet war, nie über diese Zeit und diesen Ort zu schreiben.

Und jetzt ist Patricia Buckley tot, und William F. Buckley ist tot und die Maisonettewohnung verkauft, von ihrem wunderschönen Sohn. Sogar das Krankenhaus St. Vincent's ist verschwunden. Das Gebäude wird nach und nach in eine Kolonie von Luxuswohnungen umgewandelt.

Als mir klar wurde, dass ich nicht zu meinem Job als Kellner zurückkehren würde – dass es kein Zurück für mich gab –, fand und las ich schließlich doch die berühmte Kolumne. Und als ich das, was er geschrieben hatte, ausgerechnet in der *New York Times Book Review*, dann vor mir liegen sah, jenes Plädoyer dafür, Menschen mit Aids aus Gründen der öffentlichen Sicherheit tätowieren zu lassen, schossen mir ganz unterschiedliche Gedanken durch den Kopf. Ich war überrascht, als ich las, dass er nicht ein Tattoo, sondern gleich zwei forderte: eines am Unterarm und eines am Gesäß. Ich fragte mich, ob er gewusst hatte, dass diese Kolumne in seinem Nachruf erwähnt werden würde, in einem Atemzug mit den Namen seiner Frau, seines Sohnes und seines Geburtsorts – dass sie letztendlich *ihn* tätowieren würde. Und ich konnte nicht anders, als ihn mir vorzustellen, wie er in diesem Pool in Connecticut mit dem jungen Mitarbeiter ins Wasser eintauchte, die leuchtenden Wände, ihre nackten Körper strahlend hell, genau wie in Yale, und wie er sich, vielleicht, wünschte, es fände sich an dem Jungen irgendeine Markierung, eine möglichst gut sichtbare.

100 DINGE ÜBER DAS
SCHREIBEN EINES ROMANS

1. Manchmal braucht man Musik.

2. Manchmal Stille.

3. Wie alles Geschriebene sind Romane voller Musik, die Sprache will, dass du beim Lesen Laute von dir gibst. Beim Schreiben ist es dann, als wolltest du dich an ein nie gehörtes Lied erinnern.

4. Ich habe sie in der U-Bahn geschrieben und Haltestellen verpasst, wie es anderen beim Lesen passiert.

5. Manchmal beginnen sie mit den Implikationen einer Situation. Eine Person wie diese, an einem Ort wie diesem, eine Zahl, eingesetzt ins Herz einer Gleichung, und neue Werte, überall.

6. Person und Situation erscheinen meist zugleich. Ich stehe irgendwo und sehe sie kommen, sich aufeinander zubewegen und dabei verändern.

7. Alice, die dort, hinter den Spiegeln, auf der anderen Seite, ein Alex ist.

8. Oder als hättest du imaginäre Freunde, eine lange Schlange einmal um den Block. Die geschriebenen Seiten sind wie Fingerabdrücke, die du ihnen abnimmst, um andere von ihrer Existenz zu überzeugen.

9. Einen Roman zu lesen heißt dann, einen solchen Finger-

abdruck gezeigt zu bekommen und mit wundersamer Sicherheit ihr Gesicht und ihren Gang zu erraten, dass sie sich einmal in den Falschen verliebt hat oder mit bösen Folgen usw.

10. Der Roman ist die genaueste Entsprechung, die der Schriftsteller zu dem finden kann, was sich ihm in den Zimmern und Zügen und Himmeln und Sommernächten und Partys beim Schreiben des Romans zeigte, in den Momenten, die er mit seinem riesigen imaginären Freund verbrachte, bevor er dann zu den anderen, d.h. ins Leben des Schriftstellers, zurückkehrte.

11. Oder du bist auf einer Party und hörst jemand draußen vor dem Fenster deinen Namen rufen, und als du hinaustrittst, schwebt da ein Drache in der stürmischen Nachtluft und grinst dich an. Woher kennst du meinen Namen?, fragst du ihn, obwohl du längst weißt, dass er dir gehört.

12. Du schreibst den Roman, weil du ihn schreiben musst. Du schreibst, weil es einfacher ist, ihn zu schreiben, als ihn nicht zu schreiben. Du kannst keinen Roman schreiben, den du nicht schreiben musst.

13. Man wird die Familie des Romanautors meist nicht davon überzeugen können, dass das Schreiben von Romanen «echte» Arbeit ist, selbst wenn man schon viele Romane veröffentlicht hat.

14. Man sagt, dass Familien versuchen sollten, ihre Schriftsteller nicht zu bestrafen. Und dass ich das gesagt hätte.

15. Die Familienangehörigen des Romanautors fürchten oft, in seinem Roman vorzukommen, doch das ist ein Roman, den sie selber schreiben und auf seinen projizieren.

16. Im Zusammenleben mit Romanautoren solltest du, wie ich gehört habe, stets so tun, als wären sie mit etwas ganz anderem beschäftigt, das sich wie von selbst macht und das dich nicht zu kümmern braucht. Etwaige Bitten um Mithilfe solltest du mit größtmöglicher Begeisterung aufnehmen.

17. Ungebetene Versuche, etwas über den Inhalt des Romans zu erfahren, werden auf erbittertem Widerstand stoßen.

18. Wenn ich die Frage *Worum geht es denn in deinem Roman?* oder *Was macht denn dein Roman?* nicht beantworte, dann weil sich das Bild eines Romans wandelt wie das eines Menschen, je besser ich ihn kennenlerne.

19. Du suchst nach einer verlässlichen Antwort, ich ebenso. Aber meine Antwort wird irgendwann das ganze Buch sein, und davon will ich nichts preisgeben.

20. Wenn ich verschlossen wirke, dann weil ich kein Lügner sein und nicht aufgrund eines handwerklichen Zufalls für einen gehalten werden möchte. Und auch, weil es mich den Roman kosten könnte, wenn ich dir davon erzähle und du enttäuscht bist.

21. Solange an ihnen geschrieben wird, sind Romane zerbrechliche und zugleich gefräßige Wesen. Sie geistern durch die Wohnung, entreißen halb fertigen Gedichten ganze Zeilen, plündern unvollendete Essays, Tagebücher, Briefe und fallen manchmal sogar übereinander her. Dann ist es manchmal zu spät, um zu verhindern, dass sie riesige Brocken aus dem anderen herausbeißen.

22. Gedichte sind dann meist nicht mehr zu retten, oder jedenfalls noch nicht.

23. Den Roman zu bestrafen, ist ebenfalls nicht ratsam, denn Hunger hat seine eigene Intelligenz, der man ver-

trauen sollte. Für einen Roman ist es sehr gefährlich, sich in der Nähe eines anderen aufzuhalten, in den Jahren, in denen sie beide geschrieben werden, doch das wissen sie selbst.

24. Das Überarbeiten eines neuen Entwurfs ist wie Wäschewaschen, das sich in Weihnachten verwandelt.

25. Der erste Entwurf ist ein Gerüst, das man abreißt, um zu sehen, was dahinter emporwächst.

26. Der erste Entwurf ist ein Kokon unhaltbarer Vermutungen.

27. Werdende Romane haben viele Gesichter, wie ein Schauspieler, der sämtliche Rollen eines Films übernimmt. Der Roman als Gefängniswärter, zum Beispiel – in einem dunklen Raum ohne Antwort auf deine Fragen, und tagelang, monatelang, jahrelang hört niemand dein Flehen, verhallen deine Wünsche nach Besuch oder Freiheit ungehört. Und obendrauf die Zwangsarbeit.

28. Oder der Roman als Lebemann. Die Limousine hält vor deiner Tür, voller Partygäste, die sich an der gut gefüllten Bar bedienen. Dein Liebhaber, den du bis dahin gar nicht kanntest, macht dir Vorwürfe, weil du dich so selten meldest, die Arme verschränkt, das hübsche Gesicht hochrot.

29. Oder der Roman als Gesetzloser, der mitten in der Nacht durchs offene Fenster steigt. Nicht ganz ein Traum, bringt er dir eine Bestellung, von dir selbst geschrieben, die Unterschrift unverkennbar deine. Die Adresse der Fabrik ist deine eigene.

30. Während die Arbeit vorangeht, liegt die Fabrik nicht weit von den Straßen, die zu den Gefängnissen führen, und man sieht die Lebemänner ein- und ausgehen.

Manchmal ist klar, dass Gefangene und Partygäste einfach ihre Plätze tauschen (alle Partygäste passen in eine
Zelle). Manchmal nicht.

31. Der Gesetzlose lehnt sich aus dem Fenster, beobachtet
     alles und errät bald, dass Limousine und Gefängnis ein
     und dasselbe sind.

32. Oder der Roman als Liebhaber. Voller Ungeduld. Du
     sollst alles erfahren, und er wird nicht eher aufhören, bis
     er dir alles erzählt hat. Fabrik, Zelle, Limousine, ganz
     gleich wo du bist und wer gerade bei dir ist: Er spricht
     immer weiter, seine Geschichte ist nicht endlos, aber zu
     lang, als dass sie der Schriftsteller ganz in sich aufnehmen
     könnte, sie muss also aufgeschrieben werden und wird so
     geboren.

33. Und so entdeckst du vielleicht, dass der Roman ein ein-
     ziger langer Gedanke ist, der erst dann als Ganzes in
     deinen Kopf passt, wenn du ihn aufgeschrieben hast.

34. Deine Hüte passen dir noch. Aber in dir drin ist mehr
     Platz.

35. Denk dir einen Traum, außen wirbelnde Stürme und
     innen die Oberfläche deiner Tage, wie du sie manchmal
     vorgefunden hast. Der Roman als der einzige Pfad, auf
     dem andere zum Eingang dieser Tage gelangen kön-
     nen.

36. Ein Fremder auf der Straße, er läuft auf dich zu, packt
     dich am Kragen, er hat Pässe, Geld und zieht dich im
     Laufschritt mit. Ihr müsst sofort weg und verliebt euch
     auf der Stelle.

37. Der Roman kommt vom Herzen und nicht vom Ver-
     stand, deswegen passt er nicht in deinen Kopf. Und tat-
     sächlich, wann immer du ihn singen hörst, scheint seine

Stimme von irgendwo knapp außerhalb deines Sichtfelds zu kommen.

38. Beim Schreiben wird dein Herz den Roman vielleicht für einen Befreier halten. Weil dich die Geschichte fesselt, wirst du ihm diesen Glauben diesmal nicht nehmen können. Und das ist auch der Grund, warum du Romane mehr liebst, als dir beim Lesen bewusst ist.

39. Du bist verliebt in das noch nicht erreichte Ende – du sehnst dich nach ihm, und manchmal kennst du es von Anfang an, der Roman ein einziger langer Pfad, der den Wald durchschneidet und dich bis vor die Tür führt, hinter der das Ende liegt.

40. Bald braucht sich das Herz nicht länger zu verstellen. Die ganze Zeit hat es dem Roman vorgemacht, es würde ihn vorausgehen lassen.

41. Es hat mit dem Roman sein Spiel getrieben, wie ein Date, das mit Frühlingsgefühlen beginnt und mit Erinnerungen an den anderen endet, an den, den du verloren hast oder der dich verloren hat und von dem du irrtümlicherweise glaubtest, er wäre für immer aus deinem Herzen verschwunden, und der nun in einer Maske wiederkehrt, der Maske des Fremden, den du nachts auf der Straße gegen eine Hauswand drängst, um ihn zu küssen.

42. Natürlich ist ein Roman auch eine Maske.

43. Nicht für den Autor. Nicht für den Leser. Sondern für etwas, was der Autor aus dem hinteren Teil des Zeltes hervorzieht wie einen Löwen an der Kette.

44. Schau nicht auf das zerfetzte Hemd des Autors, die Striemen an Armen und Beinen. Versuch nicht, sie zu entziffern. Im richtigen Licht wirst du sie erst sehen, wenn du schon die Kette in den Händen hältst und

bereit bist, loszulassen. Dann wirst du dich erinnern. Die Schnitte werden dir einen anderen Roman einschreiben, der dir erzählt, was der Autor durchgemacht hat. Du wirst ihn nicht aufschreiben, und er wird dich im Windschatten deines nächsten Gedankens verlassen.

45. Es sei denn, versteht sich, du bist ebenfalls Autor, dann wird vielleicht dein nächster Roman daraus. Beim Erwachen findest du dich im hinteren Teil des Zeltes wieder.

46. Ich stelle sie mir gern als Besucher von einem anderen Planeten vor, die Sätze wie die Schaltkreise einer ungeheuren, wunderschönen Maschine, durch die sich jenes außerirdische Wesen mitteilt. Ein Wesen aus purer Bedeutung.

47. Oder als entfernten Verwandten, den ich nie zuvor gesehen habe, aus einem anderen Land, zwischen uns eine unüberwindliche Sprachbarriere. Wir versuchen es mit Scharaden. Er probiert die Kleider und Perücken an, die ich ihm reiche, hüpft auf einem Bein, ahmt seltsame Tierlaute nach, und bald bin ich es, der sich die Perücke aufsetzt. Ich hüpfe und hüpfe und hüpfe.

48. Mit der anderen Hand mache ich mir Notizen.

49. Einen Roman trägt doch jeder in sich, sagen die Leute und lächeln dabei, als wäre der Roman gerade deshalb etwas so Besonderes, weil jeder mindestens einen davon hat. Stell dir ein Fließband vor, das die Seelen der Neugeborenen vom Himmel herabträgt, und daneben reihenweise übermüdete Engel, die kurz stehen bleiben, um ihnen jeweils ein Taschenbuch in die unschuldigen, wortlosen Herzen zu stecken.

50. Wenn er so etwas ist wie eine Seele, dann eine, die man

mit anderen teilt, wie die Seele der Gnosis, eine entäußerte, mit eigener Gebärmutter.

51. Und was, wenn du selbst den Roman, den du in dir trägst, nie lesen würdest? Ein Roman für den Strandurlaub, ein Blockbuster, eine weitschweifige, geschwätzige Seifenoper mit psychologischem Tiefsinn und tragischem Ende? Was, wenn der Roman, den du in dir trägst, das Gegenteil von dem ist, wofür du dich hältst?

52. Der Autor als Zirkusattraktion mit überzähligen Gliedmaßen, ein Pferd mit acht Beinen, drei Gesichtern oder zwei Köpfen.

53. Jetzt sind wir wieder in einem Zelt, nur in einem ganz anderen, einem Zirkuszelt.

54. Offenbar sind wir das dressierte Tier, das seine Kunststücke vollführt, um einem Wesen mit Peitsche zu gefallen.

55. Wir knien in den Sägespänen, jonglieren mit Tellern und hoffen, dass die Menge uns zujubeln wird, obwohl wir sie im blendenden Scheinwerferlicht kaum ausmachen können.

56. Dabei müssen wir ständig daran denken, dass man uns in manchen Kulturen als Götter verehren würde. In anderen hinrichten.

57. Dazu kommt es natürlich fast nie.

58. Und dann manchmal doch.

59. Der Roman, der dein Todesurteil sein kann, zeigt das sorgfältig verborgene Innenleben dessen, der droht, dich umzubringen, weil du ihn geschrieben hast.

60. Du wusstest nicht, dass es das war, was dein Bild zeigen würde, du wolltest bloß die Landschaft fotografieren. Du hieltest dich für einen unbeteiligten Zuschauer, du

sahst etwas, von dem du glaubtest, es auf diese Weise sagen zu sollen. Etwas in einer Ecke des Fotos, das kaum zu erkennen ist, jedenfalls nicht auf den ersten Blick.

61. Bei genauerem Hinsehen entdeckst du eine Karte, die ein Fremder hinterlassen hat, er sagt dir: Hier geht's zum Schatz, und dann ist hier der Weg nach d –

62. Das fehlende Stück hält sich irgendwo versteckt, ruft jedoch nach dir und beschreibt dir sein Aussehen, von irgendwo hinter den Mauern deiner Tage.

63. Wäre es schön oder niederschmetternd, diesen einen Roman zu schreiben, wenn es dein einziger wäre? Und was dann, wenn sich herausstellt, es war wirklich der einzige?

64. Vielleicht sind die Engel manchmal so erschöpft, dass ihren Fingern nicht nur ein Roman entgleitet, sondern fünf, zwölf, einhundert, eintausend. Eine ganze Bibliothek für eine Seele.

65. Sie werden sich die Romane nie zurückholen, doch nach ihrem Erscheinen werden die müden Engel unsichtbar und leise lächelnd durch die Buchhandlung wandeln und sich erinnern.

66. Sich daran erinnern, dass eigentlich keiner nur diesen einen in sich trägt.

67. Der Roman und Gott werden ständig für tot erklärt. Vielleicht ist es beiden inzwischen ganz gleich, vorausgesetzt natürlich, sie existieren überhaupt.

68. Nimm fürs Erste an, sie würden zusammen in der Küche des Lebens herumsitzen und sich Witze erzählen, um herauszufinden, wie gekränkt der andere wirklich ist.

69. Gott ist sich sicher, dass ihm ein Comeback bevorsteht, der Roman ebenfalls. Beide sind sie eifersüchtig, wollen es einander aber nicht sagen, nicht ins Gesicht.

70. Der Roman wird am Flughafen in Münzautomaten verkauft. Gott weist darauf hin, dass es keine Münzautomaten für Gott gibt.

71. Bist du dir da sicher?, fragt der Roman. Und fügt hinzu: Irgendwie glaube ich, du könntest das ändern.

72. Erzähl mir mehr, sagt Gott. Das ist etwas, was der Roman tatsächlich kann.

73. Manchmal ist er das sinkende Schiff, und du, du bist der Kapitän und rennst auf dem Deck herum, weil du jetzt doch nicht mehr mit ihm untergehen willst, sondern es retten und trotz allem das Festland erreichen.

74. Das Schiff, tief bewegt, reißt sich aus seiner morbiden Faszination für die Tiefe.

75. Man vergisst leicht, dass ein Schiff oder ein Kapitän manchmal nur durch einen Schiffbruch gerettet werden können. Zuweilen fällt es einem von den beiden ein, bei Berührung mit dem Felsen.

76. Man denke an Nemo in seinem U-Boot, wie die versunkenen Schätze aller gescheiterten Seereisen aller Zeiten an ihm vorbeiziehen. So könnte eine Bibliothek unvollendeter Romane aussehen.

77. Oder wie eine Gürtelschnalle, die von einem der Inselbewohner getragen wird, der sie auf den Klippen aufgelesen hat, und die Jahre später dem Freund des ehemaligen Besitzers auffällt, bei seiner Ankunft auf der Insel. Wo haben Sie das her?, fragt der Entdeckungsreisende und bittet schließlich darum, zum Wrack geführt zu werden.

78. Er ist wie die Sprache, die der Entdecker erlernen muss, um die Frage überhaupt stellen zu können.

79. Was willst du von mir?, fragt der Roman.

80. Was willst du von mir?, sagt dir der Roman.

81. Alles hier drin dreht sich nur um dich, sagt der Roman.

82. Das wirkt wie ein Trick, um dich zum Weiterlesen oder -schreiben zu bewegen, eine Lüge, die zugleich wahr ist. Und das ist noch etwas, was ein Roman ist.

83. Im Roman laufen die Wahrheiten oft herum wie Kinder, die sich mit einem Bettlaken als Gespenster verkleidet haben. Ansonsten würden wir sie nicht beachten. Jetzt nicht, würden wir ihnen sagen, wenn sie ohne Bettlaken zu uns kämen.

84. Geht auf euer Zimmer, würden wir sagen, und wartet dort auf mich. Und dann schluchzen wir, wenn wir dort ankommen und feststellen müssen, dass sie fort sind.

85. Romane lassen sich, wenn überhaupt, kaum etwas sagen. Sie sind keine Soldaten, normalerweise, und keine Kellner. Sie eignen sich nicht für Arbeiten im Haushalt und weigern sich, das Silber zu putzen.

86. Romane warten nicht. Als Chauffeure sind sie ungeeignet.

87. Romane können gut mit Kindern, gelten aber nicht als verlässliche Erzieher der Jugend. Und dennoch sind wir, sobald wir krabbeln können, zur Stelle und reißen sie aus den Regalen.

88. Cheever sagt irgendwo, der Roman müsse die Direktheit und Prägnanz eines Briefes haben. Von wem und an wen?, frage ich mich und fühle zugleich, dass er recht hat. Ich möchte einen Einwand vorbringen — er ist kein Brief vom Autor an den Leser — und breche sofort ab. Er ist kein Brief, nur wie ein Brief. Genau die Art Frage — an wen, von wem? — die, wenn man ihr nachginge, zu einem Roman führen könnte.

89. Für die meisten beginnt ein Roman mit einem Unfall. Die Straßen der Vorstellungskraft sind gesäumt mit Schriftstellern, die alle darauf hoffen, sich in irgendetwas zu verfangen und mitgeschleift zu werden, in weite Ferne. Am Ziel angelangt, kriechen wir unter dem Wagen hervor und schleichen uns mit unserer Beute davon.

90. Denn absichtlich begonnene Romane sind oft schrecklich, gesegnet mit den schlimmsten Untugenden einer Notlüge oder Wahlkampfrede. Der Schriftsteller als Politiker.

91. Nach dem erfolgreichen Unfall erwachst du in deinem Zimmer. In deiner Hand liegt etwas.

92. Es ist ein Brief. Oder wie ein Brief.

93. Neben deinem Bett sitzt du, derjenige, der den Roman schreibt, verkleidet, lustiger Hut und alles, und möchtest dich verstehen. Starr nicht auf den lächerlichen Schnurrbart. Hör lieber zu. Schreib das Gesagte heimlich mit, gegen den Handteller gepresst. In seiner aufwendigen Verkleidung mimt er die Antworten.

94. Der Roman ist also ein Brief vom Roman an den Leser, der dem Schriftsteller vom Schriftsteller diktiert wird.

95. Aber worum geht es denn?, fragst du vielleicht, und da zuckt der Roman zusammen.

96. Ich hole mir nur kurz was zu trinken, bin gleich wieder da, sagt der Roman. Soll ich dir was mitbringen?

97. Tage später kehrt der Roman zurück. Ich war nicht bei einem anderen, sagt der Roman. Es gibt nur dich, fügt der Roman hinzu, und tatsächlich fürchtet der Schriftsteller, er könne sich mit anderen eingelassen haben. Er stellt sich Blätter vor, verstreut über andere Schreibtische in der ganzen Nachbarschaft.

98. Es gibt nur dich, wiederholt der Roman.

99. Du stehst draußen auf der Straße, vor dem Fenster des Romans, und schreist gegen den Wind an. Bitte, sagst du schließlich, endlich ruhiger geworden, ratlos, wie es jetzt weitergehen soll.

100. Der Roman steht bereits vor der Tür. Wartet, aber nur kurz. Ist wieder der Liebhaber, wieder ungeduldig. Will wieder, dass du alles erfährst.

ROSENKRANZ UND ROSENGARTEN

I

Im Dezember 1995 besichtige ich eine Wohnung in Brooklyn, für die sich die Maklerin entschuldigt, kaum dass sie die Tür geöffnet hat.

«Sie ist sehr klein», sagt sie und schaut dabei weg, als empfände sie den Anblick eines derart kleinen Domizils als Zumutung. Wir kommen in eine große Einzimmerwohnung mit hohen Decken, die Dielen sind auf Hochglanz poliert. Hinten schaut man durch eine gläserne Schiebetür auf eine schmale Holzterrasse, über die man in den Hinterhof gelangt, eine matschige Parzelle, die mindestens so groß ist wie die Wohnung selbst und von einem Pfad aus Steinplatten in zwei Hälften geteilt wird. Links und rechts stehen zwei Meter hohe Palisadenzäune, ein Maschendrahtzaun schließt die Rückseite ab.

Ich reagiere nicht gleich auf die Maklerin, denn als ich die Wohnung betrete und die Sonne das rückwärtige Fenster mit Licht erfüllt, ist mir, als hätte ich Visionen, ich sehe Rosen, die in der Luft hin und her geworfen werden wie bei einer Parade, rosa, orange, rot, weiß, leuchtend hell im Sonnenschein. Sie erscheinen und sind wieder verschwunden, noch bevor ich richtig in der Wohnung angekommen bin, als wäre ein bunt bemalter Vorhang weggezogen worden. Als ob ein Garten, mit allem Drum und Dran, ein Gespenst sein könnte, oder eine Vorahnung, oder beides.

Ich folge der Maklerin in den Hof und wieder zurück in die Wohnung, während sie die Vorzüge der Wohnung aufzählt, eine nicht sehr lange Liste: die günstige Miete. Der Garten. Das war's dann auch fast. Während sie noch spricht, kommt mir das alles, der überfrorene Matsch, das tote Gras und der Schnee, wie eine Lüge vor, nach der seltsamen Vision, die ich soeben hatte. Durch drei Zahnlücken im Holzzaun kann ich erkennen, dass der Garten nebenan schuttübersät ist. Auf einem Brett, das jemand in der Sonne vergessen hat, säugt eine schwarz-weiße Katze ihre schwarz-weißen Jungen.

Die Miete ist so günstig. Ich frage, wieso.

«Die Mieter haben oft gewechselt, und die Miete ist zu stark gestiegen, weit über Marktwert, deshalb enthält der Mietvertrag eine Zusatzklausel, ein Rabatt von 500 Dollar», antwortet sie. Das klingt gelogen. Sie sagt nichts weiter, und die Stille ist die eines Horrorfilms, eine Stille, die den Zuschauern verrät, dass es sich hier, wie ich bald herausfinden werde, um den Schauplatz namenloser, entsetzlicher Morde handelt.

Als mich die Maklerin zur Wohnungstür führt, folge ich ihr nur ungern. Ich fühle mich bereits wie zu Hause.

Ich lasse mir von ihr eine zweite Wohnung zeigen, aus der vagen Vorstellung heraus, dass es dann weniger seltsam wirkt, wenn ich mich für die erste entscheide, bin aber die ganze Zeit angespannt, weil ich befürchte, jemand anderes könnte mir die erste wegschnappen. Die zweite Wohnung ist etwas größer, etwas teurer, liegt im zweiten Stock und hat vier Zimmer. Sie kommt mir öd und leer vor. «Hier ist einfach zu viel Platz», sage ich, und sie hebt eine Augenbraue.

«Sind Sie sich auch sicher?», fragt sie, während ich das Bewerbungsformular für die Gartenwohnung ausfülle. «Ja», sage ich ungeduldig, ich kann es kaum erwarten, hier einzuziehen und den ersten Spatenstich zu machen.

...

Zuvor hätte mir niemand Talent fürs Gärtnern zugetraut, mich selbst eingeschlossen. Als Kind hatte ich meiner Mutter im Garten geholfen; ich kann mich aber kaum noch daran erinnern, außer dass wir zu Hause in Maine ihre Rosen immer in Kiefernnadeln und Styroporkegel einbetteten, um sie winterfest zu machen. Als ich einmal einen Tunnel durch den Schnee schaufelte, durchstieß ich mit dem Spaten eine darunter begrabene Rose und starrte in das Dunkel, in dem sie schlummerte, voller Angst, ich könnte sie umgebracht haben. Ich fühlte mich so schrecklich, dass ich ihr nicht erzählen konnte, was ich getan hatte, und das Loch unter Schnee versteckte. Als der Frühling kam, vermied ich herauszufinden, ob sie überlebt hatte.

Das einzige Indiz dafür, dass mir eine Zukunft als Gärtner bevorstand, waren die vielen Stunden, die ich allein im Wald verbrachte, was mir in der Nachbarschaft den Spitznamen Naturbursche eintrug. Ich suchte den Wald nach wilden Orchideen ab, Frauenschuhen, die ich dann aufsuchte und mich zu ihnen setzte, voller Ehrfurcht vor ihrer Schönheit und ihrem Status als seltener und gefährdeter Art. Ich pflückte Sträuße mit Schwarzäugigen Rudbeckien, Flieder, Möhrenblüten und allem, was ich sonst noch finden konnte, um sie meiner Mutter mitzubringen. Aber ich gärtnerte nicht selbst, und als ich meiner Schwester von meinem Plan erzählte, sagte sie vermutlich deswegen: «Und ich hätte gedacht, alles, was du anpflanzt, krepiert.»

In meiner Familie gelte ich nicht gerade als der geduldige Typ. Ich war der, der immer herumschrie und mit Türen knallte, mit dem es immer Streit gab. Und man kannte mich als den, der es nie länger als ein Jahr – oder sechs Monate – am selben Ort aushielt.

Meine einzige Erklärung ist, dass es ein Geschenk der Wohnung war, die ansonsten wenig von einem mystischen, magischen Ort hatte. Eine ganz normale, eher trostlose Wohnung, die in den Achtzigern renoviert worden war und dann noch einmal, kurz bevor ich einzog. Ein nichtssagender weißer Kasten mit einer kleinen Küche und einem kleinen Bad, der heruntergesetzten Miete, die gläserne Hintertür war gleichzeitig das einzige Fenster, sodass Durchzug nur bei geöffneter Wohnungstür möglich war. Und wenn kein Geschenk der Wohnung, dann eins des Gartens, das er mir jedes Mal machte, wenn ich durchs Fenster in den Raum hineinblickte, den er ausfüllen sollte. Mit dem er mich beschenkte, noch bevor es ihn gab.

...

In den ersten Tagen nach meinem Einzug lese ich Bücher über Gartengestaltung. Alle stimmen darin überein, dass ein richtiger Garten so geplant werden muss, dass man zu jeder Jahreszeit etwas von ihm hat, auch im Winter. Im Frühling sollten Frühblüher die Augen erfrischen, nach dem langen, farblosen Winter; im Sommer sollte der Garten ein Zirkus satter Farben sein; im Herbst eine reiche Ernte dunkler Farben; und im Winter ein Schemen, der sich unter der Schneedecke abzeichnet, dazu ein paar immergrüne Pflanzen und vielleicht das Mahagonirot eines Rosenzweigs. Viele Gärtner versuchen, die Farben, Bodentypen und Lichtverhältnisse aufeinander abzustimmen, andere beziehen, wie ein Parfümeur, auch die Duftnoten in ihre Komposition mit ein. In einem der Bücher erfährt man, wie man Blumenzwiebeln schichtweise in unterschiedlichen Tiefen einpflanzt, damit Krokusse von Tulpen abgelöst werden und dann Lilien, Schwertlilien, Indisches Blumenrohr usw. folgen, bis im Herbst der letzte Schwung Lilien hervorbricht — das Beet ein Patronengurt voller Blumenzwiebeln. Manche sind anspruchsvoll und werden angepflanzt, weil sie nur nachts ihre Schönheit zeigen, mit weiß leuchtenden Blättern, Nachtblüten und Düften, die sich erst abends verströmen. Zu viele Pflanzen von einer Sorte, warnen die Bücher, und der Garten wirkt außerhalb ihrer Blütezeit langweilig und zieht Schädlinge in großer Zahl an — als wäre es Langeweile, was Schädlinge so unwiderstehlich anlockt.

Ich beginne mit einem eigenen Entwurf, mache Skizzen des Gartens, und sofort setzt sich meine ursprüngliche Idee durch — Rosen überall. Kein sorgfältig durchgeplanter Garten, den ich nicht will.

«Ich pflanze einen Rosengarten», sage ich versuchsweise zu einem Freund kurz nach meinem Einzug, in einer Bar, die ich zu meiner Stammkneipe auserkoren habe. Es ist Januar, dunkel und kalt.

«Hast du denn genug Sonne?», fragt er mich.

«Ja», lüge ich, unsicher.

Am nächsten Tag habe ich frei. Ich bleibe den ganzen Tag

zu Hause und schaue der Sonne dabei zu, wie sie über den Boden streicht. In einem der Bücher wird empfohlen, man solle sich ein Gartentagebuch anlegen, in dem man die Sonnenzeiten, den Regen, Anfang und Ende der Jahreszeiten aufzeichnet.

Die ersten Sonnenstrahlen erreichen meine Fenster um sieben Uhr dreißig und gegen acht Uhr den Boden ganz hinten im Hof. Um vier Uhr nachmittags verlässt die Sonne den letzten Flecken Erde. Es ist Januar, also wird es im Sommer mehr sein. Alle Rosen, so eines der Handbücher, brauchen gute sechs Stunden Sonnenlicht. Ich habe mehr als genug.

Am nächsten Morgen schlage ich mein Notizbuch auf, um die Aufzeichnung der Sonnenscheindauer fortzusetzen. Und so beginnt dieser Essay, damals an jenem Tag.

…

Tag für Tag erwache ich in meiner neuen Wohnung, inmitten von zugeklebten, ungeöffneten Kartons und meinen paar Möbelstücken: ein kleiner Tisch, der mir als Schreibtisch dient, ein Stuhl und ein Futon. Ich packe ein paar Bücher aus und stapele sie an der Wand, lese mich fest, blättere andere durch. Ich genieße die Stille. In den Monaten zuvor habe ich gearbeitet wie ein Tier, zusätzliche Jobs angenommen, um das Geld für den Umzug zusammenzukriegen, und es ist, als hätte der Dauerstress meine Konversationsreserven erschöpft. Ich habe mir noch keinen neuen Telefonanschluss besorgt, weil ich nichts zu sagen wüsste, wenn es klingeln und ich rangehen würde. Ich telefoniere nur, wenn es unbedingt sein muss, von einer Telefonzelle aus. Als sich die Polizei für mich zu interessieren beginnt, weil man mich aufgrund dieses Verhaltens für einen Drogendealer hält, lasse ich mir eine Leitung legen, aber es fühlt sich an wie ein Zugeständnis.

Der Innenhof dieses Häuserblocks hat die Form eines H, das in Gartenparzellen aufgeteilt ist, die wahlweise begrünt und gepflegt oder, wie die zu meiner Rechten, völlig heruntergekommen sind. Im Frühling wird sich herausstellen, dass die scheinbar nur winterkahlen Bäume im Innenhof das ganze Jahr über so bleiben werden. Die schwarzen Äste zwicken den Himmel, als stammten sie aus einem Comic von Edward Gorey.

«Der Vermieter hat die Wurzeln vergiftet», erklärt mir meine Nachbarin, als sie eines Tages herauskommt und sich vorstellt. Die Pfahlwurzeln, die sich langsam durch den Boden unter uns schoben, waren zu einer Gefahr für die Rohrleitungen und das Fundament des Gebäudes geworden. Die Bäume bleiben so, solange ich hier wohne, und gelegentlich lassen sie einen Ast in den einen oder anderen Garten fallen. Mein Garten ist voller abgefallener Äste vergifteter Bäume.

Meine Nachbarin ist eine junge Frau, etwa in meinem Alter, und lebt, wie sie mir erzählt, von der Behindertenrente, auf die sie infolge ihrer Aids-Erkrankung angewiesen ist. Ich mag sie sofort. Sie ist ebenfalls neu hier und fast immer zu Hause. Sie möchte Rasen pflanzen und einen Gemüsegarten anlegen und hat in der hinteren Ecke ihres Gartens bereits einen Komposthaufen, macht sich aber Sorgen wegen des Gifts, mit dem die Bäume getötet wurden. «Ich werde den Boden erst mal austesten», sagt sie. «Das solltest du auch tun.»

In derselben Ecke haben sich außerdem Bienen angesiedelt, Wildbienen zwar, aber, wie sie meint, trotzdem nützlich: Die Bienen werden unsere Gärten bestäuben. Sie weigert sich, sie entfernen zu lassen. Das kommt mir gleichzeitig weise und töricht vor.

Der einzige überlebende Baum ist eine silbrige Magnolie, noch im Winterschlaf und später unbegreiflich lebendig zwischen all ihren toten Cousins und Cousinen.

Der Garten zu meiner Rechten ist zugestellt mit Mülltüten voller abgestorbener Pflanzen, dazwischen ein altes Fahrrad und ein kaputter Zaun; er ist die Heimat der halb verwilderten Hinterhofkatzen, des Muttertiers und ihres neuen Wurfs. Zusammen bilden die drei Parzellen, die meiner jungen Nachbarin, meine und die verlassene, eine Art Deklinationstabelle, Variationen über das Thema menschliche Behausung: Der Garten meiner Nachbarin ist gepflegt, meiner verwahrlost, der letzte eine Ruine.

Aus dem Innenhof erheben sich so etwas wie Metallleitern, mehrere Stockwerke hoch und versehen mit Rollen für die Wäscheleinen, an denen über die Parzellen hinweg Unterhosen und Laken und Handtücher zum Trocknen hängen. Gelegentlich fällt eine Socke oder Unterhose in meinen Garten. Da sich niemand je bei mir meldet, um sie sich zurückzuholen, weiß ich nie, wem sie gehören, weswegen ich die herrenlosen Kleidungsstücke irgendwann wegschmeiße. Die einzige andere Nachbarin, die ich in den ersten paar Monaten zu Gesicht bekomme, ist eine ältere Dame, die gegenüber von mir wohnt, die Frisur ein Helm hochgekämmten, messingblonden Haars. Sie kommt gelegentlich heraus und hinterlässt große Metallnäpfe mit Katzenfutter für die Hofkatzen, die nachts in jaulenden Knäueln durch meinen Garten schießen.

Ich träume von meinem Garten, zum ersten Mal, und in meinem Traum sind da Grashalme dick wie Schwertklingen und Blumen, welche, weiß ich nicht zu sagen, im dunkelsten Rot, Blau und Rosa. Ich gehe durch den Garten, und darin besteht der Traum.

2

Aus der Einleitung zu *The Genus Rosa* der britischen Gartenexpertin Ellen Willmott, eine kurze Geschichte:

Der persische Dichter Omar Khayyám, der seine Blüte im elften Jahrhundert erlebte, weiß viel über Rosen zu sagen. Von dem Rosenstrauch auf seinem Grab hatte Mr. Simpson, der Künstler der *Illustrated London News*, eine Hagebutte mit nach Hause gebracht. Sie wurde mir vom kürzlich verstorbenen Bernard Quaritch überreicht und in Kew großgezogen. Wie sich später herausstellte, handelt es sich um eine *Rosa damascena*, und ein Trieb dieser Rose aus Kew ist nun auf dem Grab seines ersten englischen Übersetzers, Edward FitzGerald, gepflanzt worden.

Eine Rose geht auf Reisen: vom Grab Omar Khayyáms zu Willmott zum Grab seines verstorbenen Übersetzers. Willmott verrät nicht, ob sie diese Übersiedelung angeregt hat, doch ist sie darüber so umfassend informiert, dass ich nicht anders kann, als sie mir vorzustellen, wie sie eigenhändig das Loch gräbt und lächelnd daran denkt, dass nunmehr die gleiche Blüte über den Gräbern beider Männer wachen wird.

Willmotts zweibändiges *Genus Rosa*, erschienen zwischen 1910 und 1914, ist eine der *plus grandes dames* der Rosenkultur. Willmott führt ihre Leser durch die einschlägigen Passagen der klassischen Literatur und der Bibel, in welchen die Rose erwähnt wird, und spricht dabei stets von «the Rose», mit großem R. Sie erwähnt Rosengirlanden, die sich in antiken ägyptischen Gräbern um etwa 300 n. Chr. finden, geleitet uns zu obenstehender Khayyám-Anekdote und schilt Linné für die «dürftige Aufmerksamkeit», die er der Gattung geschenkt, und die Verwirrung, die er damit unter den Nachgeborenen gestiftet habe. Sie weiß sogar, als hätte sie ihm nachspioniert, dass sein Herbarium Rosen enthielt, die er zu erwähnen versäumte: «*Rosa mochadi, Rosa agrestis (sepias) und Rosa multiflora.*» Im Anschluss widmet sie sich den Systematisierungsversuchen der zwischen Linné und ihr neu gezüchteten Rosensorten und kommt, kaum begonnen, zu dem lapidaren Schluss: «Der *Index Kewensis* unterscheidet 493 Rosen, zu denen im ersten, zweiten und dritten Ergänzungsband zusammen noch etwa 50 hinzukommen.» Etwa 543 Rosen also, bei ihr wie immer großgeschrieben.

In der überarbeiteten Neuausgabe von *Parsons on the Rose*, erschienen in Amerika, etwa zur gleichen Zeit wie Willmotts Buch, verzeichnet David Parsons mehr als 2.000 Sorten. Inzwischen dürften es etwa 3.000 sein, von denen vielleicht 150 als Zuchtrosen verbreitet sind.

Alle mir bekannten Bücher über Rosen beginnen ähnlich wie das Willmotts. So heißt es zum Beispiel im *Rosarum Monographia*, einer schönen und seltenen Rosensammlung, von Parsons hochgelobt und 1820 vom jungen Dr. John Lindley veröffentlicht, mit einer Widmung an einen gewissen Charles Lyell, Esq.: «Wiewohl zu unserem Thema eine erdrückende Zahl von Veröffentlichungen vorliegt, deren Verfasser zumeist Männer von anerkanntem Ruf sind, bleibt es eine nur allzu bekannte Tatsache, dass die Rose bis heute in nahezu unlösbare Verwirrung verstrickt ist.»

Lindley wirft einigen Verfassern besagter verwirrender Werke vor, dass sie sich bei ihren Systematisierungsversuchen zu sehr auf tote und getrocknete Blüten verlassen hätten, und gibt zu verstehen, dass sein Buch von einer «ansehnlichen Privatsammlung lebender Pflanzen» inspiriert sei, der er Jahre seines Lebens gewidmet habe. Sein neues Buch soll all jenen als Korrektiv dienen, welche nicht den Vorzug dessen genießen durften, worüber er verfügt, den Vorzug eines eigenen Gartens. Und tatsächlich ist für alle Rosengärtner, so glaube ich, der eigene Garten nicht nur ein Kleinod, sondern ein Bote, von einem Ort der Geheimnisse, der anderen Rosenzüchtern notwendig verborgen ist.

Von Lindley erfahren wir, dass sich Harpokrates, der Gott des Schweigens, von einer Rose bestechen ließ; dass es in Nordeuropa Brauch ist, über dem Tisch eine Rose aufzuhängen, wenn das darunter Gesagte Geheimnis bleiben soll; dass das Rosenrot vom Blut der Venus stammt, deren Füße von Rosen zerstochen wurden, als sie versuchte, Adonis vor dem Zorn ihres Ehemanns Mars zu bewahren. Oder, nach Theokrit, vom Blut des Adonis selbst. Oder davon, dass Amor beim Tanzen eine Schale mit Nektar umstieß, der die Rose rot färbte. Oder dass es, nach Ausonius, Amors eigenes Blut war. Oder, nach türkischen Sagen, der Schweiß Mohammeds.

Vielleicht ist alles zugleich wahr. Die Rose als Liebesgabe, von den Göttern getränkt, ganz gleich welcher Gott und wer sie schenkt, das erste aller Geheimnisse.

Wie dem auch sei, die Lehre, die wir daraus ziehen können, scheint mir die folgende: Pflanze eine Rose und warte auf ihre Botschaft, mag sie nun irdisch oder überirdisch sein.

3

Beim Neuanlegen eines Gartens ist es ratsam, als Erstes alles zu entfernen, was nach einer offensichtlichen Fehlentscheidung der Vorbesitzer aussieht.

Ich reiße die Steinplatten heraus. Sie besetzen Boden-
flächen, die sich an Sonnenlicht satt essen könnten, ein Fest-
schmaus, der den Steinen nichts gibt. Die Mutterkatze schenkt
mir skeptische Blicke, während sie ihre Jungen säugt, als hätte
sie schon viele Gärten kommen und gehen sehen. Ich lege
einen neuen Gehweg an, in Form einer unregelmäßigen 8, wie
handgemalt, wobei ich den Boden dort, wo die Steinplatten
hinkommen sollen, zuerst vertiefe, bevor ich sie mit Wasser
übergieße und dann auf ihnen herumhüpfe, damit sie, wenn
der Boden wieder fest wird, in ihrer Position bleiben, eine
Technik, auf die ich im Zuge der Arbeit gekommen bin.

Ich laufe zum Maschendrahtzaun und wieder zurück. Der
Boden in meinem Garten ist übersät mit Glas- und Keramik-
scherben, und ich spiele mit dem Gedanken, aus den größeren
ein Mosaik zu machen, verwerfe die Idee aber bald wieder. Die
meisten Gärten sind Palimpseste früherer Gärten, und der
erste Frühling hält in der Regel einige Überraschungen bereit,
doch sieht man bereits jetzt, dass hier vor mir jemand Minze
gezogen hat – ein Anfängerfehler, wie meine Nachbarin meint,
weil Minze sich sehr schnell ausbreitet und mit ihren langen,
duftenden Wurzelsträngen, die dicht unter der Oberfläche
verlaufen, alles andere Leben abwürgt.

Meine Vormieterin hat, so meine Nachbarin, Gemüse
angebaut, ein paar Blumen und ein paar Kräuter. Meine Nachbarin und ich unterhalten uns über den Zaun hinweg, wobei
wir beide auf Bänken stehen; meist sprechen wir über unseren
gemeinsamen Plan, den Hofkatzen ein neues Zuhause zu
suchen. Durch die Zahnlücken im Zaun witschen ständig
Kater, die Verehrer der Mutterkatze, und wir überlegen, ob
eine Reparatur des Zauns sie zumindest verlangsamen würde.
Einer der Kater ist offenbar König der Hinterhöfe: Er hat

einen Riesenkopf und ist so schwer, dass es immer klingt wie der prall gefüllte Sack eines Einbrechers, wenn er die Feuerleiter hinunterklettert und auf meine Terrasse plumpst.

Meine Nachbarin sorgt sich darum, welche Pestizide und Düngemittel ich verwende. Ich versichere ihr, dass ich keine Chemikalien einsetzen werden, ohne mich vorher mit ihr abzusprechen. Sie erzählt mir, dass sie Löwenzahn angepflanzt hat, und ich verkneife mir, sie auszulachen, und denke stattdessen still an die Sommermonate, die ich damit zugebracht habe, sie im Garten meiner Mutter auszurupfen.

...

Im Laufe des ersten Jahrs in dieser Wohnung träume ich noch zweimal vom Gärtnern, danach nie wieder, bis heute nicht. Im ersten Traum fahre ich mit der Bahn, ähnlich wie die, mit der ich von London nach Edinburgh gefahren bin, und werde am Bahnhof von meinem Großvater Goodwin abgeholt, dem Vater meiner Mutter, einem Mann, der jeden Tag seines langen Lebens auf seinem Bauernhof in Maine geschuftet hat. Er nimmt mich in seinem Pick-up mit und fährt mich schweigend in einen wunderschönen Wald mit vielfarbigen Blättern, jedes so groß wie der Schild eines Templers. Hinter den Blättern sind Blumen groß wie Gesichter.

Es ist, dessen bin ich mir beim Aufwachen ganz sicher, derselbe Garten, von dem ich kurz nach meinem Einzug geträumt habe, obwohl es, wie so oft bei Träumen, keinerlei Ähnlichkeit gibt, nur ein innerliches Wissen.

Im zweiten Traum laufe ich durch Brooklyn, und die Straßen füllen sich mit Blumen wie ein Fluss, Rosen, die mehrere Stockwerke hochreichen, Fingerhüte und Lupinen, die aufsteigen wie Raketen. Blumen in solcher Menge, dass wir Bewohner Brooklyns über Galerien laufen müssen, die an den oberen Geschossen der Gebäude entlangführen und eigens gebaut wurden, um Platz zu schaffen für diese Gartenstraßen.

...

Rosen, stelle ich im Zuge meiner Recherchen fest, sehen vielleicht empfindlich aus, haben sich jedoch an fast alle Klimazonen angepasst. Man kann sie dazu bringen, das ganze Jahr hindurch zu blühen, bis in den Winter hinein. Je stärker man sie zurückschneidet, desto schneller wachsen sie wieder nach und desto robuster werden sie. Endlich ein Vorbild, mit dem ich mich identifizieren kann, denke ich, als ich das lese.

Ich entscheide mich für den langweiligen Garten mit genau einer Pflanzenart, aber die Variationen über das Thema scheinen mir spannend genug.

Ich werde mit nur zehn Rosen beginnen. Stauden und Kletterrosen, ein paar Floribunden und Dauerblüher. Allesamt ausgewählt, weil in den Beschreibungen «winterfest» und «krankheitsresistent» stand.

Während ich auf die Lieferung warte, gehe ich in den Hof und sammle die toten Äste und riesigen toten Strünke ein, die Überreste der Sonnenblumen meiner Vormieter. Ich lege die Äste in eine Ecke, in der vagen Absicht, später die Rosen mit ihnen abzustützen, bis mir einfällt, dass sie vergiftet sind, woraufhin ich sie raus zum Müll bringe.

Die Rosen treffen ein, die nackten Wurzeln in braunen Papiertüten, und sehen aus wie die Stöcke, die ich gerade eingesammelt habe, außer dass ich beim Berühren der Tüte spüren kann, dass sie lebendig sind, eine Korona grimmiger

Lebenskraft, die gegen meine Fingerspitzen drückt. Augenblicklich wird mir klar, warum manche Menschen mit Pflanzen reden, während ich ihnen, nach der Beschreibung in der mitgelieferten Anleitung, ein kaltes Wasserbad einlasse. Ich setze die Wurzeln in die Badewanne und trete einen Schritt zurück, in dem Gefühl, aus dem Badezimmer gedrängt zu werden.

Menschen reden mit Pflanzen, weil sie Lebewesen sind.

Ich gehe ins Bett und spüre sie immer noch, dort drinnen, wie sie das Wasser trinken. Am nächsten Morgen beeile ich mich, sie in die Erde zu setzen.

...

Bevor ich mit dem Einpflanzen beginne, laufe ich mit den Anhängeschildchen der Rosen durch den Garten und platziere sie mal hier und mal dort, um ein überzeugendes Arrangement zu finden. Mithilfe der Bilder und der voraussichtlichen Maße lasse ich inmitten der strohigen, toten Pflanzen einen Geistergarten entstehen.

Dann grabe ich in rascher Folge drei Löcher. Beim vierten trifft mein Spaten auf Stoff, und ich höre auf zu graben.

Ich erwäge kurz, ob ich hier gerade in eine Geschichte hineingerate, die etwas anders verläuft als die, deren Teil ich bisher zu sein glaubte. Ein Krimi, beispielsweise, und das hier wäre dann der Moment, in dem ich auf die Überreste der Ermordeten stoße, denen ich die günstige Miete zu verdanken habe.

Ich gehe zurück, grabe weiter und ziehe dann etwas aus dem Boden, was sich als hellblauer Baumwollkittel entpuppt, bedruckt mit einem Blüten- und Knospenmuster und fleckig von dem hellen Schlammtee, mit dem der feuchte Boden getränkt ist. Ein Bündel wie ein kleines Kopfkissen, ganz leicht. Ich setze es vorsichtig auf den Boden und schiebe den Stoff mit dem Spatenblatt auseinander. In der Mitte liegt ein Häuflein kleiner, dünner Knochen, drum herum ein Rosenkranz mit kleinem Kruzifix. Außerdem ein paar scharfe Reißzähne, einer hängt noch an einem Stück Kieferknochen, was ich sehr beruhigend finde: Das war eine Katze oder ein kleiner Hund. Ich lege alles behutsam in eine Mülltüte und gehe zur Bodega an der Ecke, um mir eine Heiligenkerze zu besorgen, und entscheide mich schließlich für Unsere Liebe Frau von Guadalupe, eine Inkarnation der Jungfrau Maria, die auf Abbildungen stets von Rosen umgeben ist. Ich mag ihre Geschichte schon seit Langem: Ein *campesino*, der beweisen soll, dass ihm die Jungfrau Maria wirklich erschienen ist, kehrt zu der Stelle zurück, an der er sie gesehen hat, und erhält von ihr die Anweisung, zur schneebedeckten Kuppe eines nahe gelegenen Hügels zu laufen, wo er Blumen finden werde, die ihm als Beweis dienen sollen. Oben angekommen, findet er einen Rosengarten, der mitten im Winter blüht.

Ich entzünde die Kerze, stelle sie neben das Loch und grabe weiter. Bei den weiteren Gartenarbeiten tauchen immer wieder Knochen auf — mein Garten ist ein wahrer Friedhof — Ochsenschwänze, als Suppeneinlage? Bei einigen dürfte es sich um Vogelknochen handeln, bei anderen um die Überreste unzähliger Festmahle der verwilderten Katzen. Unter der Terrasse liegt eine tote Ratte, ich entferne sie mit dem Spaten. Ich entdecke stapelweise Zeitschriften, im Boden verbuddelt, als wäre der Hof eine Mülldeponie, und lege sie an den Straßenrand. Ich lasse die Kerze stundenlang brennen, wie es der Brauch will, und hoffe nur, als ich sie lösche, dass ich damit keinen Zauberbann gebrochen habe. Von einem katholischen Begräbnis für Katzen habe ich noch nie gehört – aber kleine Mädchen oder Jungs könnten so was machen. Eine Art Privatreligion, ein Kind, das fest an Tierseelen glaubt. Ganz wie ich, der Ungläubige, der in die Eckbodega geht, um eine Heiligenkerze zu besorgen, nur zur Sicherheit.

An diesem Abend gehe ich mit einem Freund ein Bier trinken, einem Bauunternehmer und gebürtigen Brooklyner. Er erzählt mir, dass viele katholische Familien in Brooklyn, Iren und Italiener, noch in den Fünfzigerjahren ihre Toten im Hinterhof begruben, weil sie sich kein ordentliches Grab leisten konnten. In den Häusern gab es oft ein eigenes Zimmer nur für Totenwachen, das in den WGs von heute als kleines Schlafzimmer genutzt wird. «Du kannst von Glück sagen, dass es bloß eine Katze war», sagt mein Freund und stellt sein Bier ab.

«Es war doch bloß eine Katze, oder?»

Ich denke an die Reißzähne, die zu mir hochstarren – und nicke.

4

Je länger ich über «rosary», das englische Wort für Rosenkranz nachdenke, desto klarer wird mir, dass es mit Wörtern wie «aviary» und «topiary» verwandt sein muss. Beim Nachschlagen im Wörterbuch sehe ich, dass zuerst das Gebet genannt wird, und dann, in Kursiv, dass es vom lateinischen «rosarium» abgeleitet ist, das ursprünglich «Rosengarten» bedeutete.

Wie kommt ein Wort für Rosengarten dazu, ein Gebet zu bezeichnen? Mit «Quantensprung» beispielsweise ist ursprünglich etwas winzig Kleines gemeint. Im heutigen Französisch bedeutet *rien* «nichts», im Altfranzösischen «etwas». Doch die Geschichte unseres Wortes ist keine Reise von einer Bedeutung zu ihrem Gegenteil.

«Rosarium» stand einmal für Rosengarten, und dann plötzlich nicht mehr.

Die Kultivierung der Rose als Zuchtpflanze, in Gärten, wie wir sie heute kennen, geht in Europa auf die Kaiserin Josephine von Frankreich zurück; im achtzehnten Jahrhundert bereits fest etabliert, entwickelte sich die Rosenzucht im neunzehnten Jahrhundert weiter, bis wir irgendwann zu den Teerosen kommen, wie man sie heute von Valentinsgestecken kennt. Für Rosentee allerdings, den es schon wesentlich länger gibt, eignen sich diese Sorten nicht. Die Rosenblüte ist die Blüte der Hagebutte, verwandt mit Brom- und Himbeere und genau wie sie essbar. Rezepte für Rosengerichte reichen von Huhn bis Schokolade. Ihre getrockneten Früchte und Blütenblätter können als Tee getrunken werden, der in der indischen ayurvedischen Medizin als Beruhigungsmittel empfohlen wird. Für die Zucht aber waren solche Nutzanwendungen zweitrangig.

Der Rosenkranz – und mit ihm die jüngere Bedeutung von «rosarium» – geht auf das dreizehnte Jahrhundert zurück. Der Legende nach soll der heilige Dominikus, voll Sorge um die Zukunft der römisch-katholischen Kirche in Frankreich, in der Kirche Notre-Dame de Prouille Gott um Hilfe angefleht haben. Zu jener Zeit lehrten die albigensischen Dissidenten eine interessante Häresie: dass der Leib dem Teufel gehöre und nur die Seele Gott, weshalb man sich um

Sünden des Fleisches nicht zu bekümmern brauche, da sie, wie auch der Leib selbst, nur den Teufel etwas angingen. Die albigensische Häresie breitete sich schnell aus und stürzte das Frankreich des dreizehnten Jahrhunderts in eine schwere Glaubenskrise.

Dominikus war tief ins Gebet versunken, als ihm die Jungfrau Maria erschien und ihn den Marienpsalter lehrte (so sein ursprünglicher Name), auf dass er ihm als Waffe im Kampf gegen die Häresie diene. Seinerzeit war ein Rosarium noch ein Rosengarten, in England allerdings kannte man einen «rosary», eine Münze im Gegenwert eines Pennys.

Überboten wurden die albigensischen Schwärmereien nur durch die Begeisterung, mit der insbesondere die Tausenden von Gläubigen, die inzwischen zur katholischen Kirche zurückgefunden hatten, den Marienpsalter aufnahmen und zu einer allgemein verbreiteten Gebetshilfe machten, wodurch Dominikus, der gelehrte junge Mann, dessen demonstrative Selbstkasteiungen die älteren Mitglieder seines Ordens in große Unruhe versetzt hatten, zum Helden und schließlich sogar zum Heiligen wurde. Der junge Mann, der sich einst bemüht hatte, all seine Bücher loszuschlagen, um mit dem Erlös die Armen speisen zu können, hatte ein System zum Auswendiglernen und Aufsagen von Gebeten erfunden — oder, versteht sich, von der Jungfrau Maria gezeigt bekommen —, eine Erfindung, die gerade für einen Mann wie ihn, der sich all seiner Bücher zugunsten der Armen entledigt hatte, von großem Nutzen sein musste.

Es war Thomas von Cantimpré, ein dominikanischer Gelehrter, welcher zu Lebzeiten des Dominikus in Flandern wirkte und heute vor allem als Verfasser eines mehrbändigen *Opus de natura rerum* bekannt ist, der in seine Abhandlung

über das Leben der Bienen eine Betrachtung über den Marienpsalter einschaltete und ihn dort ein «rosarium» nennt,
das der Jungfrau Maria dargebracht wird. Das Wort «rosarium» hat seine neue Bedeutung kurz nach Erscheinen von
Thomas' Bienenbuch erworben und sie als «rosary» bis heute
bewahrt. Seine Geschichte, vom Rosengarten zum Rosenkranz, ist damit letztlich eine Geschichte über die Macht der
Metapher.

Maria und Rosen, diese Verbindung besteht seit ihrem
Tod. Am dritten Tag nach ihrer Beerdigung sollen Trauernde
das Grab leer vorgefunden haben, ihr Leichnam fort und
das Leichentuch voller Rosen. Rosenduft, wo keiner sein
sollte, gilt heute ganz offiziell als eines der Zeichen für die
Gegenwart Mariens — so erklärte etwa, nach einer der zahlreichen Marienerscheinungen im zwanzigsten Jahrhundert,
die Mutter des Mädchens, dem sie erschienen war, sie würde
ihrer Tochter glauben, weil die Luft weithin von Rosenduft
erfüllt war. Infolge dieser engen Verbindung haben Katholi-
ken lange eine dominierende Rolle auch in der modernen
Rosenzucht gespielt und versucht, die Zahl der Sorten auf
einhundertfünfzig zu begrenzen, die Zahl der Perlen und
Psalmen im Rosenkranz.

Ich mag die Geschichte von Marias Grab und muss auf
Friedhöfen manchmal an sie denken. Ich bin nicht katholisch,
aber mir gefällt die Vorstellung von einem Gott, der sie aus
Trauer über ihren Tod zu sich nimmt und ihr Leichentuch
zum Abschied mit Rosen füllt. Jedenfalls gehört es zu den
Traditionen des Totengedenkens, Rosen aufs Grab zu legen
oder ebendort einen Rosenstrauch zu pflanzen, weswegen
Friedhöfe wahre Schatzkammern historischer Rosensorten
sind. Es ist ein alter Rosenzüchtertrick, sich von Friedhofs-

rosen Stecklinge abzuschneiden, aber da ich es nicht übers Herz bringe, einen Friedhof mit etwas zu verlassen, was ich nicht mitgebracht habe, konnte ich diesen Trick bisher nicht ausprobieren.

5

Im ersten Winter, nachts, fühle ich mich manchmal wie sie, oder wie sie sich meiner Vorstellung nach fühlen müssten: Mein sichtbares Ich schmucklos und schlicht, während das unsichtbare wächst und sich immer weiter ausbreitet. Wurzeln, ausgeworfen wie ein Netz durch ein Meer von Lehm.

Inzwischen weiß ich, dass sich so auch das Schreiben von Romanen anfühlt. Und genau das ist es, was ich gerade mache.

«Deine Großmutter hatte Rosen», erzählt mir meine Mutter. «Weißt du noch?»

Ich weiß es nicht mehr. Ich weiß noch, wie wir durch ihren Gemüsegarten in Maine liefen und sie uns Kartoffeln aus dem Boden zog, zum Essen. Die Erde wischte sie immer an ihrer Schürze ab und biss, sobald wir zurück im Haus waren, in ihre Kartoffel, als wäre es ein Apfel. Wenn ich mich wegen der Erde an der Kartoffel zierte, sagte sie: «Du wirst noch scheffelweise Erde essen, bevor du stirbst.» Wir redeten nicht viel miteinander, sie und ich, aber wir hatten uns sehr gern.

Dass mir mein Großvater den Garten zeigt, so verstehe ich meinen Traum jetzt, heißt dann, dass ich an einen Ort aufgenommen wurde, den nur wahrhaft Suchende finden können, eine Tugendprüfung, wie sie in jede Legende gehört.

...

Die Rose, die ich am Fundort der Katzenknochen eingepflanzt habe, schenkt mir in den ersten zwei Jahren keine
Blüten. Im Katalog stand nur «Sonder-Klettersorte», also
frage ich mich, ob sie nicht ein Mutant ist, ein billiger Blind-
gänger, aber ich lasse sie erst einmal stehen und gebe ihr nur,
nach ihrem ersten stummen Jahr, einen neuen Spitznamen:
Voodoo-Rose. Zwei Jahre nichts als lange kahle Triebe, bis sie
riesengroß ist und wie ein strafender Dämon wirkt, wenn sie
mit ihren zwei Meter langen Auswüchsen den Wind peitscht.
Ihre Blütenlosigkeit hat etwas von einem Kind, das schmol-
lend in der Gartenecke hockt.

Im dritten Jahr zeigen sich endlich Knospen, als hätte sie
mir vergeben. In dichten Wolken erscheinen rosafarbene, tas-
sengroße Blüten. Meine Nachbarin starrt sie verdutzt an.

«Die sind aber schön», sagt sie. «Und, wie hast du das
gemacht?» Ich zucke mit den Achseln. Das hier fällt nicht in
meine Verantwortung.

Nach kurzer Zeit ist die Voodoo-Rose Gartentyrann und
-schönheit zugleich, verführerisch und grausam, und macht
öfter den Anschein, als wolle sie nach der Climbing Blaze
greifen, die ich in der Mitte des Gartens platziert habe, oder
die Thérèse Bugnet auspeitschen, die gleich neben ihr steht.
Ihre Dornen sind ungewöhnlich lang, und ich finde immer
mal Fellknoten, die sich in ihr verfangen haben. Bei der Gar-
tenarbeit verpasst sie mir gelegentlich eine Kopfnuss, als wolle
sie mich necken, und manchmal fließt Blut.

...

Der Garten in der Reifezeit also, im Alter von drei Jahren: Wenn ich auf der Terrasse stehe, sehe ich gleich links die Voodoo-Rose und rechts zwei *Rosa rugosas*, Küstenrosen, vertraute Begleiter meiner Kindheit in Maine, die Zweige bedeckt mit dichtem Dornenpelz. In der Gartenmitte stehen zu mir hin eine Thérèse Bugnet, etwas nach links versetzt die Fairy und direkt im Zentrum die Climbing Blaze. Hinter der Climbing Blaze kommt die Joseph's Coat und wieder dahinter eine weitere Thérèse Bugnet. Eine Golden Showers erklimmt die Ecke ganz hinten links.

Zusammen sind sie ein Konzert in Zeitlupe. Alljährlich treiben zuerst die beiden Thérèse Bugnets aus, hinten und vorne im Garten, und obwohl sie sehr empfindlich sind – mit Blüten weicher als Augenlider, die nicht als Schnittblumen taugen (will sagen, sie gehören in den Garten) –, sind sie vor allen anderen fertig angekleidet, wie hochmütige Schwestern, von Kopf bis Fuß in knackiges Grün gehüllt, und wenn die Blüten kommen, blitzen sie in Püppchenpink an den Spitzen ihrer frischen rotbraunen Zweige. Die hintere, in der Mitte des rückwärtigen Zauns, wird als erste am höchsten und bietet jedes Jahr oben an der Spitze eine einzelne rosa Blüte feil, wie der erste Ton eines neuen Liedes. Von dort aus öffnen sich auch die anderen Blüten, in einer Abwärtsbewegung, die sich über mehrere Wochen hinzieht wie der langsamste aller Flamencotänze. Ein paar Tage nach dieser ersten Blüte folgt ihre Schwester, und dann leuchtet hinter der ersten Thérèse die Joseph's Coat auf, die goldenen Blüten durchzogen von roten Farbtupfern, als hätte man sie leicht mit dem Pinsel berührt. Im Aufgehen wechseln die Blüten ihre Farbe.

In der Mitte entfacht die Climbing Blaze ein kleines Feuer roter Blüten, und wenn ich sie regelmäßig zurückschneide,

habe ich Rosen noch im Dezember. Im Winter sind ihre
Knospen oft überfroren, als wäre sie jedes Jahr aufs Neue
überrascht, dass es so etwas wie Winter gibt. Die Golden
Showers hält sich sehr bedeckt, kaum mehr als ein gut gemein-
tes Gerinnsel, obwohl die Blüten, wenn sie denn erscheinen,
sehr hübsch sind, ein strahlendes Hellgelb. Wahrscheinlich
braucht sie eine längere und heißere Gartensaison – Jahre später
sehe ich dieselbe Sorte in Texas, im Frühling, riesige gelbe Wolken, überall. Die Fairy Rose, die ich für besonders anfällig
gehalten hatte, blüht den ganzen Sommer hindurch bis tief in
den Herbst und Winter hinein und leistet so der Blaze Gesellschaft, wobei sie mit fast wegwerfender Geste eine schaumige
Flut rosafarbener Blüten versprüht und sich weder von Mehl-
tau, Pilzbefall, Starkregen noch von herabfallenden Katzen
beeindrucken lässt. Den beiden *Rosa rugosas* scheint die reich-
haltige Kost, die ich ihnen in meinem Garten vorsetze, nicht
recht zu bekommen, vielleicht hätten sie die salzigen Steine
irgendeines Strandes in Maine vorgezogen: Sie tragen lange,
holzige, dornige Stiele, auf denen obendrauf eine Art Blüten-
hut sitzt, und wirken immer, als wollten sie gerade gehen.

Ich muss an sie denken, während ich im Auto nach Maine
sitze, zu Beginn meines ersten Sommers. Ich fahre für eine
Woche, mit meinem Bruder, meiner Schwester und ihrem
Mann, und sie lachen, wenn ich ans Fenster stupse und sie an
jeder Gärtnerei bitte, doch kurz anzuhalten. Wir fahren zur
Hochzeit unserer Cousine und um meine Tante zu besuchen,
die lebenslang eine leidenschaftliche Gärtnerin war und jetzt
in Rangeley, nahe der kanadischen Grenze, als Floristin und
Landschaftsgärtnerin arbeitet. Der Hof meiner Tante ist
voller sorgfältig ausgewählter Pflanzen, darunter mehrere
kräftige Rosenstöcke.

Ich erkläre ihr, was ich mit meinem Garten vorhabe, und bitte sie um Hilfe. Sie hat einen Fünf-Kilo-Sack Mist für mich, als Düngemittel. «Rosen lieben Mist über alles», sagt sie. Meine Geschwister weigern sich, den Sack im Auto mitzunehmen. «Dann eben per Post», sagt sie lachend und gibt mir stattdessen etwas mit, was sich Seetangtee schimpft, ein widerliches Gebräu aus Seetang und «Gurry», soweit ich meinen Kindheitserinnerungen an den Hafen von Portland trauen kann: Fischinnereien.

«Der riecht leider ebenfalls ein bisschen streng», sagt sie, «aber erst beim Umfüllen. Und dieser Tee, das ist vielleicht das Einzige, was Rosen noch mehr lieben als Mist.»

Auf der Fahrt zurück nach New York machen wir am Strand halt, in der Nähe von Biddeford, wo seit Kurzem meine Mutter wohnt. Ich spaziere über die Strandpromenade von Kennebunkport, und eine Hecke aus Küstenrosen zieht sich den gesamten Strand entlang. Das sind die Rosen meiner Kindheit, eine uralte Sorte, in meinen Augen die robusteste von allen. Ich folge einem grünen Ausläufer hinaus auf eine Landzunge aus Sand und Stein, bis ich zu einer Sandbank komme. Dort entdecke ich eine Küstenrose, die auf einem Granitfelsen sitzt, oder besser gesagt: um ihn herum. Die Wurzeln haben sich wie ein Geschenkband um den Felsen gewickelt und tasten ihn nach verborgenen Spalten und Ritzen ab.

Der Boden um ihn herum ist der Erosion zum Opfer gefallen und der Felsen auf den Strand gerollt, sodass die Rose schräg aus ihm herauswächst, um mit frisch erblühten Knospen nach der Sonne zu greifen. Sie stemmen sich von den Seiten des Felsens hoch und ragen über ihn hinaus, ein Bettgestell aus Blumen. Ozean und Rose liefern sich ein

Schneckenrennen, bei dem jeder versucht, den Felsbrocken als Erstes auseinanderzuzwingen, und zugleich sieht die Rose aus, als wäre sie herabgeschossen, um sich den Felsen zu krallen, und wolle jetzt, wo sie ihn hat, weder wegfliegen noch loslassen.

Man könnte versucht sein, Rosen für etwas äußerst Zartes zu halten, aber da wäre man hier an der falschen Adresse.

Bei meiner Rückkehr aus Maine öffne ich die Wohnungstür und habe große Angst, meine Rosen halb verdurstet, ohnmächtig oder tot vorzufinden. Seit vier Tagen kein Regen. Ich stürze nach hinten und sehe sie ausgelassen ihre Farben vom Boden hochschleudern, wie Kinder, die bei einer Parade mit Luftschlangen werfen.

...

Ich probiere den Seetangtee aus, den mir meine Tante mitgegeben hat. Er stinkt fürchterlich, wie ein Fisch, der zu lange in der Sonne gelegen hat – nicht lang genug, um ihn auszudörren, aber doch schon monatelang. Solange der Gestank in der Luft hängt, meiden sogar die verwilderten Katzen meinen Garten.

Ich probiere alles aus, was ich über Rosen aufschnappe. Ich pflanze Knoblauchzehen und Zwiebeln am Fuß zweier Sträucher, um den Blattläusen den Appetit zu verderben, und im Hochsommer umgibt sie ein durchdringender Duft nach Knoblauch und Zwiebeln, doch die Blattläuse fressen unbeirrt weiter. Ich mische den Dünger stellenweise mit Sodawasser, um den Blattwuchs zu fördern, und es scheint zu funktionieren. Ich stochere mit einer Mistgabel im Boden herum, um die Wurzeln zu aerifizieren. Ab und zu pinkle ich in ein Bierglas, nehme es mit nach draußen und leere es den Gartenrand entlang aus, um die Katzen draußen zu halten. Nachts, wenn ich alleine bin oder mich alleine wähne, erledige ich das auch ohne Hilfsmittel.

Die Katzen scheinen tatsächlich seltener zu kommen, als wäre das endlich ein Zaun, der ihnen etwas sagt.

Ich zupfe Unkraut aus dem Boden, das innerhalb einer Woche den halben Hof überwuchert. Wie kann es sein, dass nichts von ihm zu hören ist, während es sich seinen Weg nach oben bahnt? Danach wirkt der Boden nackt und kahl. Nachdem ich alles weggeräumt habe, laufe ich kurz um den Block und bleibe wie erstarrt vor einer weißen Teerose stehen, die draußen vor einer Blumenhandlung steht. Sie heißt Great Century und scheint mir genau das Richtige zu sein für den kahlen Fleck in meinem Hof. Ich hatte mich eigentlich gegen Teerosen entschieden, weil sie nicht leicht zu ziehen sind. Dass Rosen bei Nichtgärtnern als schwierig gelten, haben sie den Teerosen zu verdanken. Aber die Blüte da an diesem Strauch ist sehr hübsch, und der Blumenhändler, der ihn verkauft, hat keine Ahnung von seinem wirklichen Wert, sonst wäre er nicht so günstig zu haben. Die Rose ist viel zu groß für den Topf, in dem sie sitzt, und das, die eingequetschten Füße dieser eleganten Kreatur, ist letztlich der Grund, warum sie mit zu mir nach Hause kommt.

Na komm, sage ich zu ihr, während ich sie nach Hause trage. Bald hast du genug Platz, um deine Füße auszustrecken.

Zu Hause zupfe und schnippele ich an ihrem knorrigen Wurzelballen herum. Als sie mir im Spätsommer Rosen schenkt, obwohl sie erst so spät eingepflanzt wurde, fühle ich mich unwillkürlich an eine Katze erinnert, die ihre Beute vor der Tür ihres Besitzers ablegt.

6

Meine Nachbarin lugt über den Zaun in meinen Hof, um zu sehen, wie ich vorankomme. «Hinreißend», sagt sie. Ich frage mich, wie ernst sie das meint. Ihr Garten ist vorbildlich gepflegt, während meiner bestenfalls ein halb verwilderter Bauerngarten ist, ein bunter Mix aus Selbstgepflanztem und dem, was andere mir hinterlassen haben. Doch sie guckt wie entrückt, wie ein Kind auf dem Rummelplatz. Es sind Sonnenblumen hochgeschossen, ebenfalls angeblich schwer zu ziehen, ungebetene Gäste noch von meinen Vormietern, dazu ein fast unwirklich großer Phlox und Pfefferminzblüten, perlenbesetzte Zinken am Ende der kräftigen, duftenden Spiralen Grüns, die ich immer noch jede Woche aus dem Boden ziehen muss. Im Hochsommer rieche ich hinten im Garten etwas, das ich erst für Zimt- oder Nelkenduft halte, und stoße dann auf Lavendel, der in der Julisonne brät. Es gibt hängenden Majoran, leicht ockerfarben, lustige runde Blüten, die bei Berührung zerbröckeln, und Bohnenkraut und Ysop, das Bohnenkraut blau, der Ysop blauweiß. Der Ysop wirkt seltsam angriffslustig, und der Rosmarin, der in seiner Nähe wächst, scheint vor ihm zurückzuweichen, als hätte er Angst. Da ich zwanghaft eine «Wildblumen»-Mischung ausgesät und die Samen aufs Geratewohl verstreut habe, zeigen sich überall Löwenmäulchen, Cosmeen und Mohnblumen, in Rot, Weiß und Rosa.

Morgens stehe ich auf der Terrasse und genieße den Blütentaumel. Sie stehen noch nicht so hoch, wie ich es gerne hätte. Ich sehne mich nach dem Gefühl, von ihnen eingehüllt, im Schlaf mit hundert Blumensträußen beschenkt zu werden, die beim Erwachen im Hof auf mich warten. Trotzdem freue ich mich, als der zweite Schwung Blüten erscheint, die Sommerblüte, nachdem ich die verblühten vom Frühjahr geköpft habe — durchs Ausputzen bringt man Rosen dazu, mehr neue Blüten nachwachsen zu lassen. Mein Blick fällt auf die Joseph's Coat hinten im Garten, und ich beschließe, dass es höchste Zeit ist, mir ihre neuen Blüten einmal aus der Nähe anzusehen. Als ich schon fast vor ihr stehe, zittert die größte Blüte, und es erscheinen die glänzenden Rücken von neun Japankäfern, die sich mit ihren gehörnten Kiefern, ölig schwarz und ölig grün, durch die Blütenblätter nagen und sie zermalmen. Ich renne ins Haus, schnappe mir meinen Pyrethrumspray und renne zurück, um die Rose einzusprühen, bis die Käfer zu Boden gleiten. Pyrethrum ist mein Lieblingsinsektenkiller, ein für Menschen ungefährliches Nervengift. Der Schädling kann sich nicht mehr bewegen, und sobald sein Stoffwechsel die sehr spärlichen Energiereserven aufgebraucht hat, stirbt er den Hungertod.

Ich hatte nie den Drang zu töten, denke ich beim Zusammenfegen der Käfer, bevor ich anfing, Rosen zu ziehen.

...

Nach der Invasion der Japankäfer entwickle ich meinem Garten gegenüber ganz neue Beschützerinstinkte. Ich suche nach meiner Ausgabe von Stephen Scanniellos *A Year of Roses* und lese von all den widerlichen Viechern, die es offenbar gibt und deren Leben nur ein einziges Ziel zu kennen scheint: Rosen fressen. Blattläuse, klar, und Japankäfer, aber auch Rosenmilben und, schlimmer noch, der Rosentriebbohrer.

Der Rosentriebbohrer bohrt ein Loch in den Rosentrieb und legt seine Larven darin ab, wobei er das Pflanzenmark zu

Brei verarbeitet und so die Rose tötet. Der Bohrer hinterlässt einen winzigen runden Tunnel, als hätte man aus einem Bleistift die Mine entfernt.

Ich lege das Buch hin und eile mit einem Gefühl wachsender Unruhe in den Garten, um ihn nach Bohrern abzusuchen. Als Erstes nehme ich mir die hintere Thérèse Bugnet vor.

Das Loch ist da.

Ich besorge mir im Baumarkt eine Heckenschere und in der Drogerie Nagellack, nach Scanniellos Anweisungen. Man soll die Triebe bis unter die Löcher zurückschneiden, wo das Holz wieder glatt ist, und die Wunde mit Nagellack ausbeizen. Ich entscheide mich für ein mattes Türkisgrün, damit es zwischen den Blättern nicht auffällt.

Ich muss vielfach Triebe mit Blüten zurückschneiden, die mir diese Rose im zweiten Schwung geschenkt hat, und was von ihr übrig bleibt, sieht aus, als hätte ich den Busch auf einen chirurgischen Eingriff vorbereitet. Ich gehe rein, um die beschnittenen Zweige etwas antrocknen zu lassen, und komme wieder raus, um alle zu lackieren.

...

Als es zum zweiten Mal Frühling wird, bin ich gerade auf dem Sprung nach Virginia, wo ich den ganzen März in einer Schriftstellerkolonie verbringen werde, jenen Monat also, in dem ich sonst den Großteil der jetzt fälligen Arbeiten erledigt hätte, um den Garten auf die kommende Saison vorzubereiten, und wecke die Rosen aus ihrem Winterschlaf, indem ich sie zurückschneide. Leider bringe ich die Proportionen durcheinander und schneide sie um zwei Drittel zurück anstatt nur um eines. Als ich fertig bin, erschrecke ich beim Anblick der vielen kahlen Stöcke, ein Bild des Schmerzes, die angeschnittenen Zweige nass von frischem Harz. Nachdem ich die abgeschnittenen Reste am Straßenrand deponiert habe, lege ich mich voller Entsetzen ins Bett.

Die Fahrt nach Sweetbriar, Virginia ist lang, aber unkompliziert. Ich komme in eine Stadt mit Feldern voller riesiger Wildrosen. Sie erklimmen Bäume, schwappen die andere Seite hinab und ergießen sich über das gesamte Koloniegelände, auf dem ich Rosensträucher finde, groß wie Bauernhäuschen und strotzend vor Dornen und Knospen. «Sweetbriar» bedeutet Ackerrose, und sie trägt ihren Namen, weil sie, wie ich hier erfahre, von Viehzüchtern angebaut wurde, die sich das Geld für Weidezäune sparen wollten. Es funktionierte nicht – die Kühe ließen sich von den Rosen nicht beeindrucken –, aber die Stadt ist der lebendige Beweis für die Behauptung meiner Tante, dass Rosen Kuhmist über alles lieben.

Ich bin hier, um an meinem ersten Roman zu arbeiten, und es läuft gut. Ich verbringe fünf Wochen inmitten dieser übergroßen Rosen und schaffe hundertzwanzig Seiten.

Am Morgen meiner Abreise entdecke ich die abgeworfene Haut einer Erdnatter, abgestreift in einem Stück, ohne einen einzigen Riss. Ihre ehemalige Besitzerin hatte die letzte Woche damit verbracht, sich auf dem Zaun in der Nähe meiner Schreibwerkstatt zu sonnen, und hat ihren Mantel auf meiner Auffahrt fallen gelassen. Ich stelle mir vor, die Schlange könnte beim Häuten Dornen zur Hilfe genommen haben, aber als ich die Haut gegen das Licht halte, sind keine Löcher zu entdecken. Dafür flimmert sie im Sonnenlicht, die Schuppen leuchten auf, und durch die Löcher für Maul und Augen blinkt der blaue Himmel.

Ich steige ins Auto des Mannes, der mich zurück nach

New York mitnimmt, und zeige sie ihm. Er lacht und erzählt mir, dass er hierhergekommen sei, um über die Kultur der indigenen Völker in dieser Gegend zu schreiben, und dass eine Schlange, die einem ihre Haut überlässt, als sehr gutes Omen gelte, als Zeichen von Hochachtung und Wohlgefallen. Ich fühle mich geehrt, sehe mich aber nicht mit ihr zusammenleben, also schenke ich sie ihm, damit er sie seinem Sohn schenken kann, als Gegenleistung fürs Mitnehmen.

Zurück in meinem Garten sind die Rosen, von denen ich schon befürchtet hatte, sie würden entweder tot oder so gut wie tot sein, ganz im Gegenteil riesengroß, die Zweige dick und voller junger Triebe, die Blätter ein dichtes Dunkelgrün und die Knospen fest. Ich spüre, wie sie sich unter der Oberfläche aufbäumen. Obwohl ich sie um zwei Drittel zurückgeschnitten hatte, scheinen sie kräftiger denn je.

Vielleicht hatte ich das der Schlange zu verdanken. Meine Lektion aber war – und dieses Geschenk verdanke ich dem Garten – eine Lektion, die sich jedes Jahr aufs Neue bestätigte, solange ich in dieser Wohnung lebte: Auch an scheinbar nicht zu verkraftenden Verlusten kann man wachsen, sich wieder aufrichten und stärker werden, als es irgendjemand für möglich gehalten hätte.

...

Nach diesem Frühling bleibe ich noch fünf Jahre.

In diesen Jahren bringe ich zu Dinnerpartys immer Rosen als Gastgeschenk mit, meist von der Voodoo-Rose, da es für diese Pflanze ein Leichtes zu sein scheint, mich mit der nötigen Riesenmenge an Rosen zu versorgen. Als nebenan eine Blumenhandlung aufmacht und ich mit einem Bündel Rosen daran vorbeilaufe, ist die Floristin ganz baff und fragt mich, woher ich sie hätte. Bald steht bei ihr immer auch ein Bottich mit meinen Rosen.

Ich schmeiße meine eigenen Partys, und rund um die Rosen füllt sich der Garten mit trinkenden Partygästen. Ich habe Affären, Liebhaber. Eines Sommers höre ich von Feng-Shui und lerne, den Garten als Karte meines Körpers zu deuten. Kurz darauf melden sich die Rosentreibbohrer zurück, an einer Stelle, die mit großer Genauigkeit einen Filzlausbefall vorherzusagen scheint. Feng-Shui hat meinen Garten in eine Voodoo-Puppe verwandelt, die ihre Probleme auf mich pro-jiziert. Oder umgekehrt.

Irgendwann erbarme ich mich der Küstenrosen und lasse sie ziehen. Ich fahre sie nach Maine an den Strand und über-lasse sie dort auf den Felsen ihrem Schicksal, eine spontane, wissenschaftlich unhaltbare Geste, von deren Richtigkeit ich dennoch überzeugt bin.

Nach der Fertigstellung und Veröffentlichung meines ers-ten Romans werde ich ruhelos, und wann immer ich übers Umziehen spreche, sage ich sofort, dass ich die Rosen natür-lich mitnehmen würde, denn die erste Frage lautet immer: Und was wird aus deinem Garten? Im LKW sind sie gekom-men, sage ich dann, und im LKW werden sie gehen. Doch als ich dann wirklich umziehe, lasse ich den Garten, wie er ist, hinter mir zurück, samt seiner verborgenen Geheimnisse, da ich beschlossen habe, dass sie zu diesem Ort gehören und nicht zu mir.

Als ich zu diesem Garten kam, war ich ungefähr in dem Zustand, in dem ich ihn vorfand. Ich war ein Wrack, eine Katastrophe, die dringend der Aufarbeitung bedurfte. Dieser Hinterhof war mein Ebenbild und mein Gartentraum, auf seine Art, mein erträumtes Ich. Bei meiner Ankunft lagen Jahre der Selbstvernachlässigung hinter mir, und ich wusste nur, dass ich mich selbst nicht kannte und dringend an eine Zukunft für mich glauben musste. Ich hätte nicht sagen können, wie ein Garten mir dabei helfen könnte oder wie ich selbst mir dabei helfen könnte. Wenn mein Garten ein Bote war, dann lag seine Botschaft in jenen stillen Momenten, in denen ich mir sicher war, ihn hören zu können, wie er mir durchs Erdreich entgegenwuchs. Dass da noch mehr kommen würde. Aber das wusste ich damals nicht. Ich wusste nur, es war Zeit zu gehen. Ich hatte getan, wozu ich gekommen war.

Wenn ich heute in der Gegend bin, laufe ich gelegentlich an meiner Wohnung vorbei und stelle mir, so idiotisch es klingt, gerne vor, dass hinter der Haustür immer noch meine Rosen auf mich warten, riesengroß vom Seetangtee und den vielen Tagen mit sechs Stunden Sonne, dass ihnen Beine gewachsen und sie längst bereit sind, das Haus niederzudrücken und hinaus auf die Straße zu laufen, wo sie die Autos aus dem Weg schleudern und den Asphalt in Fetzen schneiden werden. Ich klammere mich daran, dass sie mich vermissen, ihren ehemaligen Peiniger, der sie zum Wachsen genötigt hat, sie zurückgeschnitten und in gleißendes Sonnenlicht getaucht hat, von Frühling bis Winter. Ich spüre sie immer noch, von der Straße, von der anderen Seite des Flusses aus, wo ich jetzt ohne sie lebe, der Saft pulsiert in ihren Adern, und sie pressen sich nach oben, Richtung Himmel.

Doch das Wesen, dem Beine wuchsen, die es aus dem Garten trugen, war ich. Ich war nicht ihr Gärtner. Sie waren meine.

DIE ERBSCHAFT

Im Jahr 2000 wurde ich, eher durch Zufall, Leiter der Montagstafel der All Souls Unitarian Church an der Upper East Side von Manhattan. Aufgrund gesundheitlicher Probleme hatte meine Vorgängerin unerwartet ihren Posten aufgeben müssen, und als ich in der darauffolgenden Woche zu meiner Schicht als Ehrenamtlicher erschien, fragte man mich, ob ich fürs Erste ihre Aufgaben übernehmen könnte. Ich wurde kommissarischer Leiter der Tafel und blieb es drei Jahre lang.

An meinem ersten Arbeitstag musste ich mit einem Briefumschlag voller Banknoten, unserem gesamten Wochenbudget, zu Western Beef, dem Fleisch- und Lebensmitteldiscounter, bei dem die Tafel ihre Lebensmittel einkaufte. Obwohl ich oft mit unserer ehemaligen Leiterin mitgelaufen war, als ihr Assistent, war ich an diesem ersten Tag allein sehr nervös. Die Tafel versorgte einhundert Bedürftige — wenn mehr kamen, auch mehr — nach dem Prinzip «Wer zuerst kommt, mahlt zuerst». Manche nahmen sich sogar Essensreste mit, um sie denen zu bringen, die ihre Unterkunft nicht verlassen konnten. Die Verantwortung war riesig. Ich machte den Speiseplan, kaufte so ein, dass ich im Budget blieb, und kehrte zur Kirche zurück, und so ging es drei Jahre lang. Schritt für Schritt weiteten wir unsere Aktivitäten aus, besonders nach dem 11. September 2001. Ich war stolz auf unsere Arbeit.

Ich erledigte all das Woche für Woche mit einer Souveränität, von der in meinem übrigen Leben wenig zu spüren war. Wenn ich nach der Schicht in meine Wohnung zurückkam, wartete dort ein Kleiderschrank auf mich, in dem sich Kisten und Kästen mit Kassenbons und Unterlagen aus den letzten fünfzehn Jahren stapelten, darunter viele unbezahlte Rechnungen, Mahnungen und Vollstreckungsbescheide. Und Briefe vom Finanzamt. Als ich mir einige Jahre zuvor eine persönliche Assistentin gesucht hatte, hatte sie beim Durchsehen der Unterlagen gesagt, «Oh, Wahnsinn, das brauchen Sie alles nicht», dann gelacht und mir geraten, den ganzen Papierkram wegzuwerfen. Aber ich konnte es nicht. Als ich 2004 schließlich auszog, kamen die Kisten mit.

Halb unbewusst hatte ich immer den Bons die Schuld gegeben. Doch wenn ich Einkäufe für die Kirchentafel machte und die Kassenbons in einen Briefumschlag steckte, um sie im Sekretariat abzugeben, spürte ich diesen Schmerz nicht. Je länger ich mit ruhiger Hand die Geschäfte der Tafel lenkte, desto deutlicher sah ich, dass mir hier eine tiefe Wahrheit über mich selbst offenbart werden sollte. Bei Einkäufen für die Tafel überkam mich nie jener geradezu übersinnliche Schmerz, der alles begleitete, was mit meinem eigenen Geld zu tun hatte.

...

Der Schmerz meldete sich bei jedem Einkauf, spätestens bei der Frage: «Möchten Sie den Bon?» Von *Wollen* konnte keine Rede sein, nie und nimmer. Doch ich nahm ihn trotzdem, aus

Pflichtbewusstsein, und ließ ihn schnell in meinem Portemonnaie verschwinden, bis es aussah wie der prall gefüllte Sack eines Schmugglers.

Für die nächsten Schritte hatte ich kein System. Die Bons blieben, wo sie waren, meist viel zu lange, bis sie zu völliger Bedeutungslosigkeit verblasst waren. Oder ich leerte das Portemonnaie in eine Seitentasche meines Rucksacks oder stopfte die Bons in einen Briefumschlag, immer mit dem Versprechen, mich später ausführlich mit ihnen zu beschäftigen. Dann kamen sie in die Kisten, in denen sie herumflatterten wie scheußliches Konfetti, für eine Feier bestimmt, die nie kommen wird.

Eigentlich bedeuteten sie Geld, dass ich mir teilweise zurückholen konnte, doch mir bedeuteten sie vor allem, wie viel Geld ich schon verloren hatte. Schmerzen sind Informationen, das bekamen meine damaligen Yogaschüler ebenso zu hören wie meine Literaturstudenten. Schmerzen wollen euch eine Geschichte erzählen. Aber dazu müsst ihr zuhören. Es war wie so oft: Was ich ihnen beizubringen versuchte, war das, was ich selbst zu lernen hatte.

...

Dass Kassenbelege Schmerz bedeuteten, war mir nie als etwas besonders Rätselhaftes erschienen, dem ich unbedingt auf den Grund gehen müsste. Ich dachte mir nichts dabei und nahm einfach an, es ginge allen so. Ich log mir selbst in die Tasche, arrangierte mich mit dem Schmerz, statt mich ihm zu stellen.

In einem Aktenordner von 1989, den ich heute noch besitze, findet sich ein Brief meiner Schwester — sie war damals

fünfzehn, ich zweiundzwanzig – mit der Bitte, meine Steuerformulare an meine Mutter zu schicken, die sie ihrerseits
unserer Steuerberaterin übergeben würde. Im selben Ordner
findet sich auch die dazugehörige Steuererklärung, aufgesetzt
nachdem ich die Formulare abgeschickt hatte. Ich sehe meine
Einkünfte aus dem Sandwichladen in Middletown, Connecticut, wo ich während des Studiums an der Wesleyan jobbte;
meine Einkünfte aus den ersten Monaten bei A Different
Light, der Buchhandlung in San Francisco, in der ich kurz
nach meinem Abschluss angestellt war; und die Steuern auf
den Verkauf der Aktien aus meinem Treuhandfonds, mit dem
ich mein Studium an der Wesleyan finanziert hatte.

Mich durch meine jüngere Schwester darum zu bitten, ihr
die Formulare zu schicken, war typisch dafür, wie meine Mutter mit uns kommunizierte, eigensinnig und immer über
Bande. Bis heute gibt sie uns allen Botschaften an die anderen
mit, obwohl sie genauso gut selbst zum Hörer greifen könnte.
Zeitlebens habe ich versucht, ihr das abzugewöhnen, während
ich zugleich versuchte, ein neues Verhältnis zu Geld und
Schmerz zu finden, diesem Zwillingspaar, als das sie mir
immer erschienen sind. Die Ängste, die sich an Kassenbons
hefteten, waren Geldsorgen und zugleich weit mehr als das.

Genährt wurden meine Ängste von der Überzeugung, dass
irgendwann der große Kassensturz kommen und ich diese
Prüfung nicht bestehen würde. Nachdem ich in Joan Didions
Das Jahr magischen Denkens davon gelesen hatte, wie sie die Hinterlassenschaften ihres verstorbenen Ehemanns aufhebt, als
käme er sie irgendwann holen, verstand ich es ein bisschen
besser: Ich hatte die fixe Idee, meinem Vater eines Tages
Rechenschaft über alles ablegen zu müssen, was ich mir von
dem Geld aus dem Treuhandfonds, der nach seinem Tod für

mich eingerichtet worden war, gekauft hatte. Und ihm erklären zu müssen, wie ich dazu kam, ihn so sehr zu enttäuschen.

...

Als er starb, war mein Vater noch so jung, erst dreiundvierzig Jahre alt, dass er kein Testament gemacht hatte, teils aus der noch sehr jugendlichen Überzeugung heraus, dass der Tod weit weg ist und später immer noch Zeit sein wird, ein Testament aufzusetzen und notariell beglaubigen zu lassen. Infolgedessen teilte der Bundesstaat Maine das Vermögen meines Vaters in vier Teile, von denen je einer an meine Mutter, mich, meinen Bruder und meine Schwester ging. Den größten Anteil erhielt, kraft Gesetzes, meine Mutter. Für mich wurde ein Treuhandfonds eingerichtet, über den ich verfügen konnte, sobald ich achtzehn wurde.

Erst als er vor drei Jahren starb, drei Jahre nachdem ihn der Autounfall linksseitig gelähmt hatte, hatte mir meine Mutter gestanden, dass sie trotz Krankenversicherung immer noch für Behandlungskosten von mehr als einer Million Dollar aufkommen musste. In jenen drei Jahren war er mehrfach operiert worden, dazu kamen häusliche Pflege, Physiotherapie und experimentelle Behandlungen. Wohlhabend wie sie waren, hätte uns die Verwandtschaft meines Vaters sicherlich aushelfen können, und im ersten Jahr taten sie das auch. Allerdings waren sie der grausam widersprüchlichen Überzeugung, dass meine Mutter zwar die Rechnungen bezahlen, aber nicht arbeiten, sondern zu Hause bleiben und meinen Vater pflegen sollte. In den Augen seiner Familie war Geld anscheinend etwas, womit uns das Unternehmen meines Vaters wie durch Zauberhand versorgte, ein Irrglaube, der so offensichtlich die Frucht von Sexismus und privilegierter Borniertheit war, dass es zum Lachen gewesen wäre, hätten wir nicht so teuer dafür bezahlen müssen. Sein eigener Vater hatte sehr hart gearbeitet, aber von der übrigen Verwandtschaft arbeitete kaum einer, und wenn doch, begriffen sie die finanziellen Verhältnisse meiner Eltern einfach nicht. Ich erlebte sie als Menschen, die sofort misstrauisch werden, wenn sich die Welt nicht restlos ihrer Vorstellung fügt. Sie behandelten uns, als wäre meine Mutter eine gemeine Lügnerin und Betrügerin.

Das kam unerwartet und war schwer zu verkraften. Meine Mutter tat das Einzige, was sie tun konnte. Sie arbeitete fünfzehn Stunden am Tag, um das Vermögen des Unternehmens, jetzt die Vermögenswerte des Nachlasses, in etwas zu verwandeln, das dem Ausmaß des Problems gewachsen war, und übertrug mir die Aufgabe, für meine Geschwister zu kochen, sie zum Training zu fahren und für uns einzukaufen, sogar Kleidung für meine Mutter. Bald war sie imstande, die Behandlungskosten meines Vaters zu begleichen, und tat es.

Und da waren wir also.

Meine Mutter schärfte mir ein, dass der Treuhandfonds in erster Linie für meine Ausbildung und alles, was damit zusammenhing, gedacht sei und ich vernünftig mit dem Geld umgehen solle. «Bildung ist das Einzige, was man sich für Geld kaufen und das einem niemand wieder wegnehmen kann», sagte sie düster. Und: «Wäre es nach mir gegangen, hättest du nicht so viel Geld in die Hand bekommen, nicht mit achtzehn.» Doch so wollte es das Gesetz, und sie musste es mir erlauben, auch gegen ihren Willen. Mich wurmte das, obwohl ich mir eingestand, dass nach Jahren in ständiger Sorge um Hypotheken und unbezahlte Arztrechnungen plötzlich genug

Geld fürs College zu haben ein Luxus war, der sich bestenfalls anfühlte wie ein unverdientes Geschenk.

Folglich war das Erste, was ich mit meinem Geld anstellte, zu gleichen Teilen Rebellion und Lobeshymne. Mein Vater hatte ein Faible für schnelle und teure Autos gehabt, am besten beides, also kaufte ich mir, was er sich meiner Meinung nach für mich gewünscht hätte, einen schwarzen Alfa Romeo – einen Milano, im ersten Jahr, in dem er in den USA zu haben war – ein kubistischer Jetta mit dem Herz eines Sportwagens.

Ich fuhr zum College in Begleitung meines Bruders, der vor allem mitgekommen war, um zu sehen, was für Geschwindigkeiten man aus dem Auto rausholen konnte. An seiner Highschool war er der unumstrittene Schrauberkönig und sparte sich immer das Geld zusammen, das wir all die Jahre hindurch von der Verwandtschaft geschenkt bekamen, um die Autos zu kaufen, die sie in ihrem Kurs für Kfz-Mechanik aufgemotzt hatten, und sie dann mit Gewinn weiterzuverkaufen. Er hatte das Talent, aus allem, was man ihm gab, etwas mehr zu machen. Von ihm hatte ich den Umgang mit der Handschaltung gelernt, in seiner roten 1974er Corvette 454, die so schön war, dass er in jeder Verkehrskontrolle hängen blieb, weil sich die Polizisten nicht an ihr sattsehen konnten.

Mein Bruder hatte während der Fahrt im Bordbuch des Alfa Romeo geblättert und sagte jetzt, nach einem Seitenblick auf den Tacho: «Hier steht, der Wagen schafft maximal 210 km/h.» Er grinste mich an.

Ich nickte. Die Autobahn vor uns war wie leer gefegt, also gab ich Vollgas. Für einen kurzen Moment auf der Massachusetts Turnpike flogen wir, ich trieb die Geschwindigkeit so hoch, wie ich mich gerade noch traute, eine 210-km/h-Abschiedssalve an unseren Vater.

...

Ich nutzte das Auto genauso lang, wie das Geld aus dem Treuhandfonds reichte, neun Jahre, mit Ausnahme der Zeit, als ich
in Kalifornien lebte und meine Mutter damit fuhr, was sie
trotz ihrer früheren Einwände gegen den Kauf des Alfa Romeo
so sehr genoss, dass dieses Streitthema damit vom Tisch war.
Das Geld ermöglichte mir nicht nur die Finanzierung meines
Studiums, sondern auch die Metamorphose vom Studenten
zum Schriftsteller. Ich zahlte meine Studiengebühren und war
nach dem Abschluss schuldenfrei – ein außergewöhnliches
Geschenk. Damit hatte ich die Freiheit, ein Volontariat bei der
Zeitschrift zu machen, die meine erste Titelgeschichte veröffentlichen sollte, und einen Job in einer LGBT-Buchhandlung
anzunehmen, bei dem ich während der Arbeitszeit lesen,
Autoren kennenlernen und sogar an der Planung von Out-
Write, der ersten LGBT-Schriftstellerkonferenz mitwirken
konnte. Während meines Aufbaustudiums war ich als Stipen-
diat zwar von Studiengebühren befreit, allerdings nicht kran-
kenversichert, und das Geld aus dem Fonds ermöglichte mir
nicht nur regelmäßige Zahnarztbesuche, sondern auch einen
Kurztrip ins Krankenhaus nach New York, wo ich vor und
nach meinem Aufbaustudium lebte. Für viele mag das nichts
Besonderes sein, doch ich weiß nur zu gut, wie wenig selbstverständlich es ist, dass Kinder koreanischer Einwanderer so
frei ihren Interessen folgen und eine künstlerische Laufbahn
einschlagen dürfen.

Vom Autokauf abgesehen, kommt mir heute fast alles, was
ich damals für meine Exzesse hielt, ziemlich pragmatisch vor.
Meine Kleidung war secondhand, meine Bücher auch, oder ich
nutzte den Mitarbeiterrabatt. Ich schaffte mir ein Motorrad

an, eine gebrauchte Yamaha 550, und fuhr damit durch meinen neuen Wohnort San Francisco, wo auf jeden Parkplatz vier Autos kamen. Im Herbst 1990 machte ich eine Europareise, nach Berlin, London und Edinburgh, um herauszufinden, ob ich auch anderswo als in den USA leben könnte. Zwar blieb ich letztlich in Amerika, aber die Reise war überaus lehrreich. Wirklich verschwenderisch war ich eigentlich nur, als ich von Iowa aus eine Fernbeziehung unterhielt: Telefonrechnungen, für die ich regelmäßig so viel ausgab wie für die Flugtickets, was mit einem normalen Studenteneinkommen völlig undenkbar gewesen wäre.

Diese neun Jahre hindurch fühlte ich mich zugleich unverwundbar und dem Untergang geweiht, beschützt von einem Zauber, dessen Kräfte zusehends schwanden. Der Alfa gab schließlich den Geist auf, als ich gerade auf dem Weg von Iowa nach New York City war. Ich ließ ihn an Ort und Stelle stehen, in Poughkeepsie, am Straßenrand vor der Wohnung eines Freundes. In jenem Sommer, kurz nach Abschluss meines Aufbaustudiums, ohne Job und ohne Aussicht auf einen, konnte ich mir weder Reparatur noch Abschleppdienst leisten. Zugekleistert mit unbezahlten Strafzetteln wurde das Auto irgendwann beschlagnahmt und vom Staat verkauft, um die Abschlepp- und Lagerkosten reinzuholen. Das Geld war weg, und ich ergab mich dem Leben, nachdem mich weder Fonds noch Auto länger schützen konnten. Mir ist klar, dass ich mich wie ein Idiot aufführte, und ich schämte mich auch dafür, ich fühlte mich dem Problem machtlos ausgeliefert und schämte mich meiner Machtlosigkeit. Aber ich war es auch leid, ständig für reich gehalten zu werden, während es mir immer vorkam, als hätte ich weniger als nichts.

Ich hatte gehofft, mir würde ohne das Geld leichter werden, endlich befreit von dem schrecklichen Gefühl, zwar sein Geld, aber keinen Vater mehr zu haben. Doch als die letzten Reste verbraucht waren, war es nicht nur, als hätte ich das Vertrauen, das mein Vater in mich gesetzt hatte, endgültig enttäuscht. Es war, als hätte ich ihn ein zweites Mal verloren.

...

Schon als Kinder lernen wir, was Geld ist, und diese ersten Erfahrungen prägen vielfach unsere späteren Vorstellungen. Wir lernen es von unseren Eltern, aber auch von anderen. Mir allerdings scheint, als hätte sich immer schon alle Welt berufen gefühlt, mir Lektionen über Geld zu erteilen, als solle mir jeder Tag eine Lehre sein, ob ich nun will oder nicht, was Geld ist und was es vermag.

Aus den Lektionen, die mir das Leben bis zum beschriebenen Zeitpunkt beschert hatte, zog ich die folgenden Lehren: Geld ist Konflikt, Streit, Trauer, Blut; Geld ist nötig; Geld entzweit Familien, selbst wenn es nur vage in Aussicht gestellt wurde; und dass nichts eine Familie so gründlich zerstört wie eine Erbschaft.

Meine Mutter erzählt oft eine Geschichte von mir aus der Zeit, als ich zwei Jahre alt war. 1968 wohnten wir bei meinen Großeltern in Seoul, und drei der Geschwister waren noch im schulpflichtigen Alter – zwei Onkel und eine Tante. Das dreigeschossige Haus war von einer hohen Mauer umgeben, gespickt mit Nägeln, Stacheldraht und Glasscherben, und später wusste ich, dass ich das bei solchen Häusern immer erwarten durfte, überall auf der Welt – den Häusern der Reichen, die inmitten großer Armut leben. Vom Haus ist es nicht weit zum Blauen Haus, der Residenz des Staatspräsidenten in

Seoul, und vom dritten Stock aus kann man den Geheimen Garten sehen, einen Palast, in dem früher die Konkubinen des Königs untergebracht waren. Es war eines der besten Viertel Seouls und blieb lange von den Maßnahmen zur Stadterneuerung verschont.

Wir lebten zu der Zeit, um die es hier geht, in Seoul, weil meine Eltern sich mich ohne fremde Hilfe nicht hätten leisten können. Als ich geboren wurde, studierte mein Vater an der University of Rhode Island Meereskunde im Aufbaustudium. Auf einem Foto aus dieser Zeit, einem meiner Lieblingsfotos von ihm, posieren er und seine Kommilitonen von der URI mit einer Walrippe. Meine Mutter war Hauswirtschaftslehrerin an der örtlichen Schule, und da schwangere Frauen, ob verheiratet oder ledig, nicht unterrichten durften, wurde sie beim ersten sichtbaren Anzeichen der Schwangerschaft entlassen – und damit begann die Wirtschaftskrise, die ich war. Ich war ein außerplanmäßiges Kind; meine Eltern konnten sich eine Familiengründung finanziell noch nicht leisten. Auf den ersten Fotos, die meinen Vater mit mir im Arm zeigen, wirkt er müde und benommen, aus seinem Gesicht spricht Staunen, Liebe und Frustration. Er scheint nur allzu bereit, den Job in Korea anzunehmen, den ihm sein Vater kurz darauf anbieten sollte.

Die Geschwister meines Vaters hatten sich der Reihe nach angestellt, um sich von ihrem Vater das Geld fürs Mittagessen zu erbitten, und nach der Jüngsten ging auch ich zu ihm hin, wie sie es mir vorgemacht hatten, und bat um Essensgeld. Mein Großvater war so entzückt – er hatte schon befürchtet, ich würde nie Koreanisch lernen –, dass er lachend die Treppe hinunterkam und auch mir etwas gab, genau wie ihnen. Mit dem Geld sollte ich mir auf dem kleinen Markt gegenüber eine Süßigkeit kaufen.

Am nächsten Tag machte ich es noch einmal und am übernächsten genauso, weil es ihn zum Lachen brachte, und er gab mir Geld für Süßigkeiten. Bald bekam ich das Geld jeden Tag.

Die Geschwister meines Vaters tragen mir das, glaube ich, bis heute nach. Aus mir war ein weiteres Geschwisterkind geworden, mit dem sie nun um Aufmerksamkeit, Anerkennung und Geld konkurrieren mussten.

Weil ich etwas zu früh geboren bin und untergewichtig war, durfte ich mir, im Alter von zwei Jahren, jeden Tag mit meinem Taschengeld einen Schokoriegel kaufen, am Imbissstand gegenüber. Das ist der Rahmen für die andere Geschichte, die meine Mutter gern aus dieser Zeit erzählt: Um mich für irgendetwas zu bestrafen, hatte sie mir eines Morgens verboten, zum Stand hinüberzugehen. Als sie mich etwas später meinen Schokoriegel essen sah, war sie verwirrt, sogar beunruhigt und fragte mich, wie ich das angestellt hätte.

Das Dienstmädchen erklärte ihr, dass ich sie mit meinem Geld losgeschickt hatte.

Meine Mutter erzählt diese Geschichte als Beispiel für meine Gewitztheit im Bewältigen von Hindernissen und natürlich für meine Durchtriebenheit. Und sicherlich zeigt die Geschichte mein Improvisationstalent. Aber sie zeigt auch, dass ich schon als Kleinkind verstanden hatte, wie Macht funktioniert. Ich folgte dem, was ich als das für meine Klasse angemessene Verhalten empfand, wie es alle Kinder tun. Dass meine Klassenzugehörigkeit eine andere, dass ich zum Klassenverräter werden würde – wie alle Schriftsteller, ganz gleich welcher sozialen Schicht sie entstammen –, das stand mir erst noch bevor. Doch vielleicht bildete dies die Grundlage dafür: das Absuchen des Kontexts nach Hinweisen darauf, wie die erklärten Regeln umgangen werden können – wie man, mit anderen Worten, die wahren Regeln findet, jene Regeln, die einem nie mitgeteilt, aber von allen befolgt werden.

Wie auch immer, meine Beziehung zu Geld begann jedenfalls in einem Alter, an das ich mich nicht erinnern kann, und damit fing, wie mir scheint, alles an.

...

Ich war ein Wechselbalg, ein Schelmenkind, ob durch Zufall oder Vorbestimmung. Meine ersten koreanischen Worte waren «Obi Mechu», der Name einer Biersorte (so allgegenwärtig wie Budweiser in den USA), dahingeplappert, als ich auf dem Schoß meiner Mutter sitzend hinter ihr das Schild sah, während wir mit dem Auto durch die Innenstadt von Seoul fuhren.

Ich bin immer noch jemand, der alle Schilder, die er sieht, laut vorlesen muss, als könnte ich nur so herausfinden, wo ich eigentlich bin.

Solange wir in Korea lebten, war ich beständiger Anlass zur Sorge, wovon ich allerdings kaum etwas mitbekam. Bi-ethnische, koreanisch-amerikanische Kinder wurden im Seoul des Jahres 1968 typischerweise für Kinder amerikanischer GIs und koreanischer Frauen gehalten und häufig entführt und verkauft, denn damals, und noch viele Jahre später, galt: Ohne die richtige Abstammung kein Recht auf Unversehrtheit der Person, soll heißen, wer einen weißen GI zum Vater hatte, galt für die Behörden erst einmal nicht als Staatsbürger. Meine Mutter wurde ermahnt, mich in der Öffentlichkeit nie aus den Augen zu lassen, und ich hatte wirklich ein großes Talent zum Verschwinden. Bei unserer Ankunft waren meine Augen blau gewesen, sehr zum Schrecken der Verwandtschaft meines

Vaters, vor allem meiner Großeltern, aber bald pendelten sie sich auf ein Grünbraun ein, innen braun und außen grün, was akzeptabler war. Ich war das älteste männliche Kind und hatte damit einen besonderen Status, der gewisse Verpflichtungen und Vorrechte mit sich brachte: Während meiner ersten Monate in Korea, bevor sich meine Augenfarbe änderte, quälte sich die Familie mit der Vorstellung, ein blauäugiger, halb weißer Junge könne der *Jongson* der einundvierzigsten Generation der Familie Chee werden.

Mein Vater sagte oft im Scherz, dass mir dann ja bald, wenn ich etwas älter wäre, ein Haus in Korea gehören würde, aufgrund meines Status, und erst als wir beide schon erwachsen waren, sollte mir mein jüngerer Bruder gestehen, wie ungerecht er das gefunden hätte. Ich fragte mich dann manchmal, ob er deswegen Private Equity Investor geworden ist. Doch in Wahrheit waren seine ersten notleidenden Vermögenswerte die Autos, die er in seinem Kfz-Kurs auf Vordermann gebracht hatte. Und der *Jongson* zu sein war nichts, worauf man unbedingt neidisch sein musste.

Wahr ist allerdings, dass der *Jongson* üblicherweise den größten Anteil am Erbe erhält. Das muss nicht, wird aber oft ein Haus sein, denn wenn er der *Jongga* wird, das Familienoberhaupt, muss er seine alt gewordenen Eltern bei sich aufnehmen, einmal im Jahr die *Jesa* halten, eine Zeremonie zur Ehrung der Ahnen, und die Gräber der Familie pflegen. Bei besonders konservativen Familien darf er nicht außerhalb Koreas leben. Er kümmert sich um die gesamte Familie, die Lebenden wie die Toten. Mein Bruder und meine Schwester und ich frotzeln jetzt immer, dass es solche koreanischen Traditionen nur gibt, um Streit und Schmerz zu säen – jedenfalls war das alles, was wir davon hatten. Brüder entzweien sich; Schwestern fühlen sich unsichtbar und machtlos. Was ich über meine nichtmonetären, spirituellen Verpflichtungen weiß, habe ich größtenteils von Menschen gelernt, mit denen ich nicht verwandt bin.

Mein Vater, das mittlere Kind, war ständig damit beschäftigt, Streitereien zwischen seinen Geschwistern zu schlichten, und es ging dabei immer um Geld und das väterliche Erbe. Nach seinem Tod gab es keinen Streitschlichter mehr, und nach dem Tod ihres Vaters überzogen sich seine Geschwister gegenseitig mit Klagen, zehn Jahre lang. Ich werde mich immer daran erinnern, was meine älteste Tante, eine in Korea sehr angesehene Übersetzerin und überdies Professorin, zum langen Kampf um den Nachlass meines Großvaters zu sagen hatte: «Meine Schwestern waren so talentiert, und sie haben nichts aus ihrem Leben gemacht, nichts außer diesem Streit ums Geld.»

Sie sagte das, obwohl sie fleißig mitgestritten hatte.

...

Meine Eltern erklärten mir nicht, was Geld für sie war, sie führten es mir vor. Mein Vater sprach nur selten über Geld. Dass er sonntags häufig dem Gottesdienst fernblieb, begründete er so: «Meine Kirche ist die Bank, und da bin ich fünf Tage die Woche.» Zur Arbeit trug er gut geschnittene Anzüge von J. Press und Maßschuhe aus England, und er glaubte nicht daran, dass man durch Bescheidenheit glänzen konnte. Er war der erste Nichtweiße in seinem Golfclub, bei den Kiwanis und im Rotary Club und war stets äußerst elegant gekleidet. Dass er so sehr auf sein Äußeres achtete, weil er darauf achten musste – dass er deswegen so gepflegt, so beeindruckend gut gekleidet auftrat, weil er an seinem Äußeren sofort als Einwanderer erkannt wurde und nur dann Aussicht auf respektvolle Behandlung hatte, wenn er nach Geld oder wenigstens adrett aussah, sollte mir erst sehr viel später aufgehen. Ich weiß noch, wie er sagte: «Ich werde deutlich besser behandelt, wenn ich im Flugzeug ein Sakko trage», und immer wenn ich mir vor einem Flug ein Sakko anziehe — und er hat recht, man wird besser behandelt —, fühle ich mich ihm nah.

Meine Eltern hatten sich das, was sie besaßen, beide hart erarbeitet — in Seoul, während des Koreakrieges, hatte mein Vater zusammen mit seinem älteren Bruder aufgegebene Militärlaster nach Essbarem durchsucht. Meine Mutter hatte einen Sommer lang Hotelzimmer geputzt, um das Geld für das Auto zusammenzubekommen, mit dem sie Maine dann verlassen hat. Für meinen Vater war Geld zum Ausgeben da, für meine Mutter war jede Ausgabe eine zu viel. Auch sie hatte eine Vorliebe für Maßgeschneidertes — jahrzehntelang hat sie sich ihre Kleidung selbst geschneidert. Sie kleidete sich genauso stilbewusst wie mein Vater, nur eben kraft ihrer eigenen Hände Arbeit.

Ich habe, soweit ich mich erinnern kann, meine Eltern nur ein einziges Mal über Geld reden hören, an dem Tag, als mein Vater mit einer antiken portugiesischen Kanone aus dem achtzehnten Jahrhundert nach Hause kam — «die einzige dieses Typs mit Zündvorrichtung», erklärte mein Vater. Meine Mutter war wütend wie noch nie. Er hatte ihre gesamten gemeinsamen Ersparnisse dafür ausgegeben, damals 750 Dollar. Der Verkäufer war ein Marinesoldat, der sich wie seine Kumpels bei Kriegsende eine dieser Kanonen aus Korea in die Vereinigten Staaten mitgenommen hatte. Wenigstens behauptete er das. Die Wut meiner Mutter war zum Teil darauf zurückzuführen, dass es ansonsten nichts gab, was die Echtheit bezeugen konnte, aber natürlich stellte sich auch die Frage, die sie an jenem Tag stellte: «Und was sollen wir damit? Den Mullins den Krieg erklären?» Der seltsame, grobe Klotz war vollkommen fehl am Platze und stand nach dem Kauf hinter dem blauen Cordsofa im Eingangsbereich unseres zweistöckigen Vorstadthauses, nebst einem Großteil der Gewehre unseres Vaters. Als hätten wir sie dort versteckt für den Fall, dass wir sie wirklich einmal brauchen sollten.

Nach dem Tod meines Vaters überlegten wir, ob wir die Kanone nicht schätzen lassen oder einfach verkaufen sollten, und bei seinem Mercedes dachten wir ebenfalls ans Verkaufen. Nichts davon geschah. Noch jahrelang stand die Kanone hinter unserer Wohnzimmercouch, und heute gehört sie meinem Bruder. Im Sommer der Insolvenz wurde das Auto in Vermont eingelagert. Vielleicht hat mein Bruder es noch. Als ich ihn das letzte Mal darauf ansprach, ignorierte er meine Frage. Er hat allerdings vor Kurzem zugegeben, dass er die Kanone von Christie's hat schätzen lassen; sie ist jetzt 28.000 Dollar wert. Das Siebenunddreißigfache des Kaufpreises, und damit lautet, siebenunddreißig Jahre danach, die Lehre der Kanone wie folgt: Mein Vater hatte recht.

...

Das erste Taschengeld, das ich in Amerika bekam, von meinem eigenen Vater, das erste Taschengeld jedenfalls, an das ich mich erinnern kann, sollte mir den Schmerz meiner ersten Allergieimpfung versüßen, als ich vielleicht sieben Jahre alt war. Erst der scharfe Blitz der Nadelinjektion, und dann drückte mir mein Vater im Eckladen nahe der Arztpraxis einen Vierteldollar in die Hand, von dem ich mir Comics kaufen durfte.

Das Schema war also Schmerz, dann Geld, dann Macht über den Schmerz, das triumphierende Gefühl, wenn schon nicht den Schmerz, dann wenigstens die eigene Machtlosigkeit besiegt zu haben. Es war eine der ersten Erfahrungen väterlicher Liebe, an die ich mich erinnern kann.

Schmerz, Geld, Macht über den Schmerz. Mein Fehler war nur, dass Geld Schmerz nicht besiegen kann. Dazu muss man sich ihm stellen.

In den ersten Jahren nach Auflösung des Fonds träumte ich immer wieder von einem großen Geldsegen, genauso groß wie der Fonds, weil ich mir einbildete, nur das könne mich retten, und ich nicht wusste, worauf ich sonst hoffen sollte. Heute weiß ich, dass mir das nicht geholfen hätte. Der Traum lief darauf hinaus, dass das Geld aus dem Fonds, das ich geopfert hatte, in gleicher Höhe zu mir zurückkommen würde, ein einfacher Tausch, der unwiderleglich bewiesen hätte, dass mein Opfer nicht umsonst gewesen war, in der primitiven Religion, die ich mir um Geld und Selbstwertgefühl zurechtgezimmert hatte. Ich träumte vom großen Geldsegen, weil sich in meinem Kopf zwei Geschichten miteinander verquickt hatten, wodurch sich das Geld von meinem Vater in etwas verwandelte, das den Schmerz zugleich besiegt und an seine Stelle tritt.

Ich suchte nach neuen Denkschemata, nach einem neuen Verhältnis zum Geld. Ich hatte mehrere Identitäten, ob sie mir nun bewusst waren oder nicht: Ich war das Kind eines Wissenschaftlers und einer Lehrerin, Unternehmerkind, und, wie mich einer meiner Freunde gern nennt, verlorener Prinz, weit weg von seinem Königreich. Meine Identität als Schriftsteller war die jüngste in dieser Reihe.

Aber wenn ich mich überhaupt mit diesen Identitäten identifizierte, dann deswegen, weil ich kein *Jongson* sein wollte, jedenfalls nicht so, wie man ihn mir beschrieben hatte. Meiner Erfahrung nach machte mich diese Rolle zur Zielscheibe. Ich wollte mein eigener Herr sein, ganz wie mein Vater, und was ich von ihm wusste, dass er in mehreren Jobs gleichzeitig gearbeitet hatte, um nicht auf seinen Vater angewiesen zu sein, fand ich ebenfalls nachahmenswert – also arbeitete ich jetzt, wo der Fonds aufgebraucht war, nicht nur als Kellner, sondern nahm jeden Job an, den ich bekommen konnte. Ich folgte dem Beispiel meines Vaters und nicht dem seiner Familie.

Ich war mit der Vorstellung aufgewachsen, dass die Schriftstellerei ihrer Natur nach ein unrentables Unterfangen ist, für das man symbolische Geldsummen erhält, während man seinen Lebensunterhalt aus anderen Quellen bestreitet, und musste mir mühsam beibringen, auch dagegen anzukämpfen. Aber dass mich ausgerechnet als Schriftsteller der große Geldsegen erwartete, war genauso unrealistisch. Meine Mutter riet mir immer wieder gerne zu einem Abschluss in BWL, schriftstellern könne ich nebenher. Mein Großvater sagte mir bei unserem letzten Besuch vor seinem Tod: «Du bist Dichter, und das heißt, du wirst arm sein, aber sehr glücklich», und wollte sich schier ausschütten vor Lachen.

Ich lachte mit.

Taschengeld und Fonds hatten mich eines gelehrt: Geld gehörte anderen, nicht mir. Ich versuchte, den bösen Zauber zu durchbrechen, den all das auf mich ausübte, angefangen bei dem Essensgeld, das mir mein Großvater damals, ohne dass ich mich daran erinnern könnte, immer gegeben hatte und aus dem später der 100-Dollar-Schein werden sollte, den er mir jedes Mal zusteckte, wenn er uns aus Korea besu-

chen kam. Das war etwas, was der älteste Bruder meines
Vaters, mein Onkel Bill, ganz genauso machte. Und wiewohl
ich mir nie vorstellen konnte, einmal so zu sein wie mein
Großvater, der Selfmademillionär mit international erfolg-
reichem Fischereikonzern und sieben Kindern, die sich nach
seinem Tod zehn Jahre lang immer wieder gegenseitig verklagen würden, konnte ich mir sehr wohl vorstellen, eines Tages
wie Bill zu sein.

Bill war ein gut gekleideter Mann, der seine Kleidung nach
einem festen Muster auswählte, von dem er nur selten abwich:
Chambrayhemd, Ascotkrawatte mit Paisleymuster, darüber
ein marineblauer Blazer mit Goldknöpfen, dann Khakihose
und ochsenblutrote Slipper mit Troddeln – von ihm lernte
ich, was Paisley überhaupt bedeutet. Wenn er das Haus verließ, trug er über dieser Uniform einen Burberry-Mantel,
einen Burberry-Schal und eine Baskenmütze, die seine Haare
bedeckte, jene paar spärlichen Strähnchen, die er sich verwe-
gen über die Glatze kämmte und die in mir immer zärtliche
Gefühle weckten, denn schon als Kind war mir klar, dass
niemand darauf hereinfiel. Er liebte uns innig und lächelte
immer so spitzbübisch, dass es uns sehr naheging, wenn er
einmal traurig war. Als Rechtsgelehrter, praktizierender
Anwalt und Juradozent hätte Onkel Bill Aussichten auf eine
glänzende Universitätskarriere in den Vereinigten Staaten
gehabt, bis er von seinem Vater nach Hause beordert wurde,
um ihm ein braver Sohn zu sein. In Korea begann er an der
Hanyang-Universität in Seoul Jura zu unterrichten und stieg
schließlich bis zum Berater des Staatspräsidenten auf Kabi-
nettsebene auf, für internationales Vertragsrecht, und wurde
als erster Koreaner in die Völkerrechtskommission der Vereinten Nationen gewählt. Im Jahre 1994, als ich gerade mei-

nen Hochschulabschluss machte, bat mich Bill, die Übersetzung eines Buches von ihm zu lektorieren, in dem er seine Arbeit zugunsten staatenloser Koreaner in Russland und China beschreibt; ich besitze das Buch immer noch. Er lebte bis zu seinem Tod in dem Haus, das er geerbt hatte, demselben Haus, in dem ich als Kind bei der Familie meines Vaters gelebt hatte. Für einen alleinstehenden Mann war es eindeutig zu viel Haus, aber er bestand darauf, trotz der hohen Steuerlast. Seine Mutter hatte sich das Haus immer als einen Versammlungsort der ganzen Familie erträumt, doch er hielt einsam dort Wache, bis zu dem Tag, an dem sein Nachfolger ihn ablösen sollte.

Meine Vermutung war, dass es dieses Haus war, von dem mein Vater immer gesprochen hatte, das Haus, das ich eines Tages geerbt hätte. Bill war wie ich der älteste Sohn. Ich besuche das Haus jedes Mal, wenn ich in Seoul bin. Nach seinem Tod war es jahrelang eine Ruine, Wind und Wetter schutzlos ausgeliefert; er hatte es einem Cousin vermacht, den er zuvor adoptiert hatte. Inzwischen beherbergt es ein vietnamesisches Restaurant, zweifellos nach dem Willen meines Cousins — wir sprechen nicht miteinander, ein Ergebnis der Entfremdung, zu der es nach dem Tod meines Vaters kam, als sein Nachlass ins Visier der innerfamiliären Streitigkeiten ums Geld geriet. Die Kakibäume im Hinterhof stehen noch, höher als die um sie herum errichteten Neubauten.

Ich komme hierher, um das zu sehen, wovon ich, auch ohne mit ihm zu sprechen, weiß, dass es wahr ist: dass er darum kämpft, das zu tun, ja sogar das zu sein, was mir verwehrt geblieben ist.

...

In den Jahren nach der Auflösung des Fonds, oder, wie ich es immer noch empfinde, seinem Verlust, ist es mir gelungen, mich allmählich von der fixen Idee zu befreien, ich sei der wahre *Jongson* — außer vielleicht, was die *Jesa* angeht. Vor zwei Jahren, im Oktober, hielt ich meine erste, eine eigene Variante. Ich errichtete einen Altar in meiner Wohnung, mit einer aufwendigen koreanischen Mahlzeit, die ich selber zubereitet hatte. Ich goss Soju ein und schrieb meinen Ahnen einen Brief, dass ich sehr wütend auf sie wäre und sie mir sagen sollten, was sie von mir wollten. Dann verbrannte ich den Brief, damit sie die Botschaft erhielten.

Die Rebellion meines Vaters gegen seine Familie ist inzwischen zu meiner eigenen geworden. Ich lernte, ohne auch nur die Vorstellung zu leben, ich könne von irgendjemand Hilfe erwarten außer von mir selbst. Mit der Zeit wurde mir klar, wie außergewöhnlich es war, einen koreanischen Immigranten zum Vater zu haben, der nichts wollte, als dass sein Sohn seinen eigenen Weg geht — und nicht Rechtsanwalt, Arzt oder Ingenieur wird wie er. Es war, als müsse ich in einer neuen Welt, unter veränderten Schwereverhältnissen noch einmal neu laufen lernen, und im Jahr 2000, dem Jahr, in dem ich kommissarischer Leiter der All-Souls-Montagstafel wurde, hatte ich bereits sechs Jahre in dieser neuen Welt gelebt. Ich war zusammen mit meinem Freund in die Kirche eingetreten und nach unserer Trennung geblieben. «Sie sind hier jeden Montagabend, da brauchen Sie doch sonntags nicht zu kommen», hatte mir der Pfarrer gesagt, als ich mich bei ihm für mein Fehlen beim Gottesdienst entschuldigte — die Kirche befand sich an der Upper East Side, weit weg von meiner Wohnung in Brooklyn. Die Vorstellung, dass karitative Handlungen Gottesdienst sind, dass man damit Gott ebenso wie seinen Mitmenschen ein Opfer darbringt – dass Gottesdienst am Montag genauso viel wert ist wie Gottesdienst am Sonntag, wenn nicht sogar mehr –, ließ mich sofort heimisch werden.

Es ist mir nicht gelungen, mich vollständig zu heilen. Ich habe immer noch damit zu tun. Mit den Kartons voller Aktenordner bin ich schon fast durch. Ich habe mich von der Wunschfantasie des großen Geldsegens gelöst und mir stattdessen beigebracht, meinem Geld ein guter Hirte zu sein. Ich habe Regeln für mich gefunden, nach denen ich immer noch lebe: Sorge dafür, dass deine Miete niedrig ist, egal in welcher Stadt du lebst; schreibe vor allem fürs Geld, aber vergiss nicht, auch aus Liebe zu schreiben; fordere aus Prinzip immer mehr Geld, als man dir zuerst anbietet; überlege dir genau, wie viel Geld du im Monat mindestens verdienen musst, und versuche dann, immer wenigstens etwas mehr als das zu verdienen; erhöhe die Summe von Jahr zu Jahr, um sie an die Inflationsrate anzupassen. Mache deine Steuererklärung. Setze alles, was du kannst, von der Steuer ab.

Dass ich überlebt habe, obwohl ich mir ständig selbst Steine in den Weg legte, verdanke ich der Einsicht, dass meine Beziehung zum Geld emotional vorbelastet war. Ich entschied, dass ich mich wie jeden anderen behandeln musste, um den ich mich kümmerte. Sparsamkeit im Umgang mit Geld und Großzügigkeit mir selbst gegenüber, das war alles, was ich lernen musste, und dass es allein an mir hing, ob eines Tages der große Geldsegen kommen würde, aber diese Einsicht war das Geschenk dieser Zeit und dürfte, glaube ich, der unitarischen Gnade so nahe kommen, wie es mir irgend möglich ist.

Es waren kleine Schritte, aber sie haben mich gerettet, als es nichts sonst konnte.

HOCHSTAPLER

Im Sommer 2003 fragte mich eine Freundin, die wusste, dass ich auf Wohnungssuche war, ob ich nicht zur Untermiete in ihre Wohnung ziehen wolle, in der Nähe des Gramercy Park in New York. Sie versuchte gerade, sie zu verkaufen, weil sie für sich und ihren Verlobten etwas Größeres suchte, aber da sich die Verkaufsbemühungen hinzogen, war sie inzwischen zu ihm nach Park Slope, Brooklyn gezogen. Rechtlich gesehen durfte sie die Wohnung nicht vermieten, also bot sie mir an, dass ich nur die Betriebskosten zahlen müsse, 900 Dollar im Monat, was mehr als vertretbar war. Im Gegenzug hatte ich dafür zu sorgen, dass die Wohnung stets sauber und aufgeräumt aussah, falls die Maklerin vorbeikam – und würde ausziehen müssen, sobald sich ein Käufer fand.

Ich willigte ein, obwohl ich mir nicht ganz sicher war, ob ich meinen Teil der Abmachung würde einhalten können – durchgehend ordentlich war ich bis dahin nicht gewesen. Aber mit meinem Einzug war ich es wundersamerweise dann doch. Die Maklerin gab mir immer so früh wie möglich Bescheid, und ich spülte dann rasch das herumstehende Geschirr, zupfte die Tagesdecke zurecht, hängte die Handtücher auf, wischte die Hähne ab und verzog mich in eins der Cafés in Gramercy, bis die Luft wieder rein war. Wenn mich Freunde besuchen kamen, konnten sie es kaum fassen — ebenso wenig wie ich. Aber ich hätte noch weit mehr getan, wenn sie es von mir verlangt hätte.

Es war eine Wohnung, wie man sie sich in seinen Träumen von New York erhofft und dann kaum je bekommt, wenn man wirklich dort lebt: eine Einzimmerwohnung im neunzehnten Stock eines Hauses, das der Einwohnergemeinschaft gehörte, mit freiem Blick nach Norden — der Horizont nur von der Third Avenue durchschnitten — und nach Westen über die ganze Stadt bis hinüber zum Hudson. Und wenn ich den Abwasch machte, konnte ich aus der Fensterluke den East River sehen.

Jeden Tag wieder erschien mir die Wohnung wie der gerechte Lohn nach langer, harter Arbeit. Ich brauchte nicht mehr zu kellnern. Von meinem ersten Roman war soeben die Taschenbuchausgabe auf den Markt gekommen, und mit diesem Geld, und dem Einkommen aus meiner Lehrtätigkeit, kam ich mir zum ersten Mal in meinem Schriftstellerleben reich vor. Sicherlich nicht reich in dem Sinne, dass mich die anderen Bewohner des Hauses als einen der ihren akzeptiert hätten, doch für einen Schriftsteller war ich reich. Das Geld, das ich mit dem Schreiben verdient hatte, würde mir mehr Zeit zum Schreiben verschaffen, und dank der günstigen Mietkonditionen würde das Geld sogar noch etwas länger reichen — ich schien auf dem besten Weg zu mehr Geld und Erfolg. Ein wunderschöner Moment, in dem sich das Geld und die Zeit, für die es stand, zur Aussicht auf eine Zukunft summierten, die sich so weit vor mir auszudehnen schien wie die gesamte bekannte Welt. Der Blick, der sich mir bot, wann immer ich aus dem Fenster sah — genau so sollte sich, genau so würde sich meine Zukunft anfühlen.

Der einzige Wermutstropfen war, dass ich versucht hatte, mit der Arbeit an meinem zweiten Roman zu beginnen, und es nicht besonders gut lief. Woche für Woche hatte ich ihn freitags satt und kam montags zu ihm zurück, wie in einer kaputten Beziehung. Wahrscheinlich schwante mir schon damals, dass ich für diesen Roman über zehn Jahre brauchen würde. Aber dank der Wohnung war meine Verzweiflung leichter zu ertragen.

Wie auch immer es gerade um mein Schreiben stand, ich liebte es, den Wolken nachzuschauen, wie sie über die Stadt hinwegzogen – als wohnte ich im Himmel. Die Fenster waren groß und uralt, noch im Originalzustand, die Rahmen aus schwarzem Eisen, und bei starkem Wind musste man aufpassen, dass die Riegel nicht gegen die Scheiben und Risse ins Glas schlugen. Es gab zwei Balkons, der eine gerade groß genug für zwei, um sich im Stehen einen Whisky oder eine Zigarette zu genehmigen. Auf dem anderen konnte man sehr schön zu mehreren sitzen. Die Balkons standen voller Pflanzen, einige tot, andere noch am Leben, doch sobald die Sonne unterging, nahm man sie nicht mehr recht wahr, weil man nur noch Augen hatte für die Stadt und unwillkürlich anfing, die Wahrzeichen New Yorks zu zählen, die man von hier oben aus sehen konnte. Und die, wie ich hier erfahren sollte, alle ihren Preis hatten: Mit jedem gut sichtbaren Wahrzeichen erhöhte sich der Wert der Wohnung, und mit dem Empire State Building war die Wohnung dann gleich, na vielleicht 15.000 Dollar teurer, eine komische Vorstellung. Der Skyline dabei zuzusehen, wie sie abends nach und nach aufleuchtete, war dann fast wie Geldzählen.

...

Ich hatte schon öfter zur Untermiete gewohnt, aber diesmal war es anders. Zur Untermiete wohnen bedeutet normalerweise, von den Habseligkeiten anderer umgeben zu sein, aber hier waren es ausschließlich meine eigenen Sachen, und ich stellte fest, dass sie mir in dieser Wohnung plötzlich sehr gut gefielen. Ich hatte mich nie für Möbel begeistert und selten mehr als ein paar Dollar für sie ausgegeben, denn wozu solche Anschaffungen, wenn ich dann nicht mehr schreiben konnte? Von Besitztümern musste man sich bald wieder trennen, einfach um weiterschreiben zu können, was ich in New York sehr früh lernte, als ich mich mit ein paar Büchern an der Kasse im Strand anstellte, um mir ein Mittagessen leisten zu können. Die Bücher, die sich nach all dieser Zeit in meinem Regel gehalten haben, hatten tausend bange Momente durchlitten, in denen ich sie durchgeblättert und entschieden hatte, welche zu Geld und damit zu etwas Essbarem gemacht werden würden, wenn dieser oder jener Scheck ausblieb, und welche nicht. Eine Bibliothek Überlebender.

Ich glaube, dass Schriftsteller normalen Menschen – also Nichtschriftstellern, in einer kapitalistischen Gesellschaft – vor allem deswegen oft unheimlich sind, weil es fast nichts gibt, was sie nicht verkaufen würden, um mehr Zeit zum Schreiben herauszuschlagen. Die Zeit ist unser Pelzmantel, unser Lexus, unser Herrenhaus. Unter Schriftstellern wird man eher um Zeit als um Ruhm beneidet. Und Ruhm bedeutet natürlich Geld und damit ebenfalls Zeit.

Mit Ausnahme von Büchern hing ich eigentlich nicht an Gegenständen, und trotzdem besaß ich ein paar schöne oder jedenfalls nicht abstoßende Dinge, und hier sahen sie plötzlich stilvoll aus, gediegen, ganz anders als in meiner vorherigen Wohnung in Brooklyn. Ich besaß eine rote Ledercouch mit dazugehörigem Ohrensessel, die beide bis zu seinem Tod im Büro meines Vaters gestanden hatten und hier fast schon hochherrschaftlich wirkten, außerdem einen antiken Tisch mit Korkenzieherbeinen, den ich einem Freund abgekauft hatte, als er nach Los Angeles gezogen war. Wenn meine Maskerade nicht auffliegen sollte und ich als ein Mann durchgehen wollte, der in ein Haus wie dieses gehörte, musste ich selbstverständlich auch das entsprechende Mobiliar vorweisen können.

Alles wurde liebevoll ausgeleuchtet vom italienischen Kronleuchter meiner Freundin, in dem lustige gläserne Birnen, Trauben und Äpfel hingen. Als ich im Herbst desselben Jahres erfuhr, dass ich nicht nur einen Whiting Award, sondern auch ein NEA-Stipendium bekommen sollte, nannte ich ihn meinen Glückskronleuchter. Eine dieser beiden Auszeichnungen hätte gereicht, um mir das Gefühl zu geben, dass es ein gutes Jahr gewesen war, aber sie beide zu bekommen bewies mir, dass die glänzende Zukunft, die mir die Wohnung in Aussicht gestellt hatte, soeben Wirklichkeit wurde. Jetzt wird alles einfacher, sagte ich mir. Jetzt hast du's endlich geschafft. Ich denke, viele Schriftsteller machen diese Phase durch. Leider ruft die feste Überzeugung, alle Probleme hinter sich zu haben, Probleme ganz eigener Art auf den Plan.

...

An einem Samstagvormittag, einen Monat nach meinem Einzug, lief ich zum Fahrstuhl, die Tür ging auf, und hinten an der Rückwand stand Chloë Sevigny.

Ich bin eigentlich niemand, der Promis mit offenem Mund anstaunt. Doch sie hatte ich vergöttert seit *Boys Don't Cry*, und noch während ich diesen Film zum ersten Mal sah, war sie für mich zu einer der wichtigsten Schauspielerinnen meiner Generation geworden. Und da stand sie nun also.

Ihr Blick war starr nach vorne gerichtet, auf einen Punkt irgendwo in der Ferne, weit weg von allem, was es im Fahrstuhlschacht zu sehen gab. Sie trug Spectator-Pumps und einen weißen Burberry-Prorsum-Trenchcoat, Gürtel zugeknotet, Kragen hochgeklappt.

Ihr Begleiter war ein unglücklich dreinschauender, schmächtiger Junge, dessen Arme ein einziges Tattoo waren. Er trug Basecap, Designerjeans und -feinrippunterhemd und schaute sich verzweifelt um, als versuche er, einen Geheimausgang zu finden, durch den er verschwinden konnte.

Der Fahrstuhl sank lautlos nach unten, und irgendwo um den zehnten Stock herum sagte sie, ohne ihn anzusehen: «Hast du's ihnen gesagt? Wissen die, wer ich bin?»

Er schwieg, während der Aufzug weiter abwärtsglitt. Mir fiel ein, dass gerade Fashion Week war, heute Vormittag sollte Marc Jacobs seine neue Kollektion zeigen, und da wollte sie wahrscheinlich hin, aber vielleicht war es auch sonst was, sonst wo.

«Wissen die. Wer. Ich. Bin?» Sie spuckte die Worte aus wie Feuerbälle, die sich in der Luft materialisierten, exakt im Rhythmus der vorbeischießenden Stockwerke, und das letzte erklang, kurz bevor der Aufzug zum Stehen kam. Ihr Begleiter schwieg eisern. Die Fahrstuhltüren öffneten sich, und sie stürmte durch die Lobby, ihre Spectator-Pumps blitzten und hallten über den Marmorfußboden, und er hastete ihr hinterher.

Ihn sah ich nie wieder, sie dafür regelmäßig. Der Aufzug war wie eine kleine Theaterbühne nur für mich allein: Die Türen gingen auf, und da stand sie, mal sehr elegant gekleidet, mal in Trägerhemd und abgeschnittenen Jeans und auf der Hüfte eine Flasche Woolite, wenn sie auf dem Weg nach unten in den Keller war, um etwas Wäsche zu waschen – eine bessere Werbung für Woolite hätte man sich nicht denken können. Bald erkannte sie mich wieder und nickte mir zu, sobald ich den Fahrstuhl betrat. Doch ich habe mich nie aufgedrängt, sie nie angesprochen.

So ging es eine ganze Weile, bis eines Tages, als ich mir in der Lobby meine Post abholte, die Concierge, eine liebenswerte ältere Dame, die es sich egal sein ließ, dass ich eigentlich nicht dort wohnen durfte, meinen Namen rief. Ich ging zu ihr hinüber. «Alexander – Chloë hier würde sich gern mal die Wohnung ansehen. Man hat ihr zu verstehen gegeben, sie sei zu verkaufen, richtig?»

Ich drehte mich um. Da stand «Chloë» und sah mich erwartungsvoll an.

Ich kann nicht mehr sagen, was sie anhatte, weil mein Gehirn kurz aussetzte. Ich finde immer noch, dass sie im wirklichen Leben oder in Filmen viel schöner aussieht als auf Fotos. Zwischen zwei Augenblicken passiert etwas mit ihrem Gesicht, was kein Standbild je zeigen könnte. «Sie ist doch zu verkaufen – oder nicht?», fragte sie mich, und ich war von ihrem Blick weiterhin wie geblendet.

Ich versuchte, möglichst gefasst zu klingen: «Ja, ist richtig.» Mir kamen die mahnenden Worte meiner Freundin in den Sinn: «Und keine Besichtigungen», hatte sie mir eingeschärft, «das macht alles die Maklerin.»

Aber das ist doch Chloë, sagte ich mir dann und beschloss, meiner Freundin genau dieses eine Mal nicht zu gehorchen.

Die nächste Szene ist mir unvergesslich. Sie lief durch die Wohnung und sagte: «Ich wohne ja direkt hier drüber, bei meiner Freundin, zur Untermiete, und ich finde, sie sollte die Wohnung einfach kaufen, ein Loch in den Boden und fertig. Ich meine, das ist doch ein Spottpreis! Findest du nicht?»

Wir waren also beide Untermieter, und sofort mochte ich sie noch ein bisschen mehr. Günstig fand ich die Wohnung allerdings nicht. Meine Freundin wollte 579.000 Dollar dafür haben, fast 11.000 pro Quadratmeter. Ein paar Wochen davor hatte ich mit einem Freund im Schlafzimmer der Wohnung gestanden, und als ich ihm auf seine Frage den Preis nannte, zeichnete er mit den Händen einen Quadratmeter in die Luft. «Mit 11.000 Dollar füllen, und das vierundfünfzigmal, und schon gehört sie dir», sagte er.

Und da stand jetzt also Chloë vor mir, wie die Manifestation all dieses Geldes, des Ehrgeizes und der Begierde, und glühte förmlich, während sie durch die Zimmer lief. Der Hochstapler in mir wollte sie nicht wissen lassen, dass ich nicht so war wie sie, nicht ausgerechnet jetzt, wo ich unserem Idol gegenüberstand – und so erwischte ich mich dabei, wie ich bei Erwähnung des Spottpreises zustimmend nickte. Ich hatte mein Maskenspiel zu weit getrieben, und in meine Freude über ihre Anwesenheit mischte sich Scham.

«Wirklich ein Schnäppchen», sagte sie, während sie aus dem Fenster schaute und sich dann wieder zu mir umdrehte. «Sie sollte kaufen, findest du nicht? Ich meine, die Aussicht ist wirklich fantastisch, und sie wäre schön blöd, da nicht zuzuschlagen.»

Ich nickte – ich kannte ihre Freundin nicht – und gab ihr die Karte der Maklerin, und dann war sie weg.

Als sie meinte, ihre Freundin sollte die Wohnung unbedingt kaufen, wusste sie offenbar, dass sie für mich unerschwinglich war. Und hatte mich wissen lassen, dass für sie dasselbe galt.

Es gab damals, wie mir später ein weiterer Freund mitteilte, viele gute Gründe gegen einen Kauf der Wohnung. Die Betriebskosten waren hoch, und Backsteinbauten werden mit zunehmendem Alter oft rissig und müssen außerdem regelmäßig neu verfugt werden, nicht die beste Wahl für langfristige Investitionen. Letztlich ging die Wohnung an einen Schulleiter aus reichem Hause, und genau so jemand gehörte da traditionsgemäß auch hin. Ich vermisse die Wohnung immer noch. Trotzdem würde ich nie wieder hinziehen, selbst wenn ich könnte. Ich würde zu sehr vermissen, wie sie war, als Chloë noch über mir wohnte.

...

Die mir verbliebene Zeit in der Wohnung verbrachte ich ganz wie zuvor, nur dass ich jetzt immer, wenn ich auf meinem Balkon stand, Chloë auf ihrem hörte und dann gerne den Mut besessen hätte, bei der Concierge ein Exemplar meines Romans für sie zu hinterlegen, mit einer persönlichen Widmung. Aber daraus wurde nichts, weil ich mir nur idiotisch und irgendwie traurig vorgekommen wäre, wie ein fauler Kompromiss mit jemandem, der ich nie hatte sein wollen. Ein anderer hätte gewiss einen Weg nach oben gefunden, doch dieser andere war ich nicht. Und so kam es, dass ich erst kurz vor meinem Auszug wieder mit ihr sprach, wieder in der Lobby, als ich gerade meine Post abholte. Sie kam an mir vorbeigelaufen, sagte: «Hey, Alexander», und lächelte mich an. Ich blieb, vor Freude wie gelähmt, stehen und erwiderte nur: «Hey», als wäre dies ein Tag wie jeder andere.

Mein wahres Ich war, wie sich jetzt herausstellte, zu schüchtern, um ihr zu erklären, warum ich auszog. Es hatte wieder mal das Sagen, es hatte seine Gründe, und manchmal durfte ich sie sogar erfahren. Aber ich ging im Glücksgefühl, dass sie meinen Namen kannte.

Den Kronleuchter nahm ich allerdings mit. Er hängt jetzt in meiner Küche.

AUTOBIOGRAFIE
MEINES ROMANS

I

Die Frage kam irgendwo zwischen den unverfänglichen: Wie lange haben Sie für das Buch gebraucht, und mussten Sie viel recherchieren? Sieben Jahre, und ja. Und dann: Sind Sie selbst Missbrauchsopfer?

Ja.

Warum haben Sie nicht einfach Ihre Erlebnisse aufgeschrieben?, fragte mich der Leser. Warum keine Autobiografie?

Ich guckte ihn an und war einen Moment lang verwirrt. Ich hatte die Frage nicht gleich verstanden. Der Fragesteller klang verärgert, als hätte ich ihm absichtlich etwas vorenthalten. Als hätte er Steak bestellt und Lachs bekommen. Hatte ich mich denn entschieden? Ich stand vor einem Gewirr widersprüchlicher Wahrheiten. Ich war Gast eines Literaturvereins in Downtown Manhattan, an der Wall Street, vor mir auf dem Tisch ein Pappbecher Kaffee. Alles saß um einen Konferenztisch und blinzelte in das Neonlicht, das sich auf Haut und Augen dünn und schwer anfühlte. Genau wie diese Frage.

Der Fragesteller war ein ansonsten netter weißer Mann, den ich auf ein paar Jahre älter als mich schätzte. Er dürfte noch auf der Highschool gewesen sein, als das alles geschah, und damals hätte ich ihm bestimmt nichts davon erzählt. Dass ich jetzt mit ihm darüber sprechen konnte, war immerhin etwas.

Ich hätte eine Autobiografie schreiben und mein Leben zurückstopfen können in seine Verpackung. Aber dann hätte das, was ich daraus gelernt habe, und wie ich mein Leben jetzt sehe, nicht mehr mit reingepasst.

Ich wartete, bis die Anwesenden das verdaut hatten.

Ich brauchte etwas, das zugeschnitten war auf meine Sicht der Dinge. Das schien sie zufriedenzustellen. Ich wartete auf die nächste Frage.

Am Nachmittag desselben Tages versuchte ich mir darüber klar zu werden, inwiefern ich mich entschieden hatte, so und nicht anders zu schreiben. Doch soweit man überhaupt von Entscheidungen sprechen konnte, schien es mir der Roman selbst gewesen zu sein, der sich mich ausgesucht hatte, als wäre ich eine Tür gewesen, durch die er in die Welt hinaustreten konnte.

...

Ich begann im Sommer 1994. Ich hatte gerade meinen M. F. A. gemacht und war mit meinem jüngeren Bruder und meiner Schwester in eine Wohnung nahe der Columbus Avenue gezogen, an der Upper West Side von Manhattan. Mein Bruder hatte seinen ersten Job im Finanzwesen bekommen, als Börsenmakler, und meine Schwester ihr Studium an der Columbia University begonnen. Ich verglich uns immer aus Spaß mit der Familie Glass aus den Romanen und Erzählungen J. D. Salingers, nur dass unsere Mutter allein in Maine saß und sich dort mit ihren eigenen Problemen herumschlug. Es war alles etwas komplizierter und melodramatischer als in der Welt der Salinger-Romane. Meine Mutter war von einem Geschäftspartner hintergangen worden, der abgetaucht war, nachdem er die Gesellschafterverträge geändert hatte, sodass sie für seine Schulden haften musste. Sie ging in Konkurs und musste das Haus verkaufen, in dem wir aufgewachsen waren. Sie hatte uns ihre Probleme verschwiegen, bis sie nicht mehr zu verschweigen waren, und bis heute bin ich überzeugt, dass wir drei Geschwister genau zu der Zeit in New York zusammengezogen sind, als sie aus unserem Haus vertrieben wurde, weil das die einzige Geste des Selbstschutzes war, die uns niemand nehmen konnte.

Die finanziellen Mittel, auf die ich mich bis zu diesem Sommer hatte stützen können, waren mir entzogen. Das Ende meines Studiums bedeutete zugleich das Ende meines Stipendiums. Mein Erbteil, ein nach dem Tod meines Vaters eingerichteter Fonds, mit dem ich meine Ausbildung finanziert hatte, war nahezu erschöpft – die letzten Reste würden für den Umzug nach New York draufgehen. Neue Stipendien standen nicht in Aussicht, keine meiner Bewerbungen auf einen Aufbaustudiengang war erfolgreich gewesen. An der Oberfläche die Verzweiflung, wenn mit jeder weiteren Ablehnung eine weitere erträumte, eben noch denkbare Zukunft wegfiel; und darunter spürte ich, wie meine Familie zerbrach. Und ich mit ihr.

Diesen ganzen Sommer über las ich immer wieder von Schriftstellern, darunter einige gute Freunde, die ihre Romane, manchmal noch vor Vollendung, für nachgerade exorbitante Summen verkauft hatten. Als mich eine alte Collegefreundin, die inzwischen in der Literaturredaktion des *New Yorker* arbeitete, um ein paar Geschichten bat, sah ich meine Zeit gekommen und schickte ihr einen Ausschnitt aus dem Roman, an dem ich gerade arbeitete, ein Buch über Aids-Aktivisten Ende der Achtzigerjahre in New York und San Francisco. Und obwohl ihr die Auszüge nicht ganz das Richtige für die Zeitschrift zu sein schienen, sagte ihr mein Geschriebenes so weit zu, dass sie es an einen befreundeten Lektor bei William Morrow weiterleitete. Dem Lektor wiederum gefielen die Seiten so gut, dass er mir mitteilte, er würde seinem Verlag die Veröffentlichung des zu diesem Zeitpunkt noch unvollendeten Romans empfehlen. Durch sein Interesse wurde das Interesse der Agentin einer Freundin geweckt, die dann meine erste Literaturagentin wurde, und zehn glückliche Tage lang glaubte ich wirklich, ich hätte es geschafft. Doch der Verlag verzichtete dann, weil man aufgrund meiner Synopse befürchtete, der Roman würde zu lang für eine Veröffentlichung werden. «Die glauben, das werden sechshundert Seiten», sagte meine neue Agentin. Ihr Rat: «Wenn du fertig bist, hören solche Spekulationen ganz von alleine auf, dann wissen wir ja, wie lang er ist. Und dann schicken wir ihn raus.»

Ich hatte Mühe, meiner Verzweiflung über diese Nachricht Herr zu werden. Was folgte, war zu gleichen Teilen meinem Zynismus, meiner Jugend und meiner Wut geschuldet. Inzwischen war klar geworden, dass wir uns die gemeinsame Wohnung eigentlich nicht leisten konnten, jedenfalls nicht auf Grundlage unserer jetzigen Einkünfte, und dass meine Schwester, infolge der Insolvenz unserer Mutter, die Columbia University würde verlassen müssen.

Ich hätte diesen ersten, schon halb fertigen Roman fertigstellen können. Nur ein Jahr später sollten, wie zum Hohn, mehrere Romane mit über sechshundert Seiten erscheinen, und

noch ein Jahr später kam *Infinite Jest* mit seinen 1.079 Seiten.
Nur war der Umfang gar nicht das Problem. Ich hätte es
wenigstens noch einmal, bei einem anderen Verleger probieren
sollen. Aber nein. Stattdessen klammerte ich mich wie besessen an die Vorstellung, einen unvollendeten Roman verkaufen
zu können und mit dem Geld meine Familie zu retten. Ich
begann mit der Arbeit an dem, was dann mein Debütroman
werden sollte, in der Annahme, für einen autobiografischen
Roman müsse man einfach nur aufschreiben, was einem so
passiert war. Ich wandte mich von dem experimentellen
Roman ab, mit dem ich bis dahin hausieren gegangen war, und
erzählte allen, die ich kannte: «Ich mach es wie alle, ich
schreibe einen doofen autobiografischen Debütroman, und
den verkaufe ich dann für ganz viel Geld.» Und dann setzte
ich mich hin, um genau das zu versuchen.

...

Würde man die Geschichte deines Lebens aufschreiben, wäre
damit weder beschrieben, wie du dazu kamst, über dich und
dein Leben nachzudenken, noch was du aus deinem Leben
gelernt hast. Literatur kann das — und heute würde ich sogar
sagen, genau das ist ihre Aufgabe. Doch es sollte noch dauern,
bis mir das klar wurde.

Ich glaubte zu wissen, wie ein Debütroman zu sein hat,
aber jeder Debütroman ist eine neue Antwort auf die Frage,
wie ein Debütroman zu sein hat. Meiner erreichte mich bruch-
stückweise, als wäre er einmal ganz gewesen und dann hätte
ihn jemand zertrümmert und die Scherben in mir verstreut,
sie versteckt, bis sie gefahrlos wieder zusammengesetzt werden
konnten. Als ich noch nicht begriffen hatte, dass ich bereits

an diesem Roman schrieb, schien mir jedes neu auftauchende Bruchstück wie ein seltsamer Valentinsgruß von einem Teil meiner selbst, der ein ganz anderes Verhältnis zur Sprache hatte als das Ich, das in der Gegend herumspazierte, sich mit Freunden auf einen Kaffee traf und aus jedem Tag das Beste zu machen hoffte. Die Worte schienen mir alt und neu zugleich, und was sie beschrieben, ging mir näher als alles, was meine vorangegangenen Sätze zusammenzutragen versucht hatten.

Und so hätte ich beim Schreiben dieses Romans nie sagen können, ich hätte mich entschieden, ihn zu schreiben. Das Schreiben fühlte sich an wie ein autonomer Prozess, meinem Willen entzogen wie Atmung und Herzschlag, und zugleich, als hätte sich in meinem Hinterkopf ein unsichtbares Wesen eingenistet und dort begonnen, mein Gedächtnis und meine Fantasie nach Baumaterial zu durchforsten, das sich demontieren und neu zusammensetzen ließ, damit es endlich sichtbare Gestalt annehmen konnte. Buchstabe für Buchstabe entschlüsselte ich eine Botschaft, die es mir ermöglichen sollte, mit mir selbst und mit anderen zu kommunizieren. Der so entstandene Roman handelte von Dingen, von denen ich in meinem wirklichen Leben nicht sprechen konnte, manchmal buchstäblich nicht. Stattdessen log ich oder spürte einen Druck auf der Brust, als säße dort jemand. Doch als der Roman fertig war, brauchte ich nur noch abzulesen. Eine Stimmprothese.

...

Bei Schreibworkshops war an meinen Sätzen oft kritisiert worden, dass sie zwar schön, aber inhaltsleer wären. Ich glaubte zu verstehen und versuchte, den Fehler zu beheben, fragte mich aber nicht, was es damit eigentlich auf sich hatte, bis der Roman fertig war.

Mein ganzes Leben, mein Gesprächsstil, sogar mein Satzbau war darauf ausgelegt gewesen, nie sagen zu müssen, was ich jetzt aufzuschreiben versuchte. Jahrelang hatte ich versucht, diese Geschichte von mir fernzuhalten, mit allen mir verfügbaren Kräften — intellektuell, emotional, körperlich. Stell dir die Zähne eines Kindes vor, das dreizehn Jahre geknebelt war. So waren meine Sätze damals: eingedrückt dort, wo sie an die Konturen der Geschichte stießen, die ich nicht erzählen wollte, zeigten sie doch, dass da etwas war.

Heute lautet meine Theorie, dass der Debütroman den Schriftsteller macht, so wie der Schriftsteller den Roman. Dass es um etwas gehen muss, das einem wichtig genug ist, um es bis zum Ende durchzuziehen. In meinen Seminaren sage ich immer: Schreiben übt darin, sich nicht alles egal sein zu lassen und herauszufinden, was einem wirklich wichtig ist. Viele werdende Schriftsteller sind ganz auf Stilfragen fixiert, aber ich stelle immer wieder fest, dass es sich da um Ausweichbewegungen handelt, damit sie nicht sagen müssen, was sie eigentlich sagen wollen. Mein erster Roman war nicht der erste, den ich angefangen habe. Er war der erste, den ich zu Ende gebracht habe. Wenn ich meine Aufzeichnungen durchsehe, komme ich auf drei frühere, unvollendete Romane; Teile des einen sind in diesen ersten eingegangen. Aber den vollendeten habe ich zu Ende gebracht, weil ich mir eine ganz bestimmte Frage vorlegte.

Welche Erinnerungen wirst du zulassen? Welche Erinnerungen wirst du dir erlauben?

2

Mit dem Gedanken an autobiografische Literatur hatte ich mich nie anfreunden können. Wenn ich Freunden von meiner Familie erzählte, hieß es immer, ich solle doch über meine Familie schreiben, doch mir war der Gedanke so zuwider, dass ich nichts schrieb, was auch nur entfernt mit Familien zu tun hatte.

Trotzdem war ein Großteil dessen, was ich damals schrieb, wenn nicht sogar alles, in irgendeiner Hinsicht autobiografisch. Meine Hauptfiguren waren oft Spiegelfiguren meiner selbst — wie ich, aber nicht ich, mit einsilbigem Nachnamen. Jack Cho zum Beispiel, eine wiederkehrende Figur in vier meiner ersten veröffentlichten Geschichten, sämtlich Auszüge aus dem abgelehnten experimentellen Roman. Jack ist ein schwuler, koreanisch-amerikanischer Mann aus San Francisco, einziger Sohn seiner alleinerziehenden Mutter, der aus Liebe nach New York zieht und dann bei ACT UP mitmacht. Die Ähnlichkeit war mehr als zufällig, doch nicht so groß, dass ich seine Erfahrungen nicht mehr von meinen hätte unterscheiden können. Sein Nachname glich meinem auch darin, dass er sowohl chinesisch als auch koreanisch sein konnte. Ich erfand Jack, damit er mir half, mein Verhältnis zu Aktivismus und Sex zu durchdenken. Andere in dieser Zeit entstandene Kurzgeschichten dienten der Nachbereitung diverser Freundschaften, Beziehungen und Trennungen. Indessen hatte ich mich mit einer existentiellen Frage auseinanderzusetzen, mit der sich meine Kollegen mit normgerechteren Wurzeln nicht zu befassen brauchten. Kit Reed, deren Schreibseminar ich im Grundstudium besucht hatte, identifizierte sie als Erste. Sie sagte mir, dass ich, wenn ich mich beeilte, vielleicht noch der erste koreanisch-amerikanische Romanautor werden könnte. Damit lag sie nicht ganz richtig: Dieser Titel geht an Young-hill Kang, der allerdings bis vor Kurzem von der Literaturgeschichte ignoriert wurde. Als 1995 *Native Speaker* von Chang-rae Lee erschien, sagte sie: «Na ja, dann wirst du halt der erste schwule.» Und damit sollte sie recht behalten.

Mit zwanzig allerdings fand ich diese Aussicht nicht besonders anziehend, und danach zu streben kam mir seltsam, fast peinlich vor. Ich hatte oft genug erlebt, dass Menschen von mir und meiner Herkunft überrascht waren, und nahm dieses Überraschtsein inzwischen als Beleidigung. Immer musste ich sein, wonach ich draußen in der Welt suchte, in der Hoffnung darauf, dass die Person, die ich einmal sein könnte, bereits existierte, ein anderes Ich vor meinem eigenen. Und immer reichten mir schon kleinste Anhaltspunkte, um mich mit jemand anderem zu identifizieren und damit einer Welt zu entfliehen, die wie leer gefegt von dem zu sein schien, was ich war. Meine langjährige Verehrung für den Sänger Roland Gift zum Beispiel hatte viel damit zu tun, dass ich irgendwann von seiner chinesischen Abstammung erfuhr. Dasselbe galt für das Model Naomi Campbell. Der unausgesprochene Hintergrund all dessen war, dass mir meine koreanisch-amerikanische Herkunft keine verlässliche Grundlage für eine Identität zu sein schien. Ich hatte noch nicht ganz verstanden, dass diese Identität – wie im Grunde jede – mir deswegen so brüchig erschien, weil sie selbst gebastelt war.

Wenn man mir riet, ich solle doch über meine Familie schreiben, klang das für mich oft, als wolle man mir schonend beibringen, dass es mit meinen Einfällen nicht so weit her wäre. Und dass ich nur über eine Sorte Mensch schreiben dürfe, was auf die widersprüchliche Forderung hinauslief, ich hätte als Schriftsteller meine Figuren einerseits frei zu erfinden und ihnen andererseits meine Biografie einzutätowieren. Ich glaube, dass alle Schriftsteller mit nichtkanonischem Hintergrund – und vielleicht auch die mit kanonischem – irgendwann mit dieser Forderung konfrontiert werden. Jedenfalls arbeitete ich mich gerade daran ab, als ich einen Ordner hervorzog, den ich mir versprochen hatte anzusehen, sobald ich in New York angekommen war.

...

Den Ordner hatte ich ein paar Monate zuvor angelegt, im Frühjahr, als ich meine Manuskripte durchging und überlegte, was wegkonnte und was ich aufbewahren wollte, wenn ich Iowa verließ. Ich entdeckte einige Texte, die zunächst keinen gemeinsamen Nenner zu haben schienen. Da gab es eine Kurzgeschichte, die ich am College geschrieben hatte; mehrere unveröffentlichte Gedichte, deren Blankvers mir etwas zu nackt vorkam, eher lyrische Prosa als Prosagedicht; ein Fragment eines unvollendeten Romans mit einer Szene, in der sich ein junger Mann umbringt, indem er sich in Brand steckt; und ein Fragment eines unvollendeten autobiografischen Essays über die Leuchttürme meiner Heimatstadt bei Nacht. Ich steckte sie alle in einen Ordner und sagte laut: «Wenn wir in New York sind, könnt ihr mir sagen, was ihr seid.»

Ich glaube, ich wusste von Anfang an, dass sich das Schreiben eines Romans nicht ganz so einfach gestalten würde, wie es manchmal den Anschein hat, denn für mich hatte es diesen Anschein nie gehabt. Meine Lehrer hatten mir, aber vielleicht nur, damit sie nicht als unumstößliche Norm missverstanden wurde, zu keinem Zeitpunkt meines schriftstellerischen

Werdegangs so etwas wie eine Anleitung zum Schreiben von Romanen und Erzählungen mitgegeben. Wir lasen Romane und Erzählungen in großer Zahl, stritten ständig darüber, was sie nun eigentlich waren, aber Fragen der Handlungsführung anzusprechen galt, wenn es überhaupt je geschah, als abgeschmackt, und so durchlief ich das M. F. A.-Studium in dem beständigen Gefühl, mir alles aus dem Kontext erschließen zu müssen, als wüssten alle längst, was ich noch nicht wusste und jetzt möglichst unauffällig nachholen musste.

Ich kann mich nur an ein einziges Gespräch erinnern, in dem es, wenn auch nur indirekt, um die Frage ging, wie ein Roman entsteht. Als ich einige Jahre zuvor, noch am College, an meiner ersten Kurzgeschichtensammlung arbeitete, für eine Abschlussarbeit im Fach Kreatives Schreiben, hatte ich das Glück, dass in meinem Kurs auch die Schriftstellerin Adina Hoffman saß; sie las meine Sammlung und hatte folgende Botschaft für mich: «Die möchten, glaube ich, alle ein Roman sein», sagte sie. «Ich glaube, du möchtest einen Roman schreiben.»

An diesem Tag konnte ich mich nicht wirklich mit Hoffmans Idee anfreunden — ich hatte mich sehr bemüht, Kurzgeschichten zu schreiben, und fühlte mich jetzt, als hätte ich versagt. Die Bezüge zwischen den Geschichten schienen mir bestenfalls weit hergeholt. Doch mit der Zeit verstand ich: Ihr war aufgefallen, dass sie alle über ihre Wurzeln miteinander verbunden waren und dass sich durch die Reihenfolge, in die ich sie gebracht hatte, ein Handlungsbogen ergab. Noch die Zeilensprünge zwischen den Abschnitten ließen dem Leser jene Atempause, in der man spürt, dass sich gleich eine Geschichte entfalten wird; und wenn es dann nicht mehr weiterging, fühlte sich das falsch an. Dieses Bild meiner Arbeitsweise prägt nicht nur mein Schreiben, sondern auch meinen Unterricht bis heute. An dem Tag, als ich meine Fragmente bat, mir nach unserer Ankunft in New York zu sagen, was sie waren, um dann in das voll beladene Auto zu steigen und mich auf den Weg dorthin zu machen, wusste ich, dass alles in mir nach einem Roman rief. Ich wusste, dass diese Bruchstücke auch selbst den Wunsch hatten, zu etwas Ganzem zusammengefügt zu werden. Und als ich in diesem Sommer in New York den Ordner öffnete und die Fragmente erneut durchlas, spürte ich den Schatten von etwas, in den Verbindungen, die sich zwischen ihnen andeuteten, und begann in diese Umrisse hineinzuschreiben.

...

Den ersten Entwurf für eine Handlung entnahm ich unmittelbar diesem Sommer. Das Drama um die Insolvenz meiner Mutter schien sich mir damals als Ausgangspunkt geradezu anzubieten: Ein junger Mann kommt zurück nach Hause, um seiner Mutter beim Auszug aus dem Haus zu helfen, in dem er aufgewachsen ist. In den Konkurs getrieben, weil ein Geschäftspartner sie verraten hat, ist sie beim Eintreffen des Sohnes niedergedrückt von Verzweiflung und Trauer – Trauer um ihren Mann, seinen Vater, dessen Tod vor acht Jahren sie immer noch nicht verwunden hat. Der Sohn sinnt auf Rache, an ihrem Anwalt, den er für die gegenwärtige Lage seiner Mutter verantwortlich macht, in der Hoffnung, so zumindest für ein gewisses Maß an Gerechtigkeit zu sorgen, als das Haus des Anwalts vom Blitz getroffen wird und niederbrennt.

Die Hauptfigur war selbstverständlich wieder eine Spiegelfigur.

Nachdem ich 135 Seiten hatte, schickte ich alles meiner Agentin, die sagte: «Das ist wirklich wunderschön geschrieben, nur ein bisschen viel des Guten, also niemand wird dir abnehmen, dass einer einzigen Person so viel Schlimmes passieren kann.»

Ich lachte. Ich fand mein Leben auch ziemlich unglaubwürdig.

«Trotzdem, ab Seite neunzig, da wird's richtig gut», sagte sie. «Weitermachen.»

...

Wenn ich mir diesen ersten Entwurf heute ansehe, sehe ich auch, dass die Handlung – na ja, keine richtige Handlung, sondern nur eine Auflistung all dessen war, was uns zugestoßen war. Und ich sehe die Veränderung, die sie auf Seite 90 entdeckt hatte. Nachdem der Erzähler das Grab seines Vaters besucht hat, springt der Roman in die Vergangenheit – und ins Präsens:

So ist mir der Sommer meines dreizehnten Geburtstags in Erinnerung: Nebelhornnächte, Strandtage auf dem Fahrrad, mittags belegte Brote mit Brause. Meine Mutter engagiert sich dafür, dass Recycling verpflichtend wird, und schickt mich mit Händen voller Autoaufkleber über die Parkplätze, «Flaschenpfand jetzt», während sie die Einkäufe erledigt. Meine Haare sind lang und leicht gewellt, und besonders gut gefallen mir die blonden Strähnen an meinen Schläfen, die auch mein Vater bewundert. In Maine beginnt der Sommer, wenn die Kriebelmücken und Moskitos aus den Sümpfen in die Wälder aufsteigen und die Rehe so verrückt machen, dass sie in ihrem Wahnsinn auf die

Straßen hinausrennen. Die braun gebrannten Frankokanadier reisen mit dem Auto an, tragen Bikinis, essen Hummer, glänzen vor Goldschmuck und Sonnenöl. Die New Yorker überfordern und sind überfordert, fast quengelig. Der Trupp aus Massachusetts ist hier König, arrogant und immer leicht irritiert. Diese Gäste sind alles, was wir haben. Die Fischereiindustrie liegt im Sterben, die Schuhindustrie, die Kartoffelfarmen, alles stirbt. Unsere Fische sind weg, unsere Schuhe zu teuer, die Kartoffeln nicht groß genug. Der Flachwasserhummer wurde im Jahr meiner Geburt ausgerottet, still und leise in einem Kochtopf, und jetzt tischen wir seine Geschwister aus der Tiefsee auf. Die Bucht friert im Winter nicht mehr zu, und die Delfine haben uns seit Jahrzehnten nicht mehr besucht. In einigen Jahren werden Kürzungen unsere Marinebasis stilllegen. Bald wird man die Nervosität in jedem Donutladen spüren. Wir können nichts tun als unsere Gäste bedienen und dafür sorgen, dass sie alles friedlich und heimelig finden, während wir ihnen unsere Häuser verkaufen, die Inneneinrichtung, das Essen, das wir uns nicht im Traum leisten könnten.

Eine Leerzeile, und dann:

Noch Stunden bis zum Sonnenuntergang. Ich habe Sonnenbrand, bin müde und voller Sand. Ich gehe ins Badezimmer, schließe die Tür ab und lege mich auf den Fußboden. An meinem Rücken zählen sich die kühlen Kacheln. Ich ziehe meine Badehose runter, schiebe sie mit den Füßen über den Boden zur Tür. Die einzige Lichtquelle ist der schmale Streifen darunter, ein silbriger Schimmer. Ich schaue ins Licht und warte darauf, dass die Zeit vergeht.

Ich war ins Präsens gewechselt, weil ich aus dem Roman so etwas wie *Katzenauge* von Margaret Atwood machen wollte, ein Roman, den ich sehr mochte, weil die Erzählperspektive immer wieder zwischen verschiedenen Lebensaltern der Erzählerin hin- und herwechselt. Eine Künstlerin kehrt für eine Werkschau ihrer Arbeiten in ihre Heimatstadt zurück und wird von Erinnerungen an ihre Kindheit, an die quälende Liebe ihrer besten Freundin überwältigt. Im Roman wird die Vergangenheitsform für die Erzählgegenwart und die Gegenwartsform für die Vergangenheit verwendet, und zwischen beiden spürt der Leser, was das Mädchen erlebte und woran sich die Erwachsene nicht mehr erinnert.

Mich interessierte diese Idee eines Ichs, das durch die Erzählstruktur mit seiner Vergangenheit konfrontiert wird. Außerdem stellte ich fest, dass Schreiben im Präsens wie Selbsthypnose wirkt. In Diskussionen um diese Zeitform geht es meist um die Wirkung auf den Leser, dabei ist die Wirkung auf den Autor mindestens genauso wichtig. Auch der Autor unterliegt beim Schreiben ihrem mächtigen Zauber. Zugleich ist dieser Zauber nicht auf Literatur beschränkt. Das Präsens ist die Zeitform beiläufig erzählter Alltagsgeschichten, wie man sie einem Freund erzählen würde — *Ich stehe also im Park, und da sehe ich diese Frau, die mir irgendwie bekannt vorkommt* ... —, eine sprachliche Geste, die uns allen geläufig ist. Und es ist die Zeitform, die Traumatisierte verwenden, wenn sie über die erlittene Gewalt sprechen.

Die Seiten davor, in der Vergangenheitsform, geben ein wenig Aufschluss darüber, was meine Agentin mit «niemand wird dir abnehmen, dass einer einzigen Person so viel Schlimmes passieren kann» meinte. Der Entwurf enthielt den Auto-unfall und das anschließende Koma meines Vaters, die selbstmörderische Wut, die er aus dem Koma mitbrachte und die sich bis zu seinem Tod immer wieder gewitterartig entlud; kleinere und größere Gemeinheiten der Verwandten meines Vaters, vom Diebstahl der Kontoauszüge seiner Firma über den Versuch, das Sorgerecht für mich und meine Geschwister zu erhalten, bis hin zum Vorwurf an meine Mutter, sie hätte sich eine Affäre geleistet, anstatt sich um meinen Vater zu kümmern; und meine eigenen Selbstmordgedanken und den sexuellen Missbrauch, von dem ich niemandem je erzählt hatte, weil ich befürchtete, dann noch mehr zum Außenseiter zu werden, als ich es dank meiner bi-ethnischen Herkunft sowieso schon war. Nach Liebe oder Gemeinschaft hatte es sich nie angefühlt. Aber immerhin doch fast, als wäre man nicht allein.

Diese autobiografischen Ereignisse folgten keiner erkennbaren Ordnung. Als ich meiner Mutter mit dem Umzug half, stellte sich heraus, dass sie zwar aus-, aber noch nicht eingezogen war; alles lag und stand, wo die Möbelpacker es abgestellt hatten. Ich hatte das Gefühl, einer lebenden Metapher gegenüberzustehen, und genauso war es: Das war mein Romanentwurf. Seite 90 war der Punkt, wo sich die Aufmerksamkeit meines Erzählers nach innen wandte, er den Blick von der Krise seiner Mutter ab- und seiner eigenen zuwandte.

Ich strich die ersten neunzig Seiten und machte mit den restlichen fünfundvierzig weiter, die jetzt den Anfang des Romans bilden sollten. Auf diesen Seiten ging es um das Schweigen meines Erzählers und seinen Hang zur Selbstzerstörung, und ich sah es vor mir wie zum allerersten Mal.

Die Collegegeschichte im Ordner mit den Fragmenten war ein erster Versuch gewesen, über den Missbrauch zu schreiben: eine Geschichte über einen Jungen in einem Knabenchor, der nicht darüber sprechen kann, was mit ihm passiert, und daher die anderen Jungen nicht warnen kann, und so setzt der Chorleiter seine Verbrechen fort, bis er verhaftet wird, und der Junge gibt sich und seinem Schweigen die Schuld an der anhaltenden Katastrophe. Als die Öffentlichkeit von den Vorfällen erfährt, will sich der Junge umbringen – vor allem, weil er sich für sein Schweigen schämt – und wird nur durch das Eingreifen eines zufällig anwesenden Freundes daran gehindert, bei dem es sich ebenfalls um eines der Opfer handelt, einen der Jungen, die er nicht hatte schützen können. Hier, so wurde mir klar, gehörte diese Geschichte hin. Ich hatte mir den Weg zu ihr erschrieben. Und im Weiterschreiben passierte das wieder und wieder: Ich hielt inne, fand einen Abschnitt aus dem Ordner, der an diese Stelle passte, und schrieb weiter.

3

In einem Interview mit der *Iowa Review* erklärt Deborah Eisenberg, dass man, wie sie von Ruth Prawer Jhabvala gelernt habe, so etwas wie eine fiktive Autobiografie schreiben könne, und es war diese Idee – oder meine Interpretation dieser Idee –, an der ich mich als Nächstes orientierte. Ich würde also die fiktive Autobiografie von jemandem schreiben, der wie ich, aber nicht ich war, ihn die Situationen meines Lebens, aber nicht die Ereignisse erleben lassen. Er sollte etwas verrückter sein, weniger ängstlich, wütender. Solche erfundenen Zusätze waren ethisch vertretbar, weil damit die Anonymität aller Beteiligten gewahrt blieb. Als ich mir auszudenken versuchte, welche Erinnerungen meinen Erzähler zurück in seine Vergangenheit ziehen könnten, merkte ich, wie meine Gedanken um die Frage kreisten, was dieser Junge gesehen haben könnte, im Licht unter der Tür.

In meinen Aufzeichnungen vom 4. Juni 1998, vier Jahre nachdem ich mit dem Roman angefangen hatte, findet sich ein Zitat: «Das sind Schauergeschichten, die alle dieselbe quasi mythische Grundstruktur haben: Das Ende ist immer ein Lähmungszustand.» Ich weiß nicht mehr, wer das zu mir gesagt hat. Angaben fehlen, Kontext auch. Ich muss wohl geglaubt haben, dass mir der Sprecher immer im Gedächtnis bleiben würde — meine ewige Hybris, die Ursache vieler solcher Lücken in meinen Tagebüchern. Doch es beschreibt prägnant viele meiner frühen Schreibversuche, sogar das, was ich für mein Leben hielt, sowie die Bücher, die ich las. Und die wichtigste Herausforderung, vor die mich der Roman jetzt stellte.

Es musste eine Handlung her für den Jungen. Ich wollte einen Roman schreiben, der den Leser am Schlafittchen packt und mitreißt. Und doch war ich immer versucht, Geschichten zu schreiben, in denen möglichst gar nichts passierte.

Meine Erzählungen und frühen Romananfänge wurden oft als handlungsarm kritisiert. Ich hatte das handlungsfreie Erzählen der Achtzigerjahre imitiert, mich aber auch, wie es scheint, in einer Landschaft verloren, in der ich gedankenlos die Traumata meiner Jugend reinszenierte. Allen meinen Erzählungen fehlte es an Tempo, an Action, oder sie endeten im Stillstand, denn genauso hatte meine Fantasie mich immer vor meinem eigenen Leben zu schützen versucht, der Irrglaube des Kindes, niemand könne es sehen, solange es nur still und stumm dasitzt. Das war falsch, und doch hatte ich daran geglaubt, ohne recht zu wissen, dass ich daran glaubte. Nachdem ich das nun verstanden hatte, wusste ich auch, dass ich meine Fantasie anders einsetzen musste. Ich musste mir etwas mit Action ausdenken.

Die Handlungen, die mir am besten gefielen, arbeiteten mit Melodramatik, die dramaturgischen Versatzstücke lagen auf der Hand und waren bald mit Blut besudelt: Ringe der Macht, Schwerter, Flüche, Zaubersprüche, Monster und Geister, Zufall und Schicksal — sicheres Pflaster für einen Menschen wie mich damals, denn es ging ausschließlich um imaginäre und irreale Probleme, für die es imaginäre und ir-reale Lösungen gab. Sie spendeten Trost, aber es ging nie um Entscheidungen, um Gefühle und mögliche Folgen von Ent-scheidungen, nie um Menschen, die lebensnotwendige Infor-mationen austauschen. Einen magischen Ring der Macht zu finden, der es mir erlauben würde, mich einem Feind zu stel-len, der alle unsere früheren Zweikämpfe für sich entschieden hatte, war nicht dasselbe, wie die nötige Selbstbeherrschung für diesen Kampf aufzubringen. Und diese Geschichten hat-ten keine Helden, die sich entwickeln. Die handlungsfreie Literatur der Achtzigerjahre und die Science-Fiction-Bestseller, die ich bis dahin gelesen und geliebt hatte, konnten mich trös-ten und begeistern, aber nicht meine Frage beantworten, wie ich diesen Roman schreiben sollte. Ich musste herausfinden, wie Handlungs- und Kausalzusammenhänge gestaltet wer-den — nicht in einer Geschichte, die ich las, sondern in der, an der ich schrieb. Geschichten über äußerst unangenehme Themen müssen etwas Kathartisches haben, ansonsten hört man auf zu lesen oder dreht durch.

Ich suchte in meinen Lieblingsmythen und -opern nach Handlungen, die ich besonders mochte, mit Action, Dramatik und kathartischem Moment. *Tosca* zum Beispiel, wo jede Tat einem verborgenen Motiv folgt, und am Ende sind alle tot. Oder der Mythos von Myrrha, eine Tochter verliebt sich in ihren Vater, verkleidet sich als seine Konkubine, wird schwanger und in einen Myrrhebaum verwandelt. Sie bekommt das Kind, die Baumnymphen hören es weinen, schneiden es heraus und ziehen es als ihr eigenes auf, und der Baum vergießt Tränen aus Myrrhe in Ewigkeit. Ein verbotenes Verlangen, dem nachgegeben wird, was zu Verwandlung, Lähmung und schließlich Katharsis führt. Ich musste unbedingt lernen, wie man so etwas machte, ohne dass genau dasselbe dabei herauskam. Ich musste einen Mythos hacken, damit er ein anderes Ergebnis ausspuckte. Mich mythischer Strukturen bedienen, um etwas zu erschaffen, was kein Mythos war, aber einer sein könnte. Mein Roman sollte dieses eine Thema behandeln, mit dem sich niemand befassen wollte, aber so geschrieben sein, dass man das Buch nicht mehr aus der Hand legen konnte, und zugleich so, dass es ihm Autorität und, soweit möglich, Langlebigkeit sicherte.

Zu Handlungen wie diesen gehörten Ereignisse, die so entsetzlich waren oder so unglaubwürdig, dass die Leser stattdessen mit den Emotionen, dem Allgemeinmenschlichen mitfühlten: Verlust, verbotene Liebe, Verrat. Niemand würde je behaupten, sich nicht in Hera und ihre Eifersucht auf Zeus und seine ständigen Affären hineinversetzen zu können, nur weil man selbst nicht auf dem Olymp lebte. Wenn ich daran dachte, wie häufig Missbrauchsopfern Herablassung, Verachtung, Ekel entgegenschlägt, wusste ich, dass ich unsere Geschichte, oder etwas in dieser Art, nur würde erzählen können, wenn es mir gelang, eine Maschine zu konstruieren, die den Leser mitnimmt, seine möglichen Einwände antizipiert und aushebelt, indem sie ihn einen anderen Weg entlangführt – einen, der ihn überrascht. Und in seiner Verwirrung würde er sich an etwas Vertrautes klammern wollen. Genau das konnte die Handlung leisten.

Die Handlung konnte mir auch eine Hilfe sein, mit alledem umzugehen, woran ich mich nicht erinnern konnte oder wollte. Die Schauergeschichte, die in der Lähmung des Protagonisten – und des Schriftstellers – mündete, die mich lähmte und schreibunfähig machte. In ihrem Essayseminar an der Wesleyan hatte uns Annie Dillard zur Vorsicht gemahnt: Schreiben über die Vergangenheit sei wie ein Tauchgang, man würde sich wie unter einer Taucherglocke auf den Grund des eigenen Meeres hinablassen und laufe Gefahr, der Taucherkrankheit zu erliegen. Man müsse aufpassen, dass nicht das vergangene Selbst Oberwasser bekomme, das Kind mit den Wahrnehmungen, den Verletzungen und Kränkungen eines Kindes. «Wir hatten alle unsere Peiniger, als wir klein waren», sagte sie. «Sie müssen wieder hoch, bevor es so weit kommt.» Ich wusste, bei mir lagen die Dinge etwas anders, und zugleich war es genau das. Ich brauchte etwas, womit ich sicher in die Tiefe und wieder hochkam. Indem ich mich in eine Romanfigur verwandelte, eine Handlung erfand und aus Vergangenheit Fiktion machte, hoffte ich, dieses Problem zu lösen.

4

Für fiktive Autobiografien muss man, meiner Erfahrung nach, genauso viel recherchieren wie für alles Fiktionale. Ich besorgte mir Bücher über sexuellen Missbrauch und die typischen Praktiken pädophiler Täter sowie ein Selbsthilfebuch für

Betroffene, das ich dringender nötig hatte, als mir bewusst war. Ich kaufte ein Buch über die Flora und Fauna von Maine im Jahreslauf. Ich suchte meine alten Chornoten zusammen. Ob ich meinem Gedächtnis trauen konnte oder nicht, ich würde über große Lücken hinwegschreiben müssen, wo ich mir die Erinnerung ans Vorgefallene verboten hatte. Und obwohl mir keine Wahl blieb, als mir durch Erfindung einen Weg nach vorn zu bahnen, brauchte ich Material, dem ich die nötigen Fakten entnehmen konnte.

Bei einem Büchereienflohmarkt erstand ich außerdem eine schon ziemlich zerlesene Ausgabe von Aristoteles' *Poetik*. Wann genau, weiß ich nicht mehr, nur noch, dass ich mich irgendwann, als ich entschieden hatte, meinem Bedürfnis nach Erzählzusammenhang, Handlung und Katharsis nachzugehen, an Aristoteles wandte. Das Buch ist aus vielerlei Gründen lesenswert, nicht zuletzt weil Aristoteles über die Tragödie schreibt, als wäre sie eben erst erfunden worden, und voller Überzeugung erklärt, niemand wisse Näheres über die Ursprünge der Komödie zu sagen, aber sie stamme sehr wahrscheinlich aus Sizilien. Im Übrigen weist er darauf hin, dass das Wort «Drama» vom griechischen Verb *dran* für «tun» oder «handeln» kommt, und das war für mich eine der entscheidenden Einsichten. In einer Geschichte muss etwas Einprägsames geschehen, und was die handelnden Figuren tun, kann sogar, wie Reim und Metrum, eine Gedächtnisstütze sein. Man erinnert sich an eine Geschichte wegen dem, was die Figuren *machen*.

Die Tragödie ist Nachahmung einer Handlung von außergewöhnlicher Bedeutung – sie hat Größe, ist in sich geschlossen, in kunstvoller Sprache gehalten, in ihren unterschiedlichen

Teilen je unterschiedlich gestaltet, wird von Schauspielern dargestellt und nicht erzählt und bewirkt durch Mitleid und Furcht eine Reinigung dieser Gefühle.

An dieser Stelle steht eine Fußnote:

> *Reinigung:* Das griechische *katharsis*, das in der *Poetik* nur an dieser einen Stelle vorkommt, wird von Aristoteles nicht definiert; seine Bedeutung ist sehr umstritten.

Mitleid und Furcht und die ganz große Bühne. Und Reinigung. Das war es, wonach ich gesucht hatte. Ich hatte die richtige Anleitung erwischt.

Sich von Aristoteles Hilfe beim Bau von Romanen zu erwarten heißt, ihn aus einem leicht verschobenen Blickwinkel, fast schon gegen den Strich zu lesen, aber ich verstand ihn trotzdem. Und wenn ich ihn jetzt wieder lese, begeistern mich immer noch seine Ausführungen zu Anfang, Mitte und Ende oder, im Abschnitt über den Umfang, das beiläufig erwähnte «Tier von zehntausend Stadien Länge – so groß, dass sich seine Einheit und Ganzheit dem Blick des Betrachters entzieht». Denn obwohl es ihm hier um die Frage geht, wie umfangreich eine Handlung sein darf, ließe sich Ähnliches auch vom Roman sagen: ein Gedanke so lang, dass man ihn nicht auf einen Blick erfassen kann. Seine selbstsichere Feststellung, eine Geschichte bilde «nicht schon dadurch eine Einheit, wie manche meinen, dass sie um eine zentrale Figur kreist», verhalf mir zu einem besseren Verständnis von Handlung und Figur und erklärte mir auch, wie seine Bemerkung zu verstehen war, Homer habe «die *Odyssee*, wie die *Ilias*, um eine einzige, zentrale Handlung herum konstruiert» – jene

285

Handlung von außergewöhnlicher Bedeutung –, was auf mich eine Wirkung hatte wie fernes Wetterleuchten. Die Geschlossenheit einer Geschichte hängt nicht an der einen Figur, von der sie erzählt, sondern an der einen, zentralen Handlung, und was an den Figuren im Gedächtnis bleibt, ist die Rolle, die ihnen diese Handlung zuweist – zumindest galt das für den Roman, an dem ich gerade schrieb. Und darin liegt wohl die Schwierigkeit: Beim Schreiben des Romans hatte jede dieser Lehren einen ganz bestimmten Sinn und Nutzen für mich, nur wären sie anderen kaum vermittelbar gewesen.

Von ähnlich großem Nutzen für mich war die sehr eingängige Unterscheidung, ein Ereignis trete entweder bloß «nach einem anderen oder aber infolge eines anderen» ein, und ich dachte dabei an die Verkettung von Ursachen und Folgen, die sich aus dem Ineinander von freiem Willen und Schicksal ergibt, wie sie kennzeichnend für den eigenen Charakter ist. Seine Gegenüberstellung von Dichtung und Geschichtsschreibung wiederum schien mir auf den Begriff zu bringen, worin sich Fiktion und Autobiografie voneinander unterscheiden – oder jedenfalls Fiktion und Leben.

Aus dem Gesagten ergibt sich auch, dass es nicht Aufgabe des Dichters ist mitzuteilen, was wirklich geschah, sondern vielmehr, was geschehen könnte, und das heißt: was nach den Gesetzen der Wahrscheinlichkeit oder Notwendigkeit möglich wäre. Denn der Geschichtsschreiber und der Dichter unterscheiden sich nicht darin, dass sich der eine in Versen und der andere in Prosa äußert – man könnte das Werk Herodots in Verse kleiden, und es wäre in Versen nicht weniger ein Geschichtswerk als in Prosa –; sie unterscheiden sich vielmehr darin, dass der eine das tatsächlich Geschehene mitteilt, der andere, was geschehen könnte.

> Daher ist Dichtung philosophischer und ernsthafter als Geschichtsschreibung; Dichtung teilt das Allgemeine, Geschichtsschreibung das Besondere mit.

Hier lag mein eigentliches Problem. *Sie unterscheiden sich vielmehr darin, dass der eine das tatsächlich Geschehene mitteilt, der andere, was geschehen könnte.* Die Nacherzählung all dieser schrecklichen Geschehnisse würde auf den Leser nicht den Eindruck einer großartigen Handlung im Sinne von Aristoteles machen. Die bloße Nacherzählung konnte nicht überzeugen. Ich brauchte eine Handlung, die anders funktionierte, in der es nicht darum ging, was wirklich und tatsächlich geschehen war, sondern darum, was jemandem wie mir in einer Situation wie meiner geschehen könnte. Die Geschichte von der Insolvenz meiner Mutter beispielsweise, und wenn ich sie noch so sehr für eine der großen Tragödien meines Lebens hielt, ginge bei Aristoteles nicht als etwas durch, was das Publikum derart zu Mitleid bewegen und in Furcht versetzen kann, dass es zu einer Reinigung dieser Gefühle kommt. Für sich genommen war es nichts als eine Geschichte von guten Menschen, denen infolge eines Schicksalsschlags ihr Leben entgleitet. Und ihre poetische Wahrheit war allein Sache meiner Mutter, die sie mit anderen teilen konnte oder auch nicht.

Als Handlungsvorlage entschied ich mich für eine meiner Lieblingsopern, *Lucia di Lammermoor*, nach dem Roman *Die Braut von Lammermoor* von Sir Walter Scott. Aus Rache verführt und verrät ein junger Mann die Tochter jenes Mannes, der seinen Vater zugrunde gerichtet hat, und löst damit einen furchtbaren Mord aus, den er nicht mehr verhindern kann. Ich beschloss, eine schwule Geschichte daraus zu machen: Anstelle der Tochter würde es einen Sohn geben.

Und anstelle der Hochzeit die verhängnisvolle Liebe eines Schülers zu seinem Lehrer.

In meinem Entwurf hatte der Chorleiter bei seiner Verhaftung und Verurteilung einen Sohn im Alter von zwei Jahren, und damit überschritt ich die Grenze zur aristotelischen Tragik: Sechzehn Jahre später ist er das Ebenbild jenes besten Freundes, den mein Erzähler nicht hatte schützen können, und seinem Vater aufgrund von dessen langer Haftzeit entfremdet. Der Erzähler trifft mit ihm zusammen, als er einen Job an dessen Schule annimmt, verliebt sich in ihn und wird viele Jahre später unwissentlich vom Sohn jenes Mannes verführt, der ihn als Kind missbraucht hatte. Erst nachdem sie sich ineinander verliebt haben, entdecken sie die Wahrheit übereinander.

Ich machte mich an die Erfindung einer Person, die wie ich, aber nicht ich war. Ich ließ den Vater von den Toten auferstehen und gab der Mutter ihr Leben zurück. Die Großeltern, die ich nie wirklich gut gekannt hatte, weil sie in Korea waren, ließ ich in das Elternhaus des Erzählers einziehen, damit sie bei ihm waren.

Ich richtete meine Aufmerksamkeit stärker als zuvor auf die Familie meiner Hauptfigur, und meine Romanhandlung erhielt einen zweiten Paten: den mythischen *Kitsune*, einen japanischen Fuchsdämon, der seine Gestalt wechseln kann. Beim Einlesen in diese Sagenwelt erfuhr ich, dass rotes Haar als Anzeichen für Fuchsahnen gilt, und erinnerte mich an die einzelnen roten Strähnen, die sich mein Vater immer ausgerissen, und die Märchen über gutartige Füchse, die er mir immer vor dem Schlafengehen erzählt hatte, und begab mich also auf die Suche nach noch älteren Fuchsvorfahren. Ich fand die Geschichte der Hofdame Tamamo, einer japanischen Fuchsdame, die im Mittelalter aus China nach Japan gekommen war. Der Legende nach entkam sie ihren Verfolgern, indem sie von einem Felsen sprang, der durch die schiere Kraft ihres Sprungs in zwei Hälften gespalten wurde, kurz bevor sie im Nichts verschwand. Als ich mir auf der Karte ansah, wo sich der Felsen befinden sollte – wie es hieß, würden tödliche Nebel aus ihm aufsteigen, bis er von ihrem Geist befreit wäre –, entdeckte ich, dass sie geradewegs zu jener Insel vor der koreanischen Küste geflogen sein könnte, von der die Familie meines Vaters stammt. Ich konnte die Geschichte der Hofdame Tamamo weiterstricken und sie in die Ahnenlinie meines autobiografischen Erzählers einflechten.

Die Füchse in den Geschichten um *Kitsune* sollten sowohl männliche als auch weibliche Gestalt annehmen können, aber tatsächlich ging es ausschließlich um Füchse, die sich als Frauen unter die Menschen mischten. Ganz wie bei der Oper schuf ich eine schwule Variante und schrieb eine Geschichte über einen Fuchs in Jungengestalt. Ich beschloss, meiner Spiegelfigur ein Leben zu geben, das nicht meins war, aber wie meins, ein Leben, in dem er sich nie ganz wohl in seiner Haut fühlt, um diesem Gefühl dann eine Wendung ins Buchstäbliche zu geben: Er verdächtigt sich, teils Mensch, teils Fuchs zu sein, das kleine Quäntchen Fremdheit, das einen zum vollkommen Fremden stempelt. Eine komplexe Tragödie also, wie Aristoteles sagen würde – mit ihren zwei Hauptfiguren, meiner Spiegelfigur und dem Sohn des Chorleiters, den wechselnden Erzählperspektiven, ihren Umkehrungen, Entdeckungen und «mitleiderregenden und furchteinflößenden Ereignissen», war mein Handlungsgerüst das Kind einer japanischen Sage, die sich im koreanischen Exil versteckt gehalten hatte, und eines schottischen Romans, der in eine italienische Oper verwandelt worden war. Der ursprüngliche Beweggrund für den Titel *Edinburgh* war aus dem Text geflogen – ich hatte meinen früheren Plan, die Hauptfigur Phi an die University of Edinburgh zu schicken, verworfen –, aber ich behielt ihn bei, weil er mir trotzdem stimmig vorkam, aus Gründen, die nichts mit meinem Leben zu tun hatten, ein Symbol für das Leben, das der Roman später unabhängig von mir führen würde.

Ich erschuf eine Welt, die ich kannte – nicht *die* Welt, die ich kannte –, um dort noch einmal von vorn anzufangen.

5

Mancher Schriftsteller schreibt einen Roman, dann noch einen, dann wieder einen, und der erste, für den sich ein Verlag findet, ist dann der erste, den die Öffentlichkeit zu Gesicht bekommt, doch fast nie ist dieser erstveröffentlichte auch der erste, den der Schriftsteller geschrieben hat. Der nichtöffentliche Schriftsteller ist nur dem Schriftsteller selbst bekannt sowie allen, die seine Arbeiten zuvor abgelehnt haben, während der öffentliche nur aus seinem sichtbaren Werk zu bestehen scheint. Jedes Buch ist eine Art Maske für die Mühen, die mit seiner Veröffentlichung verbunden waren, und genauso verhält es sich mit der öffentlich sichtbaren Karriere des Schriftstellers.

Fast wäre *Edinburgh* genau das für mich gewesen. 1999 hatte ich eine erste Fassung abgeschlossen und bewarb mich auf den Michener-Copernicus-Preis, einen Literaturpreis, auf den sich ausschließlich Absolventen des Iowa Writers' Workshop bewerben können. Das wären dann wieder zwanzig Dollar, die ich in den Sand gesetzt habe, dachte ich bei mir, als ich die Bewerbung abschickte. Ich hatte mich zuvor schon mit Auszügen aus dem Roman beworben; dies war das erste Mal, dass ich das Ganze einreichte. Einige Monate später meldete sich Frank Conroy bei meiner Agentin, um ihr mitzuteilen, dass der Preis an mich gehen würde. Sie rief mich umgehend an und hinterließ mir die aufregendste Anrufbeantworternachricht meines Lebens. Ich weiß noch, wie ich sie von einer Telefonzelle aus abhörte, Ecke Third Avenue und East Fourteenth Street. Conroy hatte den Roman morgens in die Hand genommen, tagsüber durchgelesen und abends beschlossen, ihn mit dem Preis auszuzeichnen. Er rief meine Agentin an, unterrichtete sie im Voraus von der Preisvergabe und sagte ihr, er würde alles in seiner Macht Stehende tun, um den Roman bei einem Verlag unterzubringen. Bis zur Veröffentlichung schien es nicht mehr weit.

Stattdessen sollten wir zwei Jahre damit verbringen, den Roman bei einem Verlag nach dem anderen einzureichen, was uns vierundzwanzig Ablehnungen bescherte. Man schien sich nicht darüber klar werden zu können, wie man ihn vermarkten sollte, ob als schwulen oder eher als asiatisch-amerikanischen Roman. Es gab keine Coming-out-Geschichte, und obwohl die Hauptfigur Sohn eines Immigranten war, war das Thema Immigration für die Geschichte ohne Belang. «Es ist ein Roman», sagte ich, als mich die Agentin fragte, was für einen Roman ich denn nun geschrieben hätte. «Ich habe einen *Roman* geschrieben.»

Schließlich bat mich die Agentin, das Manuskript zurückzuziehen.

Die Zeit, in der ich geglaubt hatte, ich könnte einen «doofen autobiografischen Debütroman» schreiben und ihn dann für viel Geld verkaufen, wie alle anderen auch, lag inzwischen fünf Jahre zurück. Als mir der Preis schließlich verliehen wurde, erhielt ich ein Jahr lang ein monatliches Stipendium, das es mir ermöglichte, weniger zu arbeiten und mehr zu schreiben. Es war eigentlich dazu gedacht, Schriftstellern im ersten Jahr der Arbeit an ihrem Roman finanziell unter die Arme zu greifen, da Erstlingsautoren oft nur kümmerliche Vorschüsse erhalten. Das Stipendium war mehr als doppelt so hoch wie der Vorschuss, den mir der Kleinverlag, der sich schlussendlich des Romans angenommen hatte, bieten konnte, als ich mich, nach meiner Weigerung, das Manuskript zurückzuziehen, von meiner ersten Agentin getrennt und mir auf eigene Faust einen Verleger gesucht hatte. Mit einem koreanisch-amerikanischen Lektor aus Maine, Chuck Kim. Es war ein Zufall wie aus einem Roman – meinem Roman, wenn man so will.

Das ist meine Lebensgeschichte, sagte Chuck, als wir uns darüber unterhielten.

Ich hoffe ja nicht, sagte ich, denn ich hoffte tatsächlich, dass sein Leben glücklicher verlaufen war als das hier, diese griechische Tragödie, die ich mir da zurechtgebastelt hatte.

Du bist mein Mishima, sagte er, nachdem ich dem Vertrag zugestimmt hatte.

Ich hoffe ja nicht, sagte ich, denn ich hätte gerne eine glücklichere Zukunft gehabt als der japanische Schriftsteller und Selbstmörder Yukio Mishima.

Ich war der erste lebende Autor dieses Verlags, des mittlerweile aufgelösten Welcome Rain, und für mich hieß er immer nur «Zwei Typen in einem Keller an der Twenty-Sixth Street». Chuck und sein Chef, zwei kluge und ehrgeizige Männer, die ihr Geld mit Büchermachen verdienten, meist Übersetzungen meist toter Autoren. Chuck lud mich häufig zu sich nach Hause ein, zum Abendessen mit seiner Frau und seinem Bruder, und wir sprachen dann über Korea und Maine, ungefähr zu gleichen Teilen. Meine Hauptfigur Phi war einer Person nachempfunden, die ich in meiner Kindheit gekannt hatte, eine junge Frau, die immer wieder Selbstmordversuche unternommen hatte und jedes Mal gescheitert war und die, wie sich herausstellte, auch mit Chuck befreundet war.

Meinem Eindruck nach ist Ihr Roman befeuert von einer Art Sendungsbewusstsein, und in Ihrem eigenen Interesse glaube ich nicht, dass Sie ihn weiterschreiben sollten, hatte meine erste Agentin gesagt, als sie mich dazu bringen wollte, von ihm abzulassen. Bei einem derart düsteren Thema wird ihn niemand besprechen, und Lesereisen wird es ebenfalls nicht geben, sagte sie. Ein Lektor hatte den Roman abgelehnt mit der kurzen Begründung: «Das ist mir zu viel.» Ich will nicht behaupten, das Problem hätte allein darin bestanden, wie weiß das Verlagswesen damals noch war, doch es entging mir nicht, dass die erste Lektorin, die ihn unter Vertrag zu nehmen versuchte, ebenfalls asiatisch-amerikanischer Herkunft war: Hanya Yanagihara, die damals bei Riverhead Books arbeitete. Sie erklärte sich schließlich bereit, ihn für den Pushcart Prize zu nominieren, bei dem Lektoren Werke einreichen durften, von denen sie ihre Verlage nicht hatten überzeugen können. Ich bereitete gerade das Manuskript zur Einreichung vor, als ich Chuck kennenlernte.

Jetzt, wo Chuck hinter dem Roman stand, änderte sich alles. Sein tatkräftiger Enthusiasmus war unvergleichlich. Er zeigte ihn Literaturscouts und Redakteuren des *New Yorker*, und er engagierte jemanden für die Pressearbeit, der Zeitungen und Zeitschriften für das Buch interessieren sollte. Irgendwann wurden die Taschenbuchrechte angeboten, und elf der Verlage, die ihn im Hardcover abgelehnt hatten, baten um erneute Prüfung. Einer der Lektoren schickte mir sogar eine Nachricht: «Ich habe fast das Gefühl, als wäre uns da etwas Kostbares durch die Lappen gegangen.» Der Meistbietende, Picador, hatte ihn im Hardcover ebenfalls abgelehnt.

Doch das mir wichtigste Ergebnis kam mit einer Postkarte, die ich von einem meiner Freunde erhielt, dem Schriftsteller Noel Alumit, der auch als Buchhändler arbeitet. Er hatte den Roman voller Begeisterung einem Freund aufgedrängt, der ihn wiederum einem Strafgefangenen geschickt hatte, mit dem er in Briefkontakt stand, ein Mann, der wegen Pädophilie einsaß: Er war wegen einer Beziehung zu einem Teenager verurteilt worden. Aus der Postkarte, die der Gefängnisinsasse dem Freund geschickt hatte, ging hervor, dass er vier Tage nur den Roman gelesen und währenddessen mit niemandem gesprochen hatte, sodass alle schon dachten, er sei krank. «Das ist das Einzige, was mir je hat erklären können, warum das, was ich getan habe, falsch war», schrieb er.

Ich wusste nicht, dass ich ihn geschrieben hatte, um genau das zu bewirken, doch jetzt wusste ich es.

Mit den Menschen, die mir gesagt haben, dieser Roman sei ihre Lebensgeschichte, könnte man einen Saal füllen. Und keiner von ihnen glich dem anderen.

Ich weiß immer noch nicht, ob ich mit in diesem Saal wäre.

DIE WÄCHTER

I

2004 kam eine Erinnerung zu mir zurück, nach fünfundzwanzig Jahren. Und mit ihrer Wiederkehr begriff ich, dass ich mich lange Zeit wie in einer aufwendigen Verkleidung durch mein Leben bewegt hatte.

Was, wenn man darüber nachdachte, vom Erfinden autobiografischer Figuren nicht allzu weit entfernt war.

Dieser Darsteller meiner selbst mimte das Leben eines gut dreißigjährigen Schriftstellers in New York City. Ich hatte eine Wohnung im neunzehnten Stock, Ecke Sixteenth Street und Third Avenue, eine Einzimmerwohnung mit Balkon und freiem Blick über die Stadt in drei Himmelsrichtungen. Nachts wirkten die schwarzen, lichtdurchbrochenen Flächen der Wahrzeichen New Yorks wie von hinten angestrahlte Kulissen, und ich stand gerne mit einem Scotch und einer Zigarette am Fenster, ließ meinen Blick nach Norden zur Third Avenue schweifen und bildete mir ein, ich hätte es geschafft. Ich wohnte hier nur zur Untermiete, doch in den sechs Monaten, die ich letztlich blieb, fühlte ich mich wie Batman oder Bruce Wayne, je nachdem, ob es gerade Tag oder Nacht war. Ich hatte in New York so lange ohne schöne Aussicht leben müssen, dass ich wie ausgehungert danach war und mich kaum daran satt-sehen konnte. Solchen Gedanken konnte ich mich zwischen Sonntag und Mittwoch hingeben, und jeden Donnerstagabend ging es dann mit dem Zug nach Middletown, Connecticut, wo ich als Gastdozent an meiner Alma Mater, der Wesleyan University, kreatives Schreiben unterrichtete.

An der Wesleyan war ich bei einem Kunstprofessor unter-gekommen, der ein Zimmer seiner Wohnung untervermietete und nie zur selben Zeit wie ich da war, sodass ich mich an den Wochenenden als stolzer Besitzer einer Zweitwohnung fühlen durfte, ein weiterer meiner Wunschträume. Oft blieb ich freitagabends, nach meinem Seminar, noch über Nacht oder hängte sogar den Samstag dran, bevor ich wieder nach Manhattan zurückfuhr. Die Wohnung befand sich im zwei-ten Stock eines alten Hauses am Rande des Campus, das ein bisschen nach Ferienhaus aussah, kaum winterfest und tau-bengrau angestrichen. Die Böden waren mit noppiger, sparta-nischer Auslegeware in einem etwas dunkleren Grau bedeckt, hier und da aufgehellt durch Kelims, und weil sich Decken und Böden verzogen hatten und sich ihre Höhe von Raum zu Raum änderte, war ich immer etwas desorientiert, wenn ich durch die Wohnung lief. Manchmal stieß ich mir den Kopf am Türrahmen. Mein Bett war eine echte Antiquität mit dünner, harter Matratze, die tagsüber unter einer alten Stepp-decke verschwand, und in allen Zimmern, auf allen Regalen schienen mir zwar die richtigen Autoren zu stehen, aber allesamt vertreten durch die falschen Bücher, Bücher, die enttäuscht hatten und die mich verfolgten, während ich mich mit meinem zweiten Roman abplagte.

Jede Woche wechselte ich von New York nach Connecti-cut und zurück, vom lichten, luftigen Manhattan ins dunkle,

muffige Middletown, und nannte mich bald nur noch die
Persephone von Connecticut. Nur im Scherz natürlich, denn
eigentlich hatte ich kaum je das Gefühl, meine Rückkehr an
die Wesleyan wäre ein Abstieg in die Unterwelt. Ich hatte
einen Trupp angehender Schriftsteller um mich versammelt,
kluge, ehrgeizige, witzige Studentinnen und Studenten, die
mich an mein gleichaltriges Selbst und meine damaligen
Freunde erinnerten. Viele meiner ehemaligen Lehrer waren
jetzt meine Kollegen am Fachbereich Anglistik, dazu kamen
eine paar jüngere Dozenten, mit denen ich mich sehr bald
anfreundete. Doch hin und wieder bog ich nachts um irgendeine Ecke und fühlte mich plötzlich, als wäre ich durch die
Jahre zurück in meine Vergangenheit gelaufen.

In diesem Wintersemester ging es in meinem Seminar um
die Technik des stereoskopischen Erzählens: ein und dieselbe
Geschichte, erzählt aus zwei oder mehr Perspektiven. Ich hatte
sie in meinem ersten Roman verwendet, bezog mich im Seminar aber vor allem auf die Erzählstruktur der *Batman*-Comics,
weil ich keiner dieser Professoren sein wollte, die ihre eigenen
Bücher unterrichten. Die *Batman*-Geschichten boten einfache
und zugleich effektive Beispiele für solche erzählerischen
Doppelungen: Ein rätselhaftes Verbrechen geschieht, und Batman folgt der Fährte des Verbrechers, was in aller Regel dazu
führt, dass er in dessen Fänge gerät und sich nun anhören
muss, wie ihm der Verbrecher die ganze Geschichte noch einmal aus seiner Perspektive erzählt, wodurch nicht nur das Verbrechen selbst greifbarer wird, sondern auch der Verbrecher.
Noch während des Monologs gelingt Batman dann meist die
Flucht, und nachdem er den Verbrecher dingfest gemacht hat,
erläutert er nun seinerseits sein Vorgehen – und damit kennt
der Leser beide Seiten der Geschichte.

Wieder an der Wesleyan zu sein fühlte sich ganz ähnlich an. Wo ich früher Student gewesen war, gehörte ich jetzt zur Dozentenschaft. Ich war in meine eigene Geschichte hineingeraten und sah, wie ich früher gewesen war, mit den Augen des Professors, der ich jetzt war. Und ich sah, was meine Dozenten in mir gesehen haben mochten, als ich ihr Student war.

Ich glaubte, diese Geschichte meines wechselnden Verhältnisses zur Universität wäre die einzige dieser Art in meinem Leben. Doch da täuschte ich mich. Es war nur die erste.

...

Zurück in New York empfing ich regelmäßig einen Besucher in meiner Wohnung, der wie ein seltsames Geheimnis war, das ich vor mir selbst verbarg — eine Beziehung so abgekapselt, dass es fast war, als gäbe es sie nicht. Es handelte sich um einen jungen Schriftsteller, der noch als mein Student meinen ersten Roman gelesen und dann, auf eine etwas unbeholfene Art, beschlossen hatte, mich zu verführen. Ich hatte ihm gesagt, solange er seinen Abschluss nicht hätte, würde ich keine Gespräche über seine Gefühle mit ihm führen, und über meine schon gar nicht. Ich wollte, dass wir uns abseits der Seminarsituation wiedertrafen, um zu sehen, ob die Anziehung auch unter diesen Umständen noch da war. Ich ging davon aus, dass das nicht der Fall sein würde. Dass ich dann ein stinknormaler älterer Mann sein würde und nicht sein Lehrer.

So etwas hatte ich nicht gewollt, nie und nimmer. Ich hatte das immer abstoßend gefunden, aus den offensichtlichen Gründen, und außerdem stand ich eigentlich auf Männer, die in meinem Alter oder älter waren. Mein Typ war Mitte dreißig bis vierzig, und so war es auch schon gewesen, als ich selbst noch Mitte zwanzig war. Als der Professor, bei dem ich zur Untermiete wohnte, mich ermahnte, nur ja nicht mit meinen Studenten zu schlafen, war mir das so albern vorgekommen, dass ich das Telefon von meinem Mund weghalten musste, damit er mich nicht lachen hörte. Doch selbst wenn er nichts mitbekommen hatte, für die Götter galt das womöglich nicht.

Ich könnte sagen, er wäre so ganz anders gewesen als die anderen Studenten, aber das würde sehr nach den Ausreden klingen, wie sie auch von den wenigen mir persönlich bekannten Professoren zu hören waren, die diese Grenze überschritten hatten und die ich dafür verachtete. Ich wäre liebend gern von dem befreit gewesen, was ich für ihn empfand. Immerhin war mehr zwischen uns als nur erotische Anziehung. Er hatte Talent, und ich hatte ihn sogar nach seiner Meinung zu meinem letzten Romanentwurf gefragt. Ich wusste, ich war ein bisschen verknallt in ihn, und hoffte nur, dass ich mich nicht schon in ihn verliebt hatte, wo mir doch klar sein sollte, dass da wenig bis gar keine Aussicht bestand. Er hatte sich noch nicht ganz zu seiner Sexualität durchgerungen, und da meine Einschätzung, wie out er nun wirklich war, ständig schwankte, hatte ich Gründe genug, vorsichtig zu sein. So lud er mich zum Beispiel öfter ein, ihn und seine Freunde zu irgendwelchen Treffen nach Williamsburg zu begleiten, doch seine Freunde ahnten nichts von seiner Sexualität und konnten sich ersichtlich nicht erklären, wozu er dauernd seinen über dreißigjährigen früheren Uniprofessor anschleppte.

Es ist nicht ganz einfach, mit jemandem zusammen zu sein, der sich nicht offen zu seiner Sexualität bekennt, weil man nie mit Sicherheit sagen kann, mit welcher Version der Person man zusammen ist: der, die sich versteckt hält, oder der, die sich zu befreien versucht. Obwohl er nicht out war, wurde er immer urplötzlich sehr leidenschaftlich, sobald wir uns von seinen Freunden verabschiedet hatten, und küsste mich häufig am Bahnsteig, während wir auf die U-Bahn warteten, mit der ich zurück nach Manhattan fuhr. Jedes Mal dachte ich, gleich würde er von mir ablassen, aber in der Öffentlichkeit war er immer am zärtlichsten, und das verwirrte mich.

Ich liebte ihn zum Teil für das, was er eines Tages sein würde – keine gute Grundlage für eine Beziehung. Denn eigentlich bedeutete es Zurückweisung, eine Zurückweisung dessen, was er jetzt war, und ich glaube, irgendwo war uns das beiden auch klar.

Eines Abends mitten im Herbst saßen wir mit ein paar meiner Freunde in meiner Wohnung, auf einen Drink. Nachdem die Freunde gegangen waren, küsste ich ihn auf dem Balkon, und diesmal wirkte er weniger gehemmt, leidenschaftlicher als sonst, bis plötzlich seine Augen aufflackerten und er anfing, seine Sachen zusammenzusuchen, fast im Laufschritt.

Was ist?, fragte ich.

Ich muss los, sagte er. Ich muss jetzt.

Aber wieso?, sagte ich, beugte mich zu ihm hinüber und küsste ihn zum Abschied. Er küsste mich noch einmal und wich dann wieder zurück, wieder der flackernde Blick.

Ich muss los, sagte er. Ich fürchte mich vor mir, und ich fürchte mich vor dir.

Tage vergingen, ohne dass wir miteinander sprachen, und das waren einige meiner einsamsten Tage. Nicht, dass mir vollkommen unklar gewesen wäre, was mit ihm los war. Ich hatte mir auf seine widersprüchlichen Geschichten, die ich hier nicht wiedergebe, meinen eigenen Reim gemacht, und diesen

Gesichtsausdruck kannte ich, von der anderen Seite — mir war es in seinem Alter genauso gegangen.

Gleich und Gleich gesellt sich gern.

Was er wollte, war zugleich das, was ihm panische Angst einjagte. Dass er sich zu Männern hingezogen fühlte, weckte unerwünschte Erinnerungen und Gefühle, die er so tief in sich vergraben hatte, dass er fest daran glaubte, sie wären verschwunden, bis sie dann plötzlich leibhaftig vor ihm standen. Später kamen Erklärungsversuche, doch was er mir erzählte oder was ich erriet, werde ich hier ebenfalls nicht wiedergeben, denn das steht allein ihm zu und nicht mir, und wohin er sich damit wendet, ist allein seine Sache. Nur so viel wusste ich, dass jetzt ich der Mann war, vor dem ich damals das Weite gesucht hatte, als meine eigenen Erinnerungen über mir zusammenschlugen. Also wartete ich geduldig, während er zu bezwingen versuchte, was immer da in ihm tobte, obwohl ich ja wusste, wie meine eigenen Beziehungen damals geendet hatten. Erneut fand ich mich in einer stereoskopischen Erzählung wieder.

Bis er sich einem anderen Menschen anvertrauen kann, ist er vielleicht so alt wie ich jetzt. Vielleicht schafft er es auch nie bis an diesen Punkt. Aufgrund meiner eigenen Erfahrungen mit solchen Flashbacks denke ich, dass er mich nur an öffentlichen Orten küssen konnte, weil ihm das Wissen, jederzeit gehen zu können, ein Gefühl von Sicherheit gab. Mir passte das nicht, doch erst, als wir eines Abends in Brooklyn waren, in der Bar, wo wir uns zum ersten Mal geküsst hatten, wo wir uns eigentlich immer küssten, und er sich zu mir hinüberbeugte und mich wieder küsste, verstand ich, warum. Ich weiß noch, dass uns andere dabei zusahen. Und dass mich das an diesem Abend eigenartig wütend machte.

Und dann wusste ich plötzlich, warum, zum ersten Mal seit über zwanzig Jahren, und die Erinnerung, von der ich hier spreche, kehrte zurück.

Ich hatte seine Flashbacks mit angesehen und war mir sicher gewesen, ich hätte das hinter mir. Doch ich hatte mich getäuscht, denn jetzt war ich es, der aufsprang, ein «Entschuldigung» murmelte und dann, so viele Jahre später, schnellstmöglich verschwand.

Im *Dornröschen* kommt der Märchenprinz durch den Dornenwald gelaufen, küsst die schlafende Prinzessin und weckt damit nicht nur sie, sondern das gesamte Königreich. Aus der unwirtlichen Einöde wird ein Paradies. Ganz so hat es sich hier nicht zugetragen. Ich kann aber sagen, dass ein Kuss mich verhexte. Ein zweiter Kuss mich weckte. Und voller Entsetzen sah ich die Verwüstung ringsumher.

2

Wir sind nicht, wofür wir uns halten. Die Geschichten, die wir von uns selbst erzählen, ziehen sich wie schmale Pfade über etwas, das am ehesten einem Ozean gleicht. Eine Maske, treibend auf dem offenen Meer.

Bevor sie wiederkehrte, gab es Momente, in denen ich die Abwesenheit der Erinnerung nicht als Lücke, sondern als ein fremdes Selbst, ein fremdes Ich erlebte. Als wäre ich heimlich durch eine Kopie meiner selbst ersetzt worden. Ein Androide in meiner Gestalt, der durch die Landschaft stapft, unabhängig von meinem anderen Ich, genau wie ich, aber nicht ich. Ab und an konnte ich es in der Entfernung ausmachen, und dreimal schon hatte es vor mir gestanden, zum Anfassen nah.

...

Im März 1993 hatte der Film *Sex Is ...* in Washington Premiere, ein Dokumentarfilm über schwule Männer und ihr Sexualleben. Als einer der Männer, die für den Film interviewt worden waren, bekam ich eine Einladung. Ich ging hin und sah mit Entsetzen, wie ich meinen sexuellen Missbrauch im Knabenchor beschrieb und zu einer Bildungserfahrung, einem Befreiungserlebnis verklärte, und dass er mir überhaupt nicht geschadet hätte. Der Film machte schnell mit dem nächsten Interviewpartner weiter. Später sagte ich noch anderes, aber im Dunkel des Kinosaals sah ich nichts als meinen riesigen, verlogenen Mund.

Während der Aufnahmen für das Interview zerbrach meine erste Beziehung zu einem Mann, der mich liebte und den ich ebenfalls liebte, an der posttraumatischen Belastungsstörung, die ich jenen Ereignissen zu verdanken hatte, über die ich im Interview sprach. Das Schlimmste daran war mein lächelndes Gesicht auf der Leinwand, als ich diese Lügen von mir gab, mit einer Selbstgefälligkeit und Überheblichkeit, die ich hasste.

Der Film holte dann bei den Berliner Filmfestspielen den Preis für den besten schwulen Film und kam in den USA und später auch international in die Kinos. Als ich 1994 nach New York zog, führte meine Rolle in diesem Film dazu, dass ich regelmäßig wiedererkannt wurde. Ich weiß noch, wie ich im selben Jahr, während der Feierlichkeiten zum New York Gay Pride, durchs Greenwich Village lief und mir einen Weg durch die mir entgegenkommenden Menschenmassen bahnte, auf der Suche nach meinen Freunden, als ich zwei Teenager bemerkte, die Arm in Arm auf mich zugelaufen kamen. Das Gesicht des einen leuchtete kurz auf, als er mich erkannte, und sein Arm schoss mir entgegen. «Du bist der Typ aus dem Film!», sagte er.

Ich blieb stehen, erschrocken, zugleich neugierig. «Ja», sagte ich. Ich fragte, woher sie kämen.

«Saskatchewan», sagten sie, wünschten mir dann noch viel Spaß beim Pride und zogen weiter.

Ich muss das unbedingt wieder in Ordnung bringen, dachte ich damals. Und sehnte mich nach einer Lösung, die an die Stelle meines Fehlers treten konnte. Oder an meine.

...

Im Oktober 2001 hielt ich den Telefonhörer in der erhobenen Hand, um gleich meine Mutter anzurufen. Mein erster Roman, *Edinburgh*, sollte schon am nächsten Tag in den Buchhandlungen liegen. In der Geschichte geht es um die Langzeitfolgen sexuellen Missbrauchs im Leben eines jungen Mannes, der wütend ist auf sich und seine Unfähigkeit, sein Schweigen zu brechen. Sie hatte sich beklagt, dass ich ihr nie gezeigt hätte, woran ich gerade schrieb, und ich hatte sie auf das gebundene Buch vertröstet, ich hätte einfach warten wollen, bis es etwas Vorzeigbares gab. Zum Teil entsprach das der Wahrheit. Ich war stolz darauf, meiner Mutter endlich den handfesten Beweis vorlegen, ihr endlich zeigen zu können: *Hier. Ich bin Schriftsteller.* Doch jetzt hatte ich mein gebundenes Buch und wollte es schon in den Briefumschlag stecken, als ich abrupt innehielt, ausgebremst von der plötzlichen Erinnerung daran, dass ich ihr nie erzählt hatte, was mit mir passiert war.

Ich war erschrocken. Wie hatte ich diese Lücke übersehen können? Wie hatte ich das zulassen können? Ich war vierunddreißig Jahre alt. Ich war im Begriff, einen Roman über sexuellen Missbrauch zu veröffentlichen, der auf meinen eigenen Erfahrungen beruhte, und hatte ihr nie, mit keinem Wort, von meinem Missbrauch erzählt. Schlimmer noch, ich war, wie mir in diesem Moment klar wurde, all die Jahre hindurch und bis heute wahnsinnig wütend auf sie gewesen. Es war die Wut eines Kindes. Das Kind in mir hatte darauf bestanden, dass sie von selbst drauf kommen müsse. Warum sah sie es mir nicht an, warum konnte sie mir nicht die Erniedrigung ersparen, es ihr sagen zu müssen? Der pubertäre Wunsch, dass die Mutter stets um deinen Schmerz zu wissen hat, auch wenn du dich ausschweigst. Aber Kinder müssen lernen, von sich aus zu sagen, wenn ihnen etwas wehtut. Den Schmerz zu benennen. Heilen kann nur, was man benannt hat. Jedenfalls hilft das.

Sogar jetzt versuchte ich noch, mich davon abzuhalten. Ich erstarrte mitten in der Bewegung. Ich wollte den Hörer wieder auflegen und ihr nichts davon erzählen, niemals. Ich versuchte, mir etwas einfallen zu lassen, irgendeine Möglichkeit musste es doch geben, wie ich ihr weiterhin etwas vormachen konnte. Zugleich war mir bewusst, dass es sie zutiefst verletzen würde, erst aus dem Buch von alledem zu erfahren. Ich erkannte, dass ich immer als einer aufgetreten war, der alles aus eigener Kraft überwunden hat, dass ich mir die Maske des Unverwundbaren aufgesetzt hatte, um den entstandenen Schaden ungestört in Ordnung bringen zu können. Ich hatte es ihr nie gesagt, weil ich gehofft hatte, ich könnte das Trauma still und leise bewältigen, sodass sie es nie zu erfahren bräuchte. Doch der Schmerz war immer noch da.

Ich versuchte, mich so weit zu fassen, dass ich sie anrufen und es ihr sagen konnte – im Wissen darum, dass ich achtzehn Jahre dafür gebraucht hatte. Fast so lange, wie ich dafür gebraucht hatte, es mir selbst zu sagen.

Und dann rief ich an.

...

Im Frühling des Jahres, in dem die Erinnerung zurückkam, war ich Tutor einer Doktorandin im Fach Non-Fiction, die sich von mir besser verstanden fühlte als von ihren Dozenten. Sie schickte mir eine Fassung ihrer Autobiografie, und als ich darin einen versuchten Selbstmord und die anschließende Therapie beschrieben fand sowie die anhaltende Wut auf ihre Therapeutin, weil sie nichts von ihrem Selbstmordversuch gewusst hatte, fragte ich mich, wie die Therapeutin eigentlich auf den Selbstmordversuch reagiert hatte. Ich schickte ihr eine, wie ich meinte, ganz unverfängliche E-Mail: «Im Text finde ich keine Passage, aus der hervorgeht, wie es war, Ihrer Therapeutin von Ihrem Selbstmordversuch zu erzählen, oder wie sie reagiert hat. Wenn Sie das beschreiben könnten, würde man als Leser besser verstehen, warum Sie an dieser Stelle so wütend sind.»

Ich erhielt eine Antwortmail in der kleinstmöglichen Schriftgröße, was sie sonst nie machte, sodass ich anfangs schon dachte, es sei irgendein seltsamer Fehler passiert oder ihr Account sei womöglich gehackt worden.

Ich habe ihr nie davon erzählt. Und war auch nie in Therapie deswegen.

Meine unmittelbare Reaktion: Wie konnte sie nur, warum hat sie das niemandem erzählt? Müsste sie nicht wissen, wie gefährlich das war, so ganz ohne Behandlung einfach weitermachen? Sie konnte doch jeden Moment rückfällig werden! Und dann fiel mir ein: Die meisten Selbstmörder möchten ungestört sterben. Anderen davon zu erzählen heißt, ihnen die Möglichkeit zum Eingreifen zu geben. Ich hatte so etwas wie die Hintertür entdeckt, die sie sich offen gelassen hatte.

Als ich auf diese klitzekleinen Buchstaben starrte, wurde mir klar, dass sie mir hier als diejenige gegenübertrat, die sie wirklich war, hinter der Maske ihrer zur Schau gestellten Lebenstüchtigkeit. Die ganze Zeit hatte sie nur darauf gewartet, dass ihr irgendjemand auf die Schliche kam, und das war nun ich gewesen. Und dann führten mir diese klitzekleinen Buchstaben eine unangenehme Wahrheit vor Augen.

Ich war genau wie sie. Oder fast genauso.

In allen meinen bisherigen Therapieversuchen war es um Probleme gegangen, die sich oberhalb bestimmter, konsequent beschwiegener Bruchlinien bewegten. Allerdings war ich im Unterschied zu ihr nie wütend auf meine Therapeuten gewesen, nur weil sie nicht hinter mein Geheimnis gekommen waren. Im Gegenteil, ich war stolz darauf. Ich habe durchgehalten, sagte ich mir. Ich bin eben sehr stark. Aber das war nicht Stärke. Bloß Durchhaltevermögen. Eine Art emotionale oder therapeutische Magersucht. Ich war nicht stark. Oder falls doch, dann war es das Adrenalin des Verwundeten. Eigentlich war ich nur kaputt und bewegte mich durch die Weltgeschichte, als wäre das nicht ich. Meinen ganzen Stolz zog ich aus der Gewissheit, vor allen als unverwundbar durchzugehen.

3

Wenn ich vor der Wiederkehr der Erinnerung danach gefragt wurde, sagte ich immer, dass es bestimmt vieles gäbe, woran ich mich nicht erinnern könne. Und ließ den Fragesteller damit glauben, es handele sich um nichts als die üblichen Vergesslichkeiten, Gedächtnislücken, die sich sämtlich auf die menschliche Fehlbarkeit und eine allzu impressionistische Denkweise zurückführen ließen. Assoziationen, die lose in der Luft hingen. Und doch weiß ich noch, wie hohl sich dieses Selbstvertrauen anfühlte – die leere Kraft der Lüge. Als ich anfing, *Edinburgh* zu schreiben, wusste ich nur, es fehlte etwas, etwas, das ich vor mir selbst verborgen hielt. Das war auch einer der Gründe, warum ich das Buch als Roman und nicht als Autobiografie angelegt hatte und den Roman dann schrieb, als würde die Erinnerung nie zurückkehren – als könnte er für sie einstehen. Ich hatte mir eingebildet, die fehlenden Erinnerungen wären für immer verschwunden. Der Roman sollte lösen, was für immer verloren war.

Stattdessen war er eine Beschwörungsformel. Als hätte ich gerufen, und prompt erschien die Erinnerung.

Selbst jetzt, wenn ich versuche, diesen Essay zu schreiben, zerrinnt sie mir zwischen den Fingern. Immer noch beharrt ein Teil von mir darauf, dass das, was ich gleich sagen werde, nicht gesagt werden kann. Beharrt darauf, dass es mich zerstören würde, wenn es herauskäme. Ich versuche, diesen Essay zu schreiben, und erstarre, der Weg vor mir verschwimmt, ich verliere den Faden, den klaren Blick auf meine Entwürfe, meine Überarbeitungen, den Sinn des Ganzen. Ich blicke auf, zur tickenden Uhr vor mir, und hole tief Luft. Meine Lektorin schreibt neugierig: Was ist denn da passiert? Und auch ich bin verwirrt, wenn ich das, was ich für einen sorgfältig ausgearbeiteten Text gehalten hatte, voller Wiederholungen, Fehler und Auslassungen finde.

Mein ganzer Schreibprozess ist geprägt davon – von einem tiefgreifenden Misstrauen mir selbst gegenüber.

Der Drang, dies vor mir und anderen zu verbergen, treibt mich ständig um. Wieder und wieder halte ich einen anderen Aufbau für sinnvoller, schiebe die Ereignisse mal hier- und mal dorthin, bis der Text in eine zähe Masse von Wiederholungen und Fragmenten verwandelt ist, elliptisch, unvollständig. Ein Selbstporträt.

Die meisten verstehen nicht, worin das eigentliche Verbrechen bei sexuellem Missbrauch besteht. Sie denken an die gestohlene Jugend, ein Kind, das unter den Arm geklemmt wird und verschwindet. Doch so ist es nicht – als würde sich jemand Zugang zu deinem Haus verschaffen und dir etwas wegnehmen. Im Gegenteil, dieser jemand hinterlässt etwas in dir, das wächst und wächst, bis es dich ersetzt. Auch er wurde einst auf diese Weise ersetzt, und das, was er in dir zurücklässt, hat er jahrelang in sich getragen wie ein inneres Feuer, das er hüten musste, während es ihn zugleich bei lebendigem Leib verbrannte, unmittelbar unter der Haut. Den Brand verbergen, um nicht als verbrannt entlarvt zu werden.

Das Schlimmste wäre, wenn andere davon erführen. So stellst du dir das vor, und so hast du es gelernt, dass die Zuwendung, die du bräuchtest, um wieder gesund zu werden, dich vernichtet. Und das wird sie auch – sie vernichtet den Schmerz, den du irrtümlich für dich gehalten hast. Das Schlimmste ist nicht, dass andere davon erfahren könnten. Das Schlimmste ist, dass du womöglich dein ganzes Leben in Schutt und Asche legst, wenn du dich weiter versteckst.

Und dann hältst du deine Fähigkeit, immer so weiterzumachen, vielleicht für Stärke. Also machst du weiter. Schließlich ist Stärke etwas Bewundernswertes, und ansonsten schämst du dich für alles an dir. Dieses Durchhaltevermögen ist endlich etwas, was du an dir bewundern kannst. Du warst zu jung, um zu verstehen, dass das, was du für deine Komplizenschaft hieltst, in Wirklichkeit etwas war, was dir genommen wurde, aber durch dein Schweigen bist du zum Komplizen des Schmerzes geworden, der Wunde, die dich umso sicherer ersetzen wird, je länger sie schwärt. Und zu den vielen Dingen, die du dir nicht vorstellen kannst, gehört auch, dass irgendjemand das verstehen oder sich einfach menschlich verhalten könnte. Du kennst es nicht anders.

Wenn ich mich heute frage, warum es mir so schwerfiel, dieses Geheimnis loszulassen, lautet die Antwort, dass an ihm festzuhalten jahrelang die einzige Quelle meines Selbstwertgefühls war. Das ist alles, was ich habe, dachte ich.

Es tut mir leid, das hätte ich meinen Ich-Ersatz in diesem Dokumentarfilm gern sagen lassen. Tut mir leid, dass ich als Kind so einsam war. Tut mir leid, dass ich ein Kind war und wie ein Kind dachte. Tut mir leid, dass ich nicht glauben konnte, dieser Mann würde je bestraft werden, weil ich immer nur gesehen hatte, wie man Kinder bestraft. Tut mir leid, dass ich von einem Kuss träumte und, als ich ihn dann bekam, nicht wusste, dass er meinen Mund in ein Grab verwandeln würde. In dem ich dann würde leben müssen. Tut mir leid, dass ich Jahre danach wegen dieses Kusses damit prahlen musste, den Schmerz, der mich bei lebendigem Leib von innen zerfraß, überhaupt nicht zu kennen, und dass es vor laufenden Kameras sein musste, damit es auch ja alle mitbekamen, überall auf der ganzen Welt. Das wenigstens tut mir leid, und noch vieles mehr. Doch es sollte noch lange dauern, bis mir das klar wurde.

Edinburgh ist eine Palinodie. Wer die Götter in öffentlicher Rede beleidigt, muss eine Gegenrede halten. *Phaedrus*, aus dem in *Edinburgh* zitiert wird, ist ein Beispiel für diese literarische Form. Nur dass es keine Götter gab, die mich dazu hätten nötigen können, nur mich. Doch auch nachdem der Roman veröffentlicht war, war die Arbeit nicht getan.

4

Dies ist die Erinnerung, die ich aus meinem Kopf verbannt hatte.

Es ist September 1978, ich bin elf Jahre alt und träume davon, wie ich mit einem Jungen, der ein Jahr älter ist als ich, einem Jungen, den ich aus dem Chor kenne, an einem See bin. Er wohnt in der Nachbarstadt. Wir fahren manchmal zusammen zu den Proben. Er ist so schön wie die Elfen in meinen Spielen, in denen es um Magie geht und um Zauberer. Er hat blondes Haar und strahlend blaue Augen.

In meinem Traum schwimmt er auf mich zu, die Haare kleben dunkel an seinem Kopf. Er lacht, ein leiser Nachhall. Er reckt sich aus dem Wasser hoch und gibt mir einen Kuss, es funkelt in seinen Augen. Aufregung, nur wegen mir.

Ich erwache im Dunkel des Morgens. Der Traum ist so wirklichkeitsnah, dass ich kurz glaube, meine Lippen wären noch feucht.

Ich bin schwul, ist mein erster Gedanke. *Und ich bin in ihn verliebt.* Der Chor ist mein Refugium. Mein geheimes Königreich, ein Rückzugsort, weit weg von den Kindern, die mir in der Schule nachstellen. Klassenkameraden, die mich in demütigende Fallen locken – die jahrelang so tun, als wären sie meine Freunde, um sich dann gegen mich zu wenden oder mich anzugreifen –, Situationen, die mich mutlos und einsam zurücklassen. Ich war vorher nie mit Rassismus konfrontiert gewesen – in Guam war ich nur eines von vielen multi-ethnischen Kindern, in einer sehr durchmischten Klasse. Seine schiere Intensität erfüllt mich mit bodenloser Verzweiflung. Auf Kindheitsfotos von mir kann man sehen, wie das Licht in den Augen des Sechsjährigen beim Siebenjährigen erloschen ist, kaum ein Jahr nach unserem Umzug nach Maine.

Meine Mutter wurde jedes Jahr zum Elterngespräch gebeten, wo man ihr regelmäßig mitteilte, ich sei ein Träumer, und wenn ich es nicht endlich schaffte, meine Fantasiewelten aufzugeben, würde ich es nie schaffen, in der Wirklichkeit zu leben. Sie kam nach Hause und erzählte mir alles, und jedes Mal sagte ich dann, ich muss nicht in der Wirklichkeit leben. Kühl, sachlich, als hätte sie mir gesagt, ich müsse jetzt in Boston leben, und ich hätte eben abgelehnt. Als ich mit elf in den Chor eintrat, hatte man mich schon fünf Jahre lang Schlitzauge und Chinapfanne genannt oder mich damit aufgezogen, dass ich so gerne mit Mädchen spielte, die – aha! – ausnahmslos weiß waren und sich schon bald ebenfalls am Fallenspiel mit Scheinfreundschaften beteiligen sollten, das von den weißen Jungs an meiner Schule organisiert wurde. Mein damaliger Spitzname ist Naturbursche, weil ich mich andauernd in den Wald verziehe, und dass ich so viel Zeit alleine im Wald verbringe, hat natürlich auch damit zu tun, dass ich sie da los bin, sie nicht sehen, nicht an sie denken muss. Doch im Chor sind nur Jungs wie ich, und plötzlich bin ich beliebt wie noch nie. Endlich habe ich Freunde, und nun muss mich meine Mutter gelegentlich ermahnen, nicht immer über Nacht zu bleiben, nicht tagelang Dungeons & Dragons zu spielen.

Zu diesem Kreis gehört auch der Junge aus meinem Traum, wenn auch nicht ganz. Er spielt nicht so leidenschaftlich D&D wie meine anderen Freunde. Ich sehe ihn nur zu den Proben. Er ist einer der Solisten, und seine Stimme ist so schön wie er selbst, wenn nicht sogar noch schöner. Die Einladung des Chorleiters zu einem gemeinsamen Wanderausflug der Stimmführer nehme ich begeistert an, weil ich weiß, dass er mit dabei sein wird. Das Auto – ein Pacer – ist ziemlich eng für uns vier, und der Junge aus dem Traum sitzt lachend auf meinem Schoß, vollkommen entspannt. Er scheint mich nicht einfach nur zu berühren, sondern mit mir zu verschmelzen, und ich bin so selig vor Glück, dass es alle meine Vorstellungen übertrifft.

Ich denke an meinen Traum vom See und den Kuss, und es scheint alles wahr zu werden.

Wir stellen den Wagen auf dem Parkplatz am Wanderweg ab und ziehen los. Auf dem Weg zu unserem Zeltplatz sagt der Chorleiter im Scherz, bei dieser Hitze müsse man eigentlich nackt wandern. Das erscheint mir vollkommen undenkbar. Er spricht mit uns oft über FKK, amerikanische Prüderie, sexuelle Unreife. Dass Kinder Rechte haben, dass sie wählen können sollten, sich von ihren Eltern scheiden, Sex haben, mit wem sie wollen.

Auf dem Campingplatz zieht er sich aus, nachdem das Zelt aufgebaut ist.

Du musst dich nicht ausziehen, sagt er zu mir.

Aber die anderen Jungs tun es, und bald schwimmen sie

alle zusammen nackt an der Badestelle, die wir uns als Lager-
platz ausgesucht haben. Also ziehe ich mich aus und springe
ins Wasser. Er macht Fotos von uns, aber vor allem von meinem Traumjungen, der eindeutig sein Liebling ist und sich
bereitwillig in Pose wirft.

Bald ist es Abend, und wir sind alle im Zelt. Wir sind alle
noch nackt, und soeben hat mir der Chorleiter gesagt, er wisse,
dass ich in den Jungen verliebt sei, und dass wir uns küssen
sollten, er wolle das so. Dass der Kuss etwas sei, was er sehen
wolle. Der Traumjunge hätte ihm von meinen Gefühlen für
ihn erzählt, und sie hätten sich das zunutze gemacht, um mich
hierherzulocken. Der Chorleiter lächelt, während er das sagt,
als erwarte er, dass ich mich freue und auch ihm diese kleine
Freude gönne. Der Traumjunge kniet nackt vor mir, lächelt
mich ebenfalls an, kommt immer näher. Es scheint keinen
Ausweg zu geben, als würde mir etwas im selben Moment, in
dem es mir gereicht wird, aus der Hand geschlagen, und ich
kann es nicht verhindern. Als der Kuss kommt, gefällt er mir,
und gleichzeitig hasse ich ihn.

Es ist mein erster Kuss.

Nach diesem Abend wird mich der Traumjunge nie wieder
küssen. Ich werde mich immer noch danach sehnen, als hätte
ich den Kuss nie bekommen, oder nicht so, wie ich wollte, und
danach fühlt sich alles falsch an.

Eine Szene wie diese habe ich in den Roman aufgenommen. Ich beschreibe, wie ich mein Gesicht im Spiegel betrachtete und von diesem Augenblick an sterben wollte.

Bis zu jenem Tag in der Bar in Brooklyn hatte ich mich an
das meiste erinnert, außer an den Traum und an das, wozu
mich der Traum verleitete. Woran sich das Ich in diesem Zelt
nicht erinnern kann, darf, will, ist der Grund, warum ich

dann verzweifelte. Ich musste mir meinen Traum aus dem Kopf schlagen, jede Erinnerung daran, dass ich ihn einmal für wahr hatte halten wollen. Und verschwinden musste auch der Hass auf mein Schweigen, auf meine Unfähigkeit, mich irgendwie zu wehren, meine Scham, so gedemütigt worden zu sein – dass mein Geheimnis von denen verraten wurde, die ich für meine Freunde hielt, nur um mir eins auszuwischen. Meine Verzweiflung war die Verzweiflung darüber, dass es sich nur um eine weitere Falle gehandelt hatte, dass die Fallen vielleicht nie mehr aufhören würden. Der Junge aus meinem Traum war zu nichts anderem gut gewesen, als allem, was der Chorleiter mir und den anderen Jungs antat, den Anstrich des Harmlosen zu geben. Und mit diesem Ausflug erschöpft sich das diesbezügliche Interesse des Chorleiters an mir. Er macht nie wieder den Versuch, mit mir allein zu sein. Er wollte die Kontrolle über das, was ich wollte – Zugang zu seinem Favoriten – und wann und unter welchen Bedingungen ich den bekam.

Als Erwachsener sehe ich, wie machtlos ich war: mitten im Wald, ohne Zugang zu Telefon, Auto, anderen Erwachsenen. Und ich sehe jetzt, dass die Wahl des Chorleiters auch deswegen auf mich gefallen war, weil sich meine Familie in einer Zwangslage befand – er wusste, dass meine Mutter dringend nach etwas suchte, wo ich nach der Schule hinkonnte, und ich den Chor als Zufluchtsort brauchte. Bis zu diesem Campingausflug war der Chor das Paradies für mich gewesen: gleichaltrige Jungs, die klug waren, die mich mochten, mich nicht auslachten, sogar mit mir befreundet sein wollten, so wie ich war. Jetzt begreife ich, dass ich für den Chorleiter ein Werkzeug war und dass diese Demonstration seiner Macht über meine Wünsche dazu diente, mich in meine Schranken zu weisen, mir unmissverständlich klarzumachen, was von nun an meine Aufgabe zu sein hatte: Ich sollte dafür sorgen, dass für die anderen Jungs alles ganz harmlos wirkt, ziemlich genau die Rolle, die mein Traumjunge bei mir hatte spielen müssen. Neu ist, dass ich dank der Erinnerung jetzt eines verstehe: In diesem Moment habe ich aufgegeben, den Glauben daran aufgegeben, dass sich mein Leben je zum Besseren wenden könnte. Meinen Peinigern würde ich nie entkommen. Für mich gab es keinen Platz in dieser Welt, und daran konnte ich nicht das Geringste ändern. Es war dieser Moment, in dem mich die Verzweiflung überkam, die mich dann mein ganzes Leben begleitet hat, und bis zu dem Kuss in der Bar, fünfundzwanzig Jahre danach, habe ich dieses Geheimnis gehütet, sogar vor mir selbst.

Ich war zwölf, als ich diese Erinnerung von mir wegschob. Die Triebkraft meines Lebens war pure, kindliche Fantasie, von keinem Gedanken daran gebremst, dass ich mit anderen sprechen und mir so einen Weg zu Verständnis und Mitgefühl bahnen könnte. Was mich stattdessen überkam, war ein Angsttraum, so entsetzlich, dass ich eine Puppe erschuf, sie an meine Stelle setzte und wegrannte. Die Puppe erwachte, streckte sich, sah sich um und glaubte, sie wäre ich.

5

Stell dir vor: Du kommst nach Hause, und in deiner Wohnung steht ein Unbekannter. Er zerreißt ein Blatt Papier, du legst die Hand auf seinen Arm, er dreht sich um. Vor dir stehst du selbst.

Du liest, was auf dem Blatt steht, und im Lesen ist dir, als würdest du in das Blatt fallen, immer weiter, endlos, von dir weg und gleichzeitig in dich hinein.

In den Monaten, nachdem die Erinnerung zurückgekehrt war, setzte ich mein Leben so gut es ging fort. Aber die wiedererlangte Erinnerung war für mich, als hätte ich eines Morgens ein Telegramm erhalten und beim Lesen entdeckt, dass es die Quittung war für fünfundzwanzig Jahre Fehler, fünfundzwanzig Jahre Verwirrung und Schmerz, und müsste nun mit ansehen, wie sich um mich herum dunkle Nacht über den Tag legt. Hier war die Geschichte, die ich verstehen musste, der ich immer ausgewichen war, und sie war alles, was ich jetzt hören wollte, alle anderen Verpflichtungen standen nur im Weg.

Mein junger Schriftsteller fand irgendwann in diesem Herbst einen Neuen. Wir hatten nie wirklich über das Vorgefallene gesprochen, was immer es war, was wir da in uns losgetreten hatten – keiner meiner Gesprächsversuche nahm ein gutes Ende. Wie ich in seinem Alter konnte er offenbar noch nicht darüber sprechen. Wir sind trotzdem Freunde geblieben.

Zur gleichen Zeit steckte ich noch in einer weiteren Geschichte, einer weiteren stereoskopischen. Die vom Frühjahr. Die, in der ich jemand war, der seiner Therapeutin gerade das nicht erzählte, was er ihr unbedingt hätte erzählen müssen.

...

Meine erste neue Therapeutin war mir von einer Freundin empfohlen worden. Ihre Praxis lag im selben Viertel New Yorks wie meine damalige Wohnung, sie hatte das innere Gleichgewicht meiner Freundin nach einem sexuellen Übergriff bemerkenswert schnell wiederhergestellt, diese Freundin hatte sie wärmstens empfohlen, also ging ich hin. Die Therapeutin hörte mir zehn oder fünfzehn Minuten lang zu, während ich ihr erklärte, warum ich zu ihr gekommen war, und dann sagte sie: «Ich weiß nicht recht, inwieweit ich Ihnen helfen kann. Zu mir kommen normalerweise Menschen, die nicht einmal sagen können, was mit ihnen passiert ist, geschweige denn einen Roman darüber schreiben.»

Plötzlich wurde mir bewusst, dass ich auf dieser Couch inmitten von Stofftieren und Spielzeug saß, als wäre ich in ein Kinderzimmer geraten. Ich fragte mich, ob das Spielzeug für ihre anderen Patienten war, obwohl ich die Antwort eigentlich wusste, und versuchte mich davon abzuhalten, eins in die Hand zu nehmen. Sie sagte, bei mir scheine ja alles in Ordnung, ich sei ein bisschen neurotisch, aber nicht so traumatisiert wie andere – nichts Lebensbedrohliches. Ich könne trotzdem gern zu ihr kommen, und tatsächlich war ich noch zweimal bei ihr. Doch eingeschlossen in das Selbst, das so überzeugend den Eindruck vermittelte, alles sei in Ordnung, war das andere Selbst, das nicht in Ordnung war, und ich musste fast schreien bei der Vorstellung, so weiterleben zu müssen, als Gefangener dieser Inszenierung, die mein Leben zerstört hatte. Ich kam mir vor wie ein vor langer Zeit vom Blitz getroffener Baum, der von einem unsichtbaren Feuer verzehrt wird, die Rinde frisch und glatt bis zum Schluss – und auf ihr die Worte «Alles in Ordnung».

Ich hatte dieses Bild, den vom Blitz getroffenen Baum, sogar in meinem Roman verwendet, ein weiteres Beispiel dafür, wie der Roman diesem verborgenen Selbst eine öffentliche Stimme gab. Nur dass er sich an diesem Tag als ein weiteres Hindernis für mich entpuppte.

Ich bedankte mich bei ihr und ging. Auf dem dunklen

Bürgersteig angekommen, nahm ich mir das Versprechen ab, mir eine andere Therapeutin zu suchen. Aber da war etwas Neues. Während ich dort stand, rollte durch meinen Kopf der wütende Donner des Scheiterns — *Keiner glaubt mir, dass bei mir eben nicht alles in Ordnung ist; wieso glaubt mir das keiner?* Der, der wusste, dass er verbrannte, wollte das jetzt sagen. Und der andere, entschlossen zu schweigen, erlaubte es nicht.

Ich hatte meine Geschichte erzählt und hatte sie zugleich nicht erzählt. Ich hatte einen Roman geschrieben, der mir Katharsis, aber keine Heilung, keine Genesung gebracht hatte. Ich hatte für den Roman zu sexuellem Missbrauch recherchiert und Selbsthilfebücher gelesen, aber meine Hausaufgaben nicht gemacht, ich hatte sie als Hilfsmittel zur Konstruktion meiner Romanfigur verwendet, aber nicht auf mich angewendet. Und alldieweil ich mich mit alledem beschäftigte, hatte ich mir immer wieder gesagt, mir ist nichts passiert, *mir ist nichts passiert, mir ist nichts passiert, mir ist nichts passiert.* Bei mir war *alles in Ordnung.*

Aber nichts war in Ordnung. Doch es sollte noch einmal vier Jahre dauern, bis ich es erneut versuchte. Auf der Suche nach Gründen stoße ich auf etwas, was sich bei näherer Betrachtung als seltsame kleine Lüge entpuppt: Wut darüber, dass die Therapeutin mir nicht geglaubt hat. Aber das hat sie. Sie hat nur gesagt, dass sie mir nicht helfen könne. Und dann gewann wieder die Kopie meiner selbst die Oberhand, die immer schon der Überzeugung war, dass alles in Ordnung kommen würde, ohne dass ich je darüber sprechen müsste. Dir glaubt sowieso keiner, sagte mir die Kopie. Eine letzte — wirklich die letzte? — Lüge. Jedenfalls für diesen Abend. Ich bin für diesen schrecklichen Schmerz geschaffen, sagte ich mir und schickte mich mit leeren Händen weg.

...

Als ich die Wohnung in den Wolken, in der ich zur Untermiete gewohnt hatte, verlassen musste, zog ich für kurze Zeit zurück nach Brooklyn, in eine unglückselige Einzimmerwohnung mit halb fertigem Holzfußboden, den mir mein Vermieter als Hartholzparkett anpries — in den Dielen steckten noch überall die Teppichklammern. Von mir kamen keine Beschwerden, seine Lügen blieben unwidersprochen. Ich machte mir nicht einmal die Mühe, meine Kartons auszupacken, und zog drei Monate später nach Los Angeles, wo ich wiederum zur Untermiete wohnte, diesmal bei einem Freund in Koreatown: Er teilte seine Dreihundertsiebzih-Quadratmeter-Wohnung mit mir, in einem Gebäude, das nach einer Größe der Stummfilmära benannt war, und ich fuhr mit seinem geliehenen weißen Porsche zu Partys und gab mir, zwischen professionell schönen Menschen, die ich entweder nur vom Sehen oder gar nicht kannte, große Mühe, der zu sein, der ich offenbar sein sollte.

Ich redete mir ein, dass ich nach so viel Leid jetzt das Vergnügen suchte. Dass ich meinen neuen Roman schrieb. Aber es gelang mir zum Verzweifeln nicht, das taube Gefühl loszuwerden, das sich schleichend in mir ausbreitete, die lähmende Hilflosigkeit, die ich angesichts der Erinnerung und ihrer Begleiterscheinungen empfand. Der Schmerz, meinem Traumjungen in den Wald gefolgt zu sein, nur um in eine weitere Falle in einer offenbar endlosen Reihe von Fallen zu tappen. Dass ich das nach wie vor so machte, war mir nicht bewusst, und wenn ich selten genug doch einmal einen lichten Moment hatte, stieß ich die Einsicht schleunigst von mir weg. Mit Händen und Füßen versuchte ich, die Lähmung von mir fernzuhalten, die mich immer wieder befallen hatte. Ich lief vor mir selbst davon, zog von der einen Seite des Kontinents auf die andere, zweimal sogar: einmal nach Los Angeles und dann zurück nach Maine. Ich redete mir ein, ich würde kluge Entscheidungen treffen, und zuweilen stimmte das auch – ich fand einen Verleger für meinen zweiten Roman, bewarb mich bei der MacDowell Colony und auf einen Job am Amherst College – aber dieses Gefühl verfolgte mich trotzdem, das Gefühl, stehen bleiben und losschreien zu müssen, als könnte ich einfach verscheuchen, was mich von innen heraus gefrieren ließ. Und immer wieder gab es einen neuen Mann, ein neues Irrlicht, dem ich in jeden nur erdenklichen Wald nachlief. Bei jedem Umzug folgte mir eine Kistenschar, von denen viele nie ausgepackt wurden und zu denen sich immer neue gesellten, mit der unbeantworteten Post von meiner vorigen Adresse.

...

Vier Jahre vergingen.

Als ich mir endlich einen neuen Therapeuten suchte, fand ich ihn, nachdem ich mehrere Therapeuten in der näheren Umgebung durchtelefoniert und mir ihre Stimmen angehört hatte – sein Timbre und Tonfall gefielen mir am besten. Was ich von ihm wollte, war eine Ersteinschätzung nach einer Trennung, wie ich das schon einmal gemacht hatte. Ich war gerade wegen eines neuen Jobs nach Amherst, Massachusetts gezogen und hatte mich kurz darauf von meinem Freund getrennt, nachdem ich die Symptome einer sexuell übertragbaren Krankheit an mir entdeckt hatte, obwohl wir angeblich in einer monogamen Beziehung lebten. Nachdem ich ihn im vorangegangenen Herbst dabei erwischt hatte, wie er im Internet nach Männern für Sextreffen suchte, und wir daraufhin besprochen hatten, ob wir neue Regeln — insbesondere Nichtmonogamie — für unsere Beziehung brauchten oder sie beenden sollten, waren wir zusammengeblieben, weil er sich entschieden gegen eine offene Beziehung und gegen eine Trennung ausgesprochen hatte. Dieses Mal allerdings hatte ich, als sich bestätigte, dass mich das kleine gesundheitliche Problem auf dem von mir vermuteten Wege erreicht hatte — über ihn —, die Beziehung diskussionslos beendet: keine dramatische Krankheit, aber ein untragbares Risiko. Um dieses Thema, dachte ich, würde es im Gespräch mit dem Therapeuten gehen. Und das war dann auch der Ausgangspunkt, doch wir landeten bald ganz woanders.

Ich hatte über die Beziehungsmuster meines Ex-Freunds gesprochen, aber der Therapeut lenkte mich immer wieder auf meine eigenen zurück. Er sagte, anstatt meinen Ex verstehen zu wollen, sollte ich ihn als Tatsache akzeptieren. Mich selbst müsse ich verstehen, meine Angewohnheit, Wunschträumen nachzujagen. Kennen Sie den Satz, fragte mich der Therapeut mit der angenehmen Stimme nach ein paar Sitzungen, «In der Wiederholung liegt das Vergessen»?

Nein, sagte ich.

Der stammt von Freud, sagte er. Er bezieht sich auf das, was Freud den Wiederholungszyklus nennt. Wir wiederholen etwas, um den Schmerz vergessen zu machen. Wir wollen es diesmal richtig machen, den Fehler beheben. Und darin liegt gerade der Fehler, wir können die Vergangenheit nicht wieder in Ordnung bringen, sagte er. Wir wiederholen sie bloß.

In der Wiederholung liegt das Vergessen.

Mein Therapeut war sehr beliebt in dieser Stadt, und einer

meiner Freunde, der ebenfalls bei ihm in Behandlung war, hatte im Gespräch einmal erwähnt, dass zu den Spezialgebieten unseres gemeinsamen Therapeuten auch die Behandlung schwuler Männer gehören würde, die Opfer sexuellen Missbrauchs geworden waren. Das hatte ich mir gemerkt.

Aber die Zukunft können wir zerbrechen, kam mir in den Sinn.

Ich muss Ihnen etwas erzählen, sagte ich.

Und dort, auf dem Sofa in seinem Büro, erinnerte ich mich an meine Studentin, die ihrer Therapeutin immer zu wenig erzählt hatte, und machte endlich den Versuch, einem anderen Menschen alles zu erzählen.

...

Ich schreibe das hier aus meiner Zukunft. Der Zukunft, die ich aus den Scherben derjenigen gemacht habe, die ich zerbrechen musste, und die erst nach diesem Tag möglich wurde.

Der Therapeut gab mir eine Übung mit auf den Weg. Sie werden die Wächter, die Sie bis heute beschützt haben, nicht einfach so loswerden, sagte er. Ihre Wächter brauchen neue Aufgaben. Ihre alten haben sie seit Ihrer Kindheit erfüllt.

Ich hatte sie mir nie als Beschützer vorgestellt. Der Lügner auf der Leinwand. Der seine Wunde vor seiner Mutter versteckt hielt, aus Scham. Der seinen Schmerz vor seinen Therapeuten versteckte, sich aus eigener Kraft zu heilen versuchte und schon beim Gedanken daran erstarrte, jene Worte aussprechen zu müssen. Und der sie schließlich aufschrieb. Natürlich taten sie nur, wie ich ihnen befohlen hatte, auch wenn ich mich inzwischen ganz anders fühlte oder etwas ganz anderes wollte. Das taten sie alle.

Und dann gab es noch den einen, der mir die Fragmente

dieses Romans hinterließ, wie eine Fährte durch den Wald, aus dem Land, in dem ich mich befand, in dieses hier. Der die Welt entwarf, die der Roman erschaffen sollte.

Ich hatte einen Roman geschrieben, der mir durch seine Veröffentlichung die Möglichkeit gab, mich jahrelang darin zu üben, das laut auszusprechen, woran ich mich erinnern konnte, so lange, bis ich mich dann eines Tages an alles erinnern konnte. Bis ich die Person sein konnte, die imstande war, es auszuhalten. Der Mensch, der diesen Roman geschrieben hat, er wartete auf mich.

WIE MAN EINEN AUTOBIOGRAFISCHEN ROMAN SCHREIBT

Ich werde einfach die Wahrheit sagen, beschließt du. Als läge sie vor dir, perfekt, schon im ersten Anlauf, und du müsstest nur noch zugreifen.

Die Vision dieses Romans, den du mit Sicherheit schreiben kannst, ist in dein Leben getreten wie ein Geschenk der Götter, gleich welche das bei dir sein könnten. So urplötzlich Wirklichkeit wie noch jeder unerwartete Besuch.

Du musst ihn schreiben, beschließt du. Was könnte leichter sein.

Ihr umschleicht, belauert euch, jahrelang.

Anfangs bist du wie einer, der im Wald ausgesetzt wurde, mit nichts als einer Axt und seiner Erinnerung an Häuser, und nun beschließt, ein Haus zu bauen.

Du willst dir beibringen, das alles mithilfe dieser einen Axt zu machen. Du selbst bist die Axt. Der Wald ist dein Leben.

Doch sobald du dich dransetzt, ist die Perfektion dahin.

Die schöne Ausgewogenheit, die schwebende Leichtigkeit, all das ersetzt durch Unbeholfenheit, schlimmer als wenn dein Kopf nur weißes Rauschen von sich geben würde.

Kaum dass du aufgibst, steht es wieder vor dir, perfekt wie zuvor. Als würde es mit dir spielen.

Allmählich erkennst du, dass es sich nur so lange zeigt, wie du nicht zu schreiben versuchst.

Du fragst dich noch, ob es dich vielleicht daran hindern will, doch so oder so: Irgendwann lässt du es sein. Und versuchst es wieder. Und hörst wieder auf.

Vielleicht ist dir nicht klar, warum du dir selbst ein Bein stellst. Dein eigener schlimmster Feind oder bester Freund oder manchmal beides sein solltest. Jetzt wirst du versuchen, mit diesem Wissen zu leben.

Du kannst es immer noch sehen, doch zu fassen bekommst du es nie. Wie gelangt man da hinein, wo es ist?, fragst du dich.

Vielleicht ist es angelegt wie eine dieser venezianischen Städte, um die Seeräuber in die Irre zu führen. Du glaubst, auf den Platz mit dem Springbrunnen zuzulaufen, und findest dich plötzlich in einer schmalen Gasse wieder oder eng an eine Felswand gepresst. In einem anderen Leben.

Da ist immer noch dieses Rauschen in deinem Kopf, vor den Eingang gezogen wie ein Tarnnetz.

Du findest ihn erst, als du dich entschließt, es erneut zu versuchen.

Du kannst das noch nicht wissen. Götter, selbst wenn du nicht an sie glaubst, geben nichts einfach so her. Nicht einmal, wenn der Gott niemand anderes ist als du.

Das hast du dir nicht ausgedacht, sagen sie, als du es endlich aufschreibst und ihnen zu lesen gibst.

Doch, das habe ich, sagst du und fühlst dich zugleich, als hättest du deine Maske fallen lassen.

Bin das ich?, fragen sie dich eisig. Ihre Masken ebenfalls gefallen.

Du hattest gehofft, sie würden wenigstens sehen, wie perfekt er ist. Du fragst dich, ob sie es am Ende nicht doch sind, du es nur irgendwie vergessen hast, eine Dummheit, mit der so nicht zu rechnen war.

Lebende können in Prosa nicht heimisch werden. Dich eingeschlossen.

Du bist wie ein Kind, das sich für unsichtbar hält, weil es im Schatten steht.

Der eine, dein Leser, sagt jetzt: Der hat keine Handlung.

Jetzt siehst du es auch. Der Roman ist ein einziger Anekdotenstrang, unmöglich zu erkennen, was davor und was danach kommt. Die Ereignisse deines Lebens ein leeres Feld, und mittendrin stehst du und rufst: «Roman!»

Der Schriftsteller, der «Roman!» rief, genau. Ja, das warst du.

Erfinde etwas, wo hineinpasst, was du weißt.

Nimm dazu die Situationen, aber nicht die Ereignisse deines Lebens.

Erfinde eine Figur, die wie du ist, aber nicht du.

Du im Wald deiner selbst, mit der Axt, wie du das Haus baust, dich in seine Mauern einschließt.

Du spukst in dem Haus herum, das du baust und nie bewohnen wirst, dieses aus deinem Leben gezimmerte Haus.

Was du an Platz brauchst, passt zwischen Farbe und Wand.

Dasselbe gilt für den Unterschied zwischen dir und dem, den du erfunden hast, um du zu sein.

Dieser Golem deiner selbst, dieses Haus jetzt etwas, das von allen besucht und verstanden werden kann. Anders als du. Das ist es, was du dir erhoffst.

Dieser Golem mit mehr oder weniger Leichtsinn als du, mehr oder weniger Egoismus, mehr oder weniger Reue.

Mehr oder weniger du, aber nicht du.

Vielleicht auch ganz genauso reuevoll wie du, doch im Schreiben ändert sich etwas anderes an ihm, bis du verstehst, dass du und er nicht ein und derselbe sind.

Wenn du Professor bist, ist die Figur Professor. Wenn du groß bist, ist sie groß. Wenn wütend, wütend. Aber dann ändere anderes an ihr, und das werden die entscheidenden Unterschiede sein.

Gib der Figur nur dann deinen Namen, wenn diese Unterschiede damit offensichtlich werden. Alles andere wäre Theater fürs Museum.

Oder wähle einen Namen mit derselben Sprechmelodie.

Gehe beim Erfinden der anderen Figuren genauso vor.

Oder ändere alle Namen. Ändere alles.

Ob einverstanden oder nicht, verwende nie ihre Namen. Manche sind erst einverstanden und sind es dann nicht mehr, sobald der Roman da ist und sie begreifen, was sie dir gegeben haben.

Vorsicht: Das könnte jeder sein, auch du.

Du machst das so, weil du diese Figur verraten musst, wie alle Schriftsteller alle ihre Figuren verraten müssen, um sie als Menschen in all ihren Facetten zeigen zu können.

Alles darunter wäre PR.

Du hast dieses Selbst erfunden, um endlich sehen zu können, was dich als Mensch ausmacht, in all deinen Facetten. Alles das eine Maschine, die dich menschlicher machen soll.

Daher solltest du stets bereit sein, für eine Weile aufzuhören, den Roman beiseitezulegen, bis du innerlich so weit bist, dass du tun kannst, was du tun musst.

Warum keine Autobiografie?, werden dich die Leute fragen.

In fiktionalen Texten sage ich eher die Wahrheit, könntest du behaupten. Und hoffen, dass es stimmt.

Auch die Autobiografie ist eine Maske. Die dich darauf festnageln will, mit dir selbst identisch zu sein.

Alle Literatur ist autobiografisch, sagt man dir. Wer das sagt, will unbedingt daran glauben, weit mehr als die Romane selbst, geschweige denn der, den du geschrieben hast.

Es ist Zeit, über den Preis zu reden.

Der Preis, den du zahlen musst: Was du aus dir herausgeholt hast, um daraus sein Herz zu machen, bekommst du nach Vollendung des Romans nicht zurück.

Gib es also nur her, wenn du etwas Größeres daraus machen kannst als das, was du vorher hattest.

Alle, die sich zu ihrem Leidwesen in deinen Figuren wiedererkennen, werden überall Porträts ihrer selbst sehen, ob du sie nun einbaust oder nicht. Die du tatsächlich einbaust, laufen an sich vorbei und finden sich in anderen Figuren wieder.

Rechtlich gesehen muss ein Fremder in der Lage sein, die Person anhand der Beschreibung im Roman zu erkennen. Erst dann kann sie dich verklagen.

Du kannst dich nicht selber verklagen.

Für dich gelten andere Gesetze. Mögliche Forderungen und Strafen werden dir erst enthüllt, wenn du draußen in der Welt auf das fertige Buch triffst. Es wartet an dem Ort auf dich, der früher dein Leben war.

Wer nie Teil deines Lebens war, wird es für dein Leben halten, und manchmal auch die anderen, trotz allem, woran sie sich erinnern könnten.

Der Preis ist zu zahlen, bis alle Beteiligten tot sind.

Hier also die Warnungen, als Diebe verkleidet.

Du kannst mich nicht daran hindern, denkst du. Ich muss und ich werde das machen, denkst du.

Ich werde dich nicht daran hindern und will es auch nicht. Du wirst das selbst übernehmen. Hunderte von Malen. Tausende.

Du steckst in der Falle des «So war es» und strampelst dich ab, denn «genauso ist es doch gewesen», und trotzdem kannst du es im Erzählen nicht vermitteln, kommst nicht darauf, was als *Nächstes* kommen könnte.

Dein Roman nichts als eine Anekdote, die Handlung eine endlose Folge von Umwegen, getarnten Ausweichmanövern, Traumata, die sich als deine Freunde ausgeben und sagen: «Ja du schaffst es nein du schaffst es nicht ja du schaffst es.»

Wenn du sie lässt, werden sie dir so viel sie können von deinem Leben stehlen, weit mehr noch, als was sie dir jetzt schon genommen haben.

Ein letzter Preis, versteckt hinter den anderen.

Schreib Geschichten über dein Leben, und du zahlst mit deinem Leben, mindestens dreimal.

Hier ist die Axt.

WIE ICH EIN AMERIKANISCHER SCHRIFTSTELLER WURDE

I

Wie oft habe ich schon geglaubt, das wäre jetzt das Ende?

Diese Frage stellte sich mir am Morgen nach der Wahl, die wir alle bisher nur «die Wahl» nennen, als sollten wir keine weitere erleben. Die Frage stieg in mir auf wie ein schwarzer Ballon, mein neuer, ständiger Begleiter, immer irgendwo am Rande meines Gesichtsfelds, als Antwort auf meinen ersten Gedanken: *Das ist das Ende der Welt.*

Ich stand zu Hause in der Küche vor dem Herd. Eigentlich musste ich an diesem Vormittag unterrichten. Das Seminar absagen kam nicht infrage, nur wusste ich im Moment nicht, wie ich es bis dorthin schaffen sollte. Kaffeekochen schien ganz unmöglich, Frühstückmachen ebenso. Nach unten laufen, ins Auto steigen, zwanzig Minuten zum College fahren, wo ich unterrichtete. Den Seminarraum betreten. All das konnte ich mir gerade nicht vorstellen.

Was mir stattdessen durch den Kopf ging: eine rassistische, evangelikale, theokratische, militaristische Regierung. Meine muslimischen Freunde verhaftet und abgeschoben. Von rechten Bürgerwehren gejagt werden, weil ich schwul, bi-ethnisch oder beides bin. Die Klimaabweichung, die nächste

Stufe des Klimawandels, mit andauernden heftigen Wetterumschlägen, Monsunregen und Schneestürmen, Sturmfluten und klirrender Kälte. Das Meer eine heiße, leblose Suppe. Eine Regierung gegen Umweltschutz, gegen Arbeitsschutz, gegen Abtreibung, Geburtenkontrolle und allgemeine Gesundheitsversorgung.

Ich stand unter Schock, das wusste ich. Am Abend zuvor, als das Ergebnis endgültig schien, hatte mir der Mann, mit dem ich seit drei Jahren zusammen war, einen Heiratsantrag gemacht, und ich hatte Ja gesagt. Wir wollten heiraten, bevor uns neue Gesetze die Möglichkeit dazu nehmen konnten, zumal ich wusste, dass damit unsere Chancen auf Asyl stiegen, falls das nötig werden sollte. Bis dahin hatte mein heutiger Ehemann kein Hehl daraus gemacht, das er die Ehe ablehnte. Später rief noch meine Schwester an, völlig am Ende, ihr war es eben erst gelungen, die Kinder ins Bett zu bringen — sie hatten sie angefleht, doch bitte wegzuziehen, gemeinsam das Land zu verlassen. All das hatte sich zwischen 2.30 und 3.30 Uhr nachts abgespielt.

Meine Hand hielt das Handy umklammert. Ich spürte ein Kribbeln, ein taubes Gefühl, das sich von meiner Schulter hinunterzog bis zu der Stelle, wo sich das Handy in meine Handfläche grub und einen Nerv abquetschte, nachdem ich in ungläubigem Entsetzen von Zimmer zu Zimmer gelaufen war und einhändig weitergescrollt hatte, bis ich dann irgendwann in der Küche vor dem Herd zum Stehen kam. Der Schmerz, der an diesem Tag einsetzte, sollte mich fast ein Jahr lang begleiten.

Reflexartig ging ich auf Facebook. *Was wirst du ihnen heute sagen, Professor?*, hatte meine Freundin, die Dichterin Solmaz Sharif, gepostet.

Was ich heute im Unterricht sagen werde? *Woher soll ich das wissen?* Aus irgendeinem Grund riss mich das aus meiner Trance. Doch ich stand immer noch wie angewurzelt vor dem Herd.

Kannst du dir Kaffee machen?, fragte ich mich. Nein. Kannst du dir einen Kaffee kaufen? Ja. Dann geh und hol dir einen Kaffee, befahl ich mir.

Ich zog mir den Mantel über, holte mir einen Kaffee, dazu ein Sandwich zum Frühstück und fuhr Richtung Süden, zum College. Der Blick auf die White Mountains und die Green Mountains entlang der Interstate 95 hatte immer etwas Tröstliches für mich gehabt, aber heute war alles, woran ich auf dieser Fahrt denken konnte, das Ende der Welt.

...

Als ich am College ankam, war alles wie leer gefegt – als wäre sämtlicher Unterricht ausgefallen. Auf meinem Weg zum Büro kam eine junge Frau aus der Bibliothek und lief quer über den irritierend leeren Rasen. Im Näherkommen sah ich ihr tränenüberströmtes Gesicht. Sie mied meinen Blick.

Im Büro suchte ich mein Unterrichtsmaterial zusammen und hörte mit, wie eine weitere junge Frau einem Kollegen weinend ihre Wut darüber gestand, zukünftig in einem Land leben zu müssen, das einen Triebtäter zum Präsidenten gemacht hatte.

Was wirst du ihnen heute sagen?

Es war, als wäre der Präsident einem Attentat zum Opfer gefallen. Doch der Präsident lebte, tot war nur das Land, in dem wir zu leben geglaubt hatten. Als wäre ein ganzes Land dem Attentat eines Präsidenten zum Opfer gefallen.

Ich kam in meinen Seminarraum. Meine Studentinnen und

Studenten waren vollzählig anwesend. Alle wirkten still und angespannt, als würden sie sich überlegen, wie sie mir möglichst schonend beibringen könnten, dass einer von ihnen plötzlich verstorben war. Viele weinten oder hatten bis vor Kurzem geweint. Ich war mir nicht sicher gewesen, ob nicht der eine oder andere das Wahlergebnis begrüßen würde, aber jetzt war klar: Das war nicht der Fall.

«Ich will nicht so tun, als hätte es den gestrigen Abend nicht gegeben», sagte ich. «Sprechen wir über das, worüber wir sprechen müssen.»

«Wozu das alles?», fragte eine meiner begabtesten Studentinnen in die Stille hinein. «Wozu schreiben, wenn so was passieren kann?»

...

An dem Tag, als die Vereinigten Staaten 2003 in den Irak einmarschierten, war ich an meiner Alma Mater, der Wesleyan University, und bereitete meinen Unterricht für den nächsten Tag vor. Ich saß in der Wohnung des Kunstprofessors, bei dem ich zur Untermiete wohnte, und sah mir auf seinem vorsintflutlichen Fernseher die Berichte über die Invasion an, der Bildschirm nicht größer als ein Taschenbuch. Umgeben von Kunst sah ich einen Beitrag, in dem erklärt wurde, dass die Museen und Altertümer der antiken persischen Kultur aus den Jahrtausenden vor Saddam Hussein voraussichtlich dem amerikanischen Bombardement zum Opfer fallen würden. Das historische Erbe eines Landes, unwiederbringlich verloren. Im Anschluss zeigte man Donald Rumsfelds Reaktion auf solche Bedenken. Sie lautete: «Was sind schon ein paar alte Pötte weniger!»

Er wirkte gut aufgelegt, aufgekratzt geradezu, wie er das sagte. Er fand sich witzig. Ja, wen interessiert's? Wen schert das alles? Mich überlief es kalt, als hätte sich ein Schatten über mich gelegt, wie man ihn auch nachts noch spürt. Wie fröhlich er das Erbe einer der ältesten Kulturen der Welt der Vernichtung preisgab, die Quelle von so vielem auch in unserer Kunst, unserer Literatur und Wissenschaft. Ich schaltete den Fernseher ab und saß allein und wütend in der kalten Wohnung, vor mir der Stapel Manuskripte, die ich noch durchsehen musste.

Also gut, *wozu* das alles? Die Aufgaben, die man sich als Schriftsteller so stellt, kamen mir plötzlich inadäquat vor. Und ich mir ebenso. Am nächsten Morgen an der Wesleyan stand ich vor einem Problem, das mir als Lehrer neu war: Ich wusste nicht, was ich meinen Studenten sagen sollte. Und hätte es wirklich gerne gewusst.

2

Die Schriftsteller meiner Generation – und deiner, wenn du das hier liest – leben im Schatten von Audens berühmtem Angriff auf die Idee der Literatur als etwas, das einen Einfluss auf das Leben hat und haben soll: «Dichtung bewirkt nichts.» Ich hatte diesen Satz schon so lange und so oft gehört, dass ich mich endlich auf die Suche nach der Quelle machte, um zu verstehen, was es wirklich damit auf sich hatte. Ich wusste, es war höchste Zeit, dem etwas entgegenzusetzen. Das war ich nicht nur mir, das war ich meinen Studenten schuldig.

Auden schrieb diesen Satz in seiner Elegie für Yeats. Und Yeats, muss man hinzufügen, war einer von Audens Helden.

Beim Lesen des ganzen Gedichts versteht man, dass dieser Satz zwar nicht das genaue Gegenteil von dem besagt, wozu er üblicherweise herbeizitiert wird, aber etwas Subtileres: eine ironische Klage und längst nicht das Polemischste, was Auden zu diesem Thema geschrieben hat. Trotzdem hat er mit diesem Satz allen Interessierten eine Waffe in die Hand gegeben, mit der sie seit nunmehr fünfzig Jahren versuchen, dem traditionellen Selbstverständnis des Schriftstellers den Todesstoß zu versetzen. Infolge der unaufhaltsamen Ausbreitung eines intellektuellen Konservativismus nach dem Vorbild William F. Buckleys, dessen Speerspitze immer schon die Intellektuellenfeindlichkeit war, beeinflusst einen diese Haltung – Was soll Literatur schon groß ausrichten? – sogar dann, wenn man den zitierten Satz nie gelesen hat, geschweige denn das Gedicht. Doch verwenden ihn Publizisten, Rezensenten und Kommentatoren immer noch gern, um ihr Gegenüber zum Schweigen zu bringen, und stürzen sich auf jeden, der es wagt, anderer Meinung zu sein. Auden und Yeats trifft hier keine Schuld, beide hatten sich in jungen Jahren das Ziel gesetzt, mit ihrer Dichtung politische Veränderungen anzustoßen. In seiner Elegie zieht Auden eine ernüchterte Bilanz; nur macht das, soweit ich sehe, aus dem Gedicht noch lange keinen Aufruf, sich von diesem Ziel zu verabschieden. Doch Amerika war jung und die amerikanische Literatur ebenso. Wir glaubten eher, wir hätten uns getäuscht, als dass wir glaubten, was Schriftsteller überall sonst auf der Welt glauben: dass es auch auf uns ankommt; und dass wir daher, wenn es darauf ankommt, auch etwas zu sagen wissen sollten.

...

Meine Studenten möchten oft von mir wissen, ob ich glaube, dass sie eines Tages Schriftsteller sein werden. Ich antworte dann immer, dass ich ihnen das nicht sagen kann. Denn es hängt in erster Linie davon ab, ob man einer sein will, und das ist eine Frage, die nur scheinbar leicht zu beantworten ist. Denn selbst, wenn man wirklich will, wird es Probleme genug geben. Und ob man schreibt oder nicht, scheint mir wesentlich davon abzuhängen, ob man das aushält.

«Unter meinen Mitstudenten waren Schriftsteller, die viel talentierter waren als ich», hatte Annie Dillard in ihrem Seminar am College gesagt. «Sie schreiben nicht mehr. Ich schon.» Ich weiß noch, wie ich damals dachte: *Wie kommt man nur dazu, nicht weiterzumachen? Wie kommt man dazu, einfach alles hinzuschmeißen?*

Meine ersten eigenen Lehrerfahrungen machte ich im Herbst 1996, im Rahmen eines Förderprogramms für Weiterbildung an der Upper West Side in Manhattan. Ich nannte es das Feldlazarett für kreatives Schreiben, weil man niemanden abweisen konnte. Auch heute noch, zwanzig Jahre später, zahlt die Schule ihren Lehrkräften, was sie ihnen immer schon gezahlt hat, und kann das tun, weil es nach wie vor genug M. F. A.-Absolventen wie mich gibt, die ihren ersten Dozentenjob brauchen – und ähnlich läuft es bei allen Bildungseinrichtungen in New York, die Kurse für kreatives Schreiben anbieten. Trotzdem liebte ich meine Studenten und verdanke diesen ersten Lehrerfahrungen unter anderem die Bestätigung dessen, was Annie immer gesagt hatte: dass man Schreiben gut unterrichten kann. Auf Talent kam es dabei viel weniger an, als gerne behauptet und geglaubt wird. Indem ich die im Studium erworbenen Arbeitstechniken anwandte, konnte ich schon in meinen ersten Kursen miterleben, wie aus Studenten, die sich mit Schreiben anfangs sehr schwertaten, ganz ausgezeichnete

Schriftsteller wurden. Sie so hart an sich arbeiten zu sehen, lehrte mich eine neue Demut, die mich hoffentlich zu einem besseren Lehrer gemacht hat: Wer es schaffen wird und wer nicht, lässt sich nicht vorhersagen; die Stärken und Schwächen ihrer bisherigen Arbeiten sind kein Indikator für ihr Potenzial.

Von Annie hatte ich gelernt, wie wichtig die richtige Einstellung, die richtige Arbeitshaltung ist. Ich glaubte fest daran, dass es mit dem Schreiben immer weitergehen würde, solange man sich darin nicht beirren ließ. Und noch heute sollen alle meine Studenten wissen: Wenn einem wirklich wichtig ist, woran man schreibt, spielt es keine Rolle, wo man schreibt, ob man einen Schreibtisch hat, genug Muße und derlei Dinge mehr. Ob Essay, Roman oder Gedicht, wenn dein Text geschrieben sein will, wird er zu dir sprechen, auch während der Busfahrer die Haltestellen durchsagt. Die Frage ist nur: Wirst du ihm zuhören? Und regelmäßig zuhören?

Durchs Unterrichten lernte ich außerdem, was Schriftsteller verstummen lässt. Viele meiner Studenten kamen nicht weiter. Manche schlugen sich mit Geschichten herum, die sie zwar erzählen wollten, die zu erzählen sie sich aber verboten hatten. Manche laborierten an Geschichten über ihre Familien und meinten, sie nicht erzählen zu können, weil es ihre Familie oder sie selbst oder die Beziehung zu ihrer Familie zerstören würde. Ein enger Freund sieht sich bis heute außerstande, einen lang geplanten Roman über seine verstorbene Mutter zu schreiben — sie hatte ihre sexuelle Orientierung verheimlicht, bis er sich ihr gegenüber outete und sie sich im Gegenzug ebenfalls outete. Und warum? Aus Angst vor den möglichen Reaktionen eines einzigen Cousins.

Warum gibt ein begabter Student das Schreiben auf? Häufig, weil sich die Fantasie auf das Erfinden einer Geschichte verlegt hat, in der man der ewige Versager ist, gescheitert in allem, was man je angepackt hat, und damit für alle Welt das, was man schon immer zu sein fürchtete: ein Hochstapler. Man kann sich eine tatsächlich erzählbare Geschichte ausdenken oder diese andere — beide können sehr detailgetreu sein, aber nur die eine wird sich auch veröffentlichen lassen. Die andere lässt einen in einem privaten Theater des Schmerzes erstarren, das nur einen einzigen Zuschauer kennt. Diese jungen Autoren konnten — oder können, in vielen Fällen — durchaus schreiben, nur gelang es ihnen nicht, sich aus der Erstarrung zu lösen, ihr selbst gezimmertes Theater zu verlassen und aufzuhören, sich immer wieder diese eine Geschichte zu erzählen, die sie erstarren ließ.

Ich begriff, dass ich ihnen nicht nur beibringen musste, wie man schreibt, sondern auch, wie man weiterschreibt — wie man sich all denen stellt, von denen man glaubt, dass sie mithören. Was ist wichtiger als du: diese Mithörer? Oder die Geschichte, die du erzählen willst? Ich versuchte, ihnen zu zeigen, dass sie aufstehen und diesen Ort in ihrem Kopf verlassen, dass sie weitergehen, weiterschreiben können — und weiterleben. Nur wirft Weiterleben dann immer die nächste Frage auf: *Leben — aber womit?*

Und eine Antwort darauf wird immer sein: mit Amerika.

...

Als Schreibstudent am College träumte ich noch davon, dass sich mein zukünftiges Leben als Schriftsteller in den komfortablen Bahnen der Mittelschicht bewegen würde. Das ist ein typisch amerikanisches Doublebind: Mach deine Kunst, aber bleib dabei ein braver Vertreter deiner Klasse. Der Theorie einer guten Freundin zufolge (die meiner Meinung nach eine empirische Überprüfung wert wäre) entscheidet sich die Frage, ob ein Schriftsteller Schriftsteller wird, vor allem an seinem Verhältnis zur Mittelschicht — und in der Tat dürften Angehörige der Arbeiterklasse oder der Oberschicht (oder gar Adlige) kaum Probleme damit haben, die Werte der Mittelschicht zu verraten, um schreiben zu können.

Die Frage lautet also, mit anderen Worten: Wirst du schreiben können und trotzdem genug oder sogar reichlich zu essen haben? Wirst du nebenher jobben müssen? Wird das Geld reichen für Krankenversicherung, Haus, Zahnersatz, Rente?

Jene Träume zerfaserten bald und verblassten, als ich mich mit Schreiben und Unterrichten auf zwei Berufsfelder konzentrierte, in denen das Einkommensniveau in den letzten zwanzig Jahren dramatisch eingebrochen war. Bald war klar, dass rein gar nichts passieren würde, wenn ich einfach mit dem Schreiben aufhörte — aber genauso klar war, dass ich sonst nirgendwohin konnte. Also nahm ich meinen ganzen Mut zusammen und stürzte mich in die Arbeit. Doch noch heute habe ich mich nicht ganz von dem Dämon befreien können, der mich in seinen Fängen hält und an meinem Wert als Schriftsteller und Mensch, an meinen Fähigkeiten zweifeln lässt. Denn weder ist es nur ein einziger, noch sind diese Dämonen rein privater Natur. Zu ihnen zählt alles, wovon es heißt, so sei nun mal das Leben — und zum Leben in diesem Land gehört, dass es nicht so sehr seine Künstler, sondern jeden Sinn für Kunst abtötet, da Künstler erst dann als erfolgreich gelten, wenn sie es mindestens zu einer Mittelschichtsexistenz und im Idealfall zu Prominenz gebracht haben. Und dass alles andere Versagen bedeutet: vor der Kunst, vor dem Land, vor sich selbst. Wer seinem Land durch Schreiben dienen will, muss damit zwangsläufig über das Land schreiben, zu dem es erst noch werden muss.

...

Die erste Rezension meines Debütromans las ich am Donnerstag nach dem 11. September 2001, im leeren Rechenzentrum des Mädcheninternats in Maryland, an dem meine Schwester arbeitete. Mein Bruder und ich waren zusammen hierhergefahren. Er wohnte sieben Blocks von Ground Zero entfernt, und ich hatte feststellen müssen, dass ich sogar noch in Brooklyn, wo ich wohnte, mit meinem Asthma zu kämpfen hatte, solange die Trümmer brannten. Also fuhren wir für eine Woche raus aus der Stadt, um wieder etwas freier atmen zu können – in dem sehr naiven Glauben, das Feuer würde bei unserer Rückkehr erloschen sein. Ich werde nie die Rauchwolke vergessen, die sich über die gesamte Insel Manhattan zog, sodass sie noch von der Verrazano Bridge aus zu sehen war.

Während ich die Rezension las – eine Lobeshymne, wie man sie sich als Debütautor kaum zu wünschen wagt –, fühlte ich mich wie eine Figur in einem Science-Fiction-Film, in dem ein Schriftsteller endlich seinen Roman in Händen hält, nur um kurz darauf der Welt dabei zusehen zu müssen, wie sie im nuklearen Winter versinkt.

Wir sind dann doch nach New York zurückgekehrt. Die Welt ist nicht untergegangen. Allerdings durfte ich mir den ganzen Herbst über Sprüche anhören wie: *Zu schade, dass dein Buch nicht vom Krieg handelt*, und ich sagte nichts dazu, weil es nichts dazu zu sagen gab. Ich gab meine Schreibkurse an der New School, und immer wenn ich durch den U-Bahnhof am

Union Square kam, überflog ich die Tausenden ausgehängten Vermisstenanzeigen, um sicherzustellen, dass niemand dabei war, den ich kannte. Ich überlegte, wie meine eigene Vermisstenanzeige aussehen könnte, welche Informationen die Menschen, die mich kannten, für sachdienlich halten würden, falls man mich suchen und womöglich nichts als einen Arm finden würde oder einen Körper ohne Kopf. Einen schrecklichen Moment lang war ich fest entschlossen, mir für den Fall des Falles eindeutigere Erkennungsmerkmale zuzulegen, bis ich die Idee als eine von Angst befeuerte Manie erkannte und verwarf. Ich stieg in leere Flugzeuge zu den zwei Lesungen, die sich mein Verleger hatte leisten können, und aß die Extramahlzeiten, die mir von nervösen Flugbegleitern aufgedrängt wurden. Ich sprach im Radio, beantwortete Fragen zu meinem Buch, das nicht vom Krieg handelte, unterhielt mich mit Lesern, und weitere Rezensionen erschienen.

Die Medien brachten Berichte über eine Epidemie von Schreibblockaden, die ganz New York erfasst haben sollte; kurz darauf folgten ähnliche Berichte aus anderen Teilen der Welt. Bekannte wie unbekannte Schriftsteller erklärten, dass sie nichts zu schreiben wüssten, was dem Ausmaß der Anschläge auch nur annähernd gerecht würde. Als ob das ihre Aufgabe wäre.

Ich kannte keinen derer, die an diesem Tag ihr Leben verloren. Wenn ich an sie denke, denke ich vor allem an den Mann, den ich morgens, am Tag der Anschläge, im Radio gehört hatte. Er hatte aus dem ersten Turm beim Sender angerufen, um zu schildern, was er erlebt hatte. Der Moderator bedankte sich hastig für den Anruf und fragte dann, leicht panisch: Warum sind Sie noch am Telefon? Warum sind Sie nicht längst draußen?

Verstehen Sie nicht?, sagte der Mann. Unter mir ist alles weg. Ich komme nicht runter. Deshalb rufe ich an.

Ich weiß nicht, wie ich das Gefühl beschreiben soll, das mich in der anschließenden Stille überkam — außer dass sie ungefähr so lange dauerte, wie es dauern würde, diesen Satz laut zu lesen.

Was meinen Sie damit, unten ist alles weg?, fragte der Moderator, jetzt mit deutlich wahrnehmbarer Panik in der Stimme.

Ich meine, dass ich durch das Gebäude bis ganz nach unten sehen kann, sagte er. Die Treppe ist einfach ... weg.

Dann riss die Verbindung ab, und der Radiomoderator weinte und bat uns, für den verstummten Anrufer zu beten.

Später würden wir natürlich wissen, dass die Türme zusammengebrochen waren. In diesem Moment aber wusste ich das noch nicht, obwohl ich mir fast sicher war. Das Gefühl war unerträglich. Ich schaltete das Radio ab. Ich war in meiner Wohnung, wollte mir einen Kaffee machen, stellte aber fest, dass ich keinen mehr hatte. Die Tragweite dessen, was da gerade passierte, war für mich noch nicht abzusehen, aber eines stand fest: Wenn die Welt heute untergehen sollte, würde ich das ohne Kaffee nicht durchstehen. Ich machte mich auf zum Café an der Ecke, wo jetzt mit Sicherheit ein paar meiner Freunde arbeiteten. Dort würde ich Kaffee bekommen und nicht mehr ganz so allein sein. Im Hausflur sah ich meine Nachbarn das Gebäude verlassen, als wäre dies ein Tag wie jeder andere. Offenbar wussten sie noch nicht, was passiert war. Und ich wusste nicht, wie ich es ihnen sagen sollte. Es platzte einfach aus mir heraus.

Sie starrten mich an, als wäre ich verrückt geworden. Als ob ihr ungläubiger Zweifel es ungeschehen machen könnte.

Im Café hatten sich meine Freunde mit verschüttetem Kaffee verbrüht, als im Radio die ersten Nachrichten von den Anschlägen durchkamen, also half ich bei allem, was noch zu tun war, um den Laden für heute dichtzumachen – und dann, als wir gerade aufbrechen wollten, bemerkte ich draußen vor dem Fenster etwas, das wie blassgrauer Schnee vom Himmel zu fallen begann.

Schneit es?, fragte einer meiner Freunde ungläubig.

Ich dachte an ein Date zwei Tage zuvor, mit einem Schweißer. Ich hatte mich für seine Arbeit interessiert. Brennt Stahl?, hatte ich ihn gefragt.

Ja, hatte er gesagt. Und mir die Temperatur genannt, ab der Stahl brennt wie Zunder: 1100 Grad Celsius.

Später sollte das alles zum Gegenstand wilder Debatten werden, all die Einzelheiten dieses Tages, ob der Stahl gebrannt hatte, wie heiß das Feuer gewesen war, ob die Flugzeuge den Einsturz des Gebäudes verursacht hatten oder versteckte Sprengladungen. Ein Werk der Geheimdienste, wie manche meinten. Und auch mir kamen Zweifel, ob ich jenes Gespräch im Radio tatsächlich mit angehört hatte, und ich zweifle immer noch daran, obwohl es nicht meine Art ist, mir solche Geschichten auszudenken. In diesem Moment wusste ich nur, dass die Asche von den Türmen stammte – ein Gemisch aus dem Gebäude, den Menschen, die in ihm gestorben waren, und dem Flugzeug, das es getroffen hatte – und dass wir nicht einatmen durften, was da draußen auf uns herabfallen würde. Und doch hielt es keiner von uns länger im Café aus, denn wer wusste schon, wie viel Zeit uns noch blieb bis zum nächsten Anschlag?

Wir brauchen nasse Tücher, sagte ich. Irgendwas, jeder eins. Servietten. Oder Halstücher.

Wir wickelten uns nasse Tücher um die Köpfe. Wenn ihr zu Hause seid, sagte ich, ausziehen, die Sachen in einen Plastikbeutel und weg damit, in den Müll. Und dann sofort unter die Dusche.

Sie starrten mich an.

Das ist die Asche von den brennenden Türmen, sagte ich.

Und so gingen wir also nach Hause, meine Freunde und ich, mit nassen Tüchern über Mündern und Nasen, durch Park Slope im Ascheregen, Kilometer entfernt vom Ort des Geschehens. Zum Abschied winkten wir uns nur wortlos zu.

Nachdem ich mich ausgezogen, die Kleidung in einen Müllsack gestopft und geduscht hatte, vergewisserte ich mich, dass die Fenster fest verschlossen waren. Ich fürchtete etwas ganz Bestimmtes: Ich wollte sie nicht einatmen. Das wäre respektlos gewesen. Es wurde zwar noch monatelang darüber diskutiert, ob man die Leichen nicht aus den Trümmern bergen könne, doch mir war schon auf dem Weg nach Hause klar, dass die Asche an diesem Tag den Großteil ihrer sterblichen Überreste enthielt. Ich musste an die Familien denken, ihre Reaktion, wenn sie wüssten, was diese Asche war. Noch am selben Tag stand ich am Fenster und schaute auf den schmutzweißen Schnee, der sich auf meinen Garten gelegt hatte – als stünde ich an einem Grab. Als wir eine Woche drauf von unserem Ausflug nach Maryland zurückkamen, hatte der Regen den Garten freigespült. Doch ich wusste, sie waren immer noch da.

Drei Jahre später war ich mit Umzugsvorbereitungen beschäftigt und fand beim Ausmisten den Müllsack auf dem Boden meines Kleiderschranks. Ich hatte die Sachen nie entsorgt. Jetzt erst warf ich sie weg.

...

Als einige New Yorker Schriftsteller nach dem 11. September über Schreibblockaden klagten, erklärte ich mir ihr Erstarren damit, dass sie für genau dieses Publikum schrieben: für die Vermissten. Die uns, das fühlten wir alle, irgendwie beobachteten. Und abwägten, ob wir weiterzuleben verdienten, wo sie tot waren. Auf die Geschichten warteten, die wir über das Leben erzählen würden, das ihnen versagt war — abwarteten, ob es lebenswert war.

3

Im Winter vor dem Irakkrieg verlor ich eine alte Freundin und einen neuen Freund.

Die Freundin starb im Dezember 2002 an Krebs, mit nur sechsunddreißig Jahren. Sie war einer Fehldiagnose zum Opfer gefallen. Zunächst hatten ihr die Ärzte gesagt, es wäre nichts als ein harmloser Ausschlag und alles andere wäre nur Einbildung. Man riet ihr zu Antidepressiva. Weitere Untersuchungen ergaben dann, dass sie ein Non-Hodgkin-Lymphom hatte. Lebenslang eine Hypochonderin, die stets wie das blühende Leben ausgesehen hatte, war sie nun tatsächlich schwer krank geworden, und niemand hatte ihr geglaubt. Und als ihr dann endlich geglaubt wurde, als die Realität der Krankheit nicht länger zu leugnen war, blieb nicht mehr genug Zeit, um den Fehler wiedergutzumachen, und sie starb. Anfang der Neunzigerjahre war sie meine Chefin gewesen, bei einer neu gegründeten Zeitschrift. Ich hatte sie in San Francisco kennengelernt, als sie noch mit der Mitbewohnerin meines Freundes zusammen war. Als ich zu meinem Freund nach New York zog, verbrachten sie und ich manchmal ganze Tage miteinander. Sie hatte davon geträumt, eines Tages einen Roman zu schreiben, und all die Jahre Gedichte verfasst, mehr oder weniger unter Ausschluss der Öffentlichkeit. Während meiner Zeit als Redakteur von *XXX Fruit*, einer Zeitschrift für experimentelle Literatur, hatten wir bei ihr Gedichte angefragt und ein paar davon veröffentlicht. Ich weiß noch, wie ich beim Anblick der fertig gesetzten Seite glaubte, ein Porträt ihres geheimen Selbst vor mir zu haben.

Zu dieser Zeit arbeitete sie schon für ein überregionales Nachrichtenmagazin. Sie liebte ihren Job, obwohl die Fülle ihrer Aufgaben ihr alle Kraft zum Schreiben nahm – jedenfalls sagte sie das so. Die meisten mir persönlich bekannten Schriftsteller klagen darüber, dass sie nicht genug Zeit zum Schreiben haben. Meist sind das Ausflüchte.

Ihre Partnerin, eine Dichterin und Romanautorin, sprach in ihrer Trauerrede davon, wie meine Freundin ihr während der acht Monate im Krankenhaus Geschichten über ihr gemeinsames Leben erzählt hatte, im Dunkeln, bei gelöschtem Licht, bis spät in die Nacht hinein. Die Geschichten spielten in der Zukunft, wurden aber im Präsens erzählt. In diesem imaginären Leben hatte sie den Krebs natürlich überwunden, sie hatten Haustiere, ein Haus in Woodstock, Freunde, die übers Wochenende vorbeikamen. Sie hatte ihre Geschichten bis ins letzte Detail durchdacht, bis zur Bestattung der Katzen am Rande des Grundstücks.

Sie hatte einschlafen immer gehasst.

Alleingelassen mit ihrem herannahenden Tod, hatte sie im Bett Geschichten erzählt. Sie hatte endlich ihren Roman geschrieben, für die Frau, die sie liebte, und hatte darauf bestanden, mehr als das verdient zu haben, was das Schicksal ihnen zugelost hatte.

Was würdet ihr jemandem vorlesen, der im Sterben liegt?, hatte Annie Dillard damals ins Seminar hinein gefragt. Das sollte der Maßstab für unsere Arbeit sein. Dort, auf der Trauerfeier für meine Freundin, fiel mir eine zweite Frage ein: Welche Geschichten würdest du auf dem Sterbebett erzählen?

...

An diese Freundin muss ich immer denken, sobald mich irgendetwas an all die liegen gebliebenen Texte erinnert, die sich in meinem Büro stapeln, seit Jahren schon. Dieser Essay war einer davon. Als Schriftsteller fühlt man sich oft, als würde man gleichzeitig schreiben und das Schreiben aufgeben. Ich habe diesen Absatz 2005 geschrieben, zu Hause in Rochester, New York, in meinem kleinen Arbeitszimmer voller unvollendeter Geschichten, unvollendeter Essays, unvollendeter Romane. Jetzt, zwölf Jahre später, überarbeite ich ihn im Flugzeug aus Florenz, auf dem Weg zu einer Konferenz in Yale, wo meine verstorbene Freundin ihren Bachelor gemacht hatte.

In den ersten zehn Jahren nach ihrem Tod stieß ich jedes Mal, wenn wieder ein Umzug anstand und ich die Kisten mit meinem Papierkram durchging, auf die CD für ihre Trauerfeier: auf dem Cover sie, als junges Mädchen, sonnengebräunt, kurzes, rotbraunes Haar, die Augen blinzeln in die Sonne, an den Armen Schwimmflügel. Heute steht das Foto neben dem Bett, in dem mein Mann und ich schlafen. Die Kisten stehen in unserem Ferienhäuschen in der Nähe von Woodstock, sodass die Geister der Zukunft meiner Freundin von vor zwanzig Jahren heute unsere Nachbarn sind. Die Kisten sprechen immer noch zu mir, sie erzählen mir von dem Schriftsteller, der ich war, und dem, der ich bin und sein könnte, von dem Mann, der an ihren Inhalt glaubte und sich immer noch alle Mühe gibt, nicht von diesem Glauben abzufallen. Bis das Warten jetzt ein Ende hat.

Betrachten wir, beispielsweise, die Sünde der Verzweiflung.

. . .

Von den sieben Todsünden ist Verzweiflung die Sünde der Hoffnungslosigkeit, des fehlenden Glaubens an die Erlösung. Diese Sünde kann sogar als ketzerisch gelten, da sie, mit den Worten der *Katholischen Enzyklopädie*, «die Zustimmung zu einer Aussage impliziert, die sich gegen den Glauben richtet, z. B. dass Gott nicht gewillt sei, uns das zu geben, dessen wir zu unserer Erlösung bedürfen». Sie ist Sünde, weil sie fehlendes Gottvertrauen, Vertrauen in seine Gnade, impliziert.

Ich bin nicht als Katholik aufgewachsen, eher als Kulturmethodist. Was ich über Sünden weiß, habe ich nicht aus dem Konfirmationsunterricht, sondern aus der Schule des Lebens.

Wer bin ich, dass ich einfach so verzweifeln dürfte? Ich erinnere mich an einen Ex-Freund, der so etwas wie eine Depression hatte und mit dem ich über seine Verzweiflung sprach, während er auf meinem Bett lag, in der Gartenwohnung, in der ich sieben Jahre lang wohnte, bevor meine Umzugsjahre begannen. Ein jüdischer Anwalt aus New York, der sich politisch engagierte und für eine linksgerichtete Anwaltskanzlei arbeitete.

Er kasteite sich in meiner Gegenwart. Du hast allen Grund, depressiv zu sein, sagte er zu mir. Dir hat man Schreckliches angetan. Und du bist trotzdem glücklich. Und ich – was habe ich zu meiner Entschuldigung vorzubringen?

Du bist Anwalt der Kommunistischen Partei Amerikas, sagte ich. Wir lachten, aber nur, weil es stimmte.

Im Grunde wollte er mir damit sagen, dass er mich trotz meiner Probleme nicht für depressiv hielt – und es stimmte, ich empfand mich nicht als depressiv. Sondern als wütend. Wütend wie etwas, das auf einen Ausbruch wartete, weil es viel zu lange stumm oder unsichtbar geblieben war. Zu dieser Zeit sagten mir andere Schriftsteller gerne ins Gesicht: Mir ist als Kind nie so was Schlimmes passiert. Und beschwerten sich damit über Menschen wie mich, als hätten wir sie um ihr gutes Recht betrogen, zu jenen Glücklichen zu gehören, denen so schreckliche Dinge widerfahren waren. Schreckliche Dinge, die ich dann in keinem Roman unterbringen konnte, weil sie unglaubwürdig erschienen wären oder weil ich mich nicht an sie erinnern konnte. Meine Therapeutin in Iowa meinte vor dreizehn Jahren: «Bei jedem anderen würde ich sagen, Sie sind ja paranoid. Aber nun sind Sie ja tatsächlich von vielen Menschen enttäuscht worden. Und trotzdem: Sie müssen lernen, anderen zu vertrauen. Fehlendes Vertrauen wird Sie trotzdem behindern.»

Um noch einmal auf den Eintrag über Verzweiflung in der *Katholischen Enzyklopädie* zurückzukommen: «Der Kleinmütige hat nicht so sehr das Vertrauen in Gott verloren, sondern sich einschüchtern lassen von seiner eigenen Unzulänglichkeit oder Unfähigkeit.»

Auch mich schüchtern meine eigenen Unzulänglichkeiten oft ein, und es fehlt mir an Gottvertrauen. Doch selbst in

Zeiten größter Verzweiflung vertraue ich darauf, dass es immer noch an mir liegt, ob ich klein beigebe oder nicht. Und dann wird weitergemacht.

...

Der Freund, den ich in diesem Jahr verlor, war ein neuer Freund, der Ende Februar 2003 unerwartet verstarb. Er hieß Tom, war mit seinen vierzig Jahren nicht viel älter als ich und kerngesund für einen Mann, der sich so sehr für guten Wein und gutes Essen begeisterte, schwul und HIV-positiv war. Er führte ein Café an der Seventh Avenue in Brooklyn, und in den zweieinhalb Jahren, die ich ihn kannte, sah ich ihn fast ausnahmslos nach Sonnenuntergang – er machte Kaffee, ich bestellte ihn. Er hatte mich kurz nach Erscheinen meines ersten Romans kennengelernt, hatte ihn gelesen und pries ihn lauthals jedem an, der mit mir am Tresen wartete. Bald wussten die meisten seiner Stammgäste, dass ich einen Roman geschrieben hatte, und für die Dauer unserer Freundschaft war mein Gesicht fast immer Rot vor Scham. Als er starb, war ich gerade zurück von einer kurzen zweiten Lesereise für die Taschenbuchausgabe.

Mit anderen Worten: Er lernte mich kennen, als sich gerade mein Traum der letzten sieben Jahre erfüllte. Und ich noch halb tot von der Anstrengung war, die mich seine Verwirklichung gekostet hatte.

Er kannte mich ausschließlich als Schriftsteller. So kannte ich mich nicht, und deswegen wurde ich immer rot, wenn er über mein Buch sprach. Er hatte mich nie gesehen, wie ich mir mit einem Smoking in Plastikhülle über der Schulter einen Kaffee holte und dann die U-Bahn-Treppe hinaufrannte, um pünktlich in der Park Avenue zu erscheinen und den geladenen Gästen das Abendessen zu servieren. Er wusste nichts von den Abenden, an denen ich, nach Ende meines Arbeitstags als Kellner in einem Steakhouse in Midtown, im weißen Hemd mit hochgekrempelten Ärmeln in der nahe gelegenen Schwulenbar eintraf und bis zum Zapfenstreich Bier mit Bourbon trank.

Er erwähnte, dass er ebenfalls schrieb und vor Kurzem geerbt hatte. Den Job behielt er, erfüllte sich aber den Traum von einer Europareise und verliebte sich dabei in einen jungen Spanier. Fast wäre auch etwas daraus geworden, aber als es dann doch im Sande verlief, kehrte er entspannt und braun gebrannt aus Spanien zurück. Der Liebeskummer hatte ihn verschont, aus welchem Grund auch immer.

Bei unserem letzten längeren Gespräch erzählte er mir von dem Roman, den er konzipiert und zu schreiben begonnen hatte. Als ich nach der Rückkehr von meiner Lesereise ins Café kam, um ihn wiederzusehen, stand hinter dem Tresen ein junger Südafrikaner mit Iro und schenkte den Kaffee aus. Leise Panik überkam mich. Ich wusste, dass Tom HIV-positiv war und nur im absoluten Ernstfall nicht zur Arbeit gehen würde.

Und tatsächlich: Wie mir der Südafrikaner mitteilte, lag Tom im Krankenhaus. Ich beschloss, mit meinem Besuch noch zwei Tage zu warten, bis mein Husten wieder weg war, damit er sich nicht bei mir ansteckte. Er starb schon am nächsten Tag.

So viele meiner Freunde lebten mit Aids, dass ich vergessen hatte, wie tödlich die Krankheit war.

Tom starb an einem Donnerstagabend, am Sonntag sollte die Trauerfeier stattfinden. Man bat mich, etwas zu lesen. Die nächsten Tage verschwanden unter einer dunklen Wolke schuldbewusster Gebete, bis mir schließlich die rettende Idee kam: Ich würde ihm eine Elegie schreiben. Damit brachte ich mich in eine seltsame Position: Ich würde etwas tun, was ich schon oft getan hatte, ein Gedicht für einen Freund schreiben, nur mit dem Unterschied, dass er es nie zu Gesicht bekommen würde. Wenn ich zuvor Gedichte dieser Art geschrieben hatte, zur Feier eines Geburtstags oder einer Hochzeit, dann natürlich unter der Voraussetzung, dass im Publikum auch die sitzen würden, für die sie bestimmt waren.

Ich konnte es erst schreiben, als ich mir vorstellte, wie er es las. Wie ich es ihm in die Hand drückte. Stattdessen gab ich es dann dem Cafébesitzer und seinen Mitarbeitern, die es ins Schaufenster stellten, neben ein Foto von Tom aus Spanien, mit Strohhut. Ein Jahr blieb es dort stehen.

Elegien zu schreiben hat etwas Unheimliches, ein treffenderes Wort wüsste ich nicht. Denn während des Schreibens stellt sich fast zwangsläufig das Gefühl ein, dass dir die Verstorbenen über die Schulter gucken, und du wendest dich sogar an sie, bittest die Toten dazu, nicht um mit ihnen zu sprechen, sondern als Zuhörer. Und was deinen Schreibtisch verlassen soll, muss ihren Ansprüchen genügen. Eine Prüfung, die dir vor dem Schreiben ganz unvorstellbar gewesen sein mag, und danach eine, wie nur du sie dir vorstellen konntest.

Wann immer ich mir in den darauffolgenden Tagen einen Kaffee holte, sah ich das Foto von Tom neben meinem Gedicht, und jedes Mal schoss mir durch den Kopf, dass man auch zu lange mit dem Schreiben warten kann. Nachdem ich mit meinem zweiten Roman gerade ins Straucheln geraten war, richtete mich das wieder auf. Tom hatte immer das Talent gehabt, mir genau das zu sagen, was ich gerade hören musste, und das galt auch für seine letzte Botschaft, die er mir fast täglich wiederholte, bis das Gedicht aus dem Fenster verschwand.

4

Wozu das alles? Mit dieser Frage — der Frage, die mir die Studentin am Morgen nach der Wahl gestellt hatte — schlage ich mich herum, seit ich Schriftsteller und Lehrer bin.

In einem Comic über diesen Morgen würde ich mich im Auto zeichnen, vor und hinter mir die Berge, der schwarze Ballon mit meiner Frage — *Wie oft habe ich schon geglaubt, das wäre jetzt das Ende?* —, eine Gedankenblase so lang wie die Fahrt selbst und, wie sich beim Umblättern zeigt, so lang wie mein Leben: eine Reise durch alles, was mich seit der fünften Klasse verfolgt hat, als ich lernte, die Bombe zu fürchten, und wegen des Ozonlochs glaubte, als Erwachsener nur im Schutzanzug ins Freie zu können.

Ich liebe den Sommer. Mein schlimmster Albtraum ist eine Welt, in der ich ihn nicht genießen kann.

In einem anderen Panel sieht man mich in dem Moment, als ich begreife, dass die leer stehenden Fabriken meiner Kindheit deswegen leer standen, weil in anderen Ländern, wo Arbeit billiger zu haben war, neue Fabriken entstanden waren, und dass diese Jobs erst dann zurückkommen würden, wenn der zähe Kampf zwischen Unternehmern und Arbeitern, ein Kampf, der schon weit länger dauerte als mein Leben, damit endete, dass Amerikaner wieder für Hungerlöhne arbeiten müssen.

In einem weiteren Panel, etwa in der Mitte, wäre ich in San Francisco zu sehen, wo ich 2007 an einer einwöchigen Schriftstellerkonferenz teilnehmen wollte und mir ein Taxi nahm, dessen Fahrer erzählte, die Republikaner hätten einen Dreißigjahrplan, alles im Land solle wieder den Reichen gehören und wir wären mittendrin in den letzten zehn Jahren. «Woher haben Sie das?», fragte ich, denn das entsprach ziemlich genau dem, was ich mir auch schon gedacht hatte. «Irgend so ein Professor», sagte er, als er mich vor der Universität absetzte. «Name weiß ich nicht mehr. Er meinte, das wäre mit Reagan losgegangen, aber Reagan wäre nicht der Verantwortliche, sondern die Leute um ihn rum.»

Ich bedankte mich, gab ihm ein großzügiges Trinkgeld und ging hinein. Ich wusste sofort, das war eine Szene, wie man sie aus tausend Zeitungsartikeln kennt, der Kolumnist, der die Lebensweisheiten seines Taxifahrers zum Besten gibt. Wenn ich das so hinschriebe, würde man entweder über das Klischee herfallen oder mir freundlich zu verstehen geben, dass ich allmählich wie einer dieser armen Irren klang. Das hier ist Amerika, wo man nur die Wahrheit sagen darf, solange sie nichts bewirkt.

Irgendwo kurz vor Ende des Ballons, am Morgen nach der Wahl, findet man meine Erkenntnis, dass dieses Jahr das letzte jener dreißig Jahre ist, von denen der Fahrer gesprochen hatte.

...

In meinem Kopf gibt es noch einen zweiten Alexander Chee – den, der ich hätte sein können, wenn mir als Schriftsteller regelmäßige Zahnarztbesuche möglich gewesen wären, was sich positiv nicht zuletzt auf die Zahl meiner Zähne ausgewirkt hätte. Ich erfand ihn 2005, während eines Aufenthalts in Kanada, weil es anders nicht auszuhalten war, wie gesund dort alle aussahen im Vergleich zu den Vereinigten Staaten, und mit jedem neuen Auslandsaufenthalt bekommt er schärfere Konturen. Ich weiß, dass ich eine kürzere Karriere haben werde, weil ich amerikanischer Staatsbürger bin, und ein kürzeres Leben. Das hat mein Land so eingerichtet. Das ist so gewollt.

In kleinen Einzelhandelsgeschäften habe ich wiederholt Menschen mit unbehandelten Verletzungen arbeiten sehen, um nach Verlassen des Ladens, auf dem Parkplatz, von Supermarktmitarbeitern um Geld angepumpt zu werden, weil sie sich am Monatsende das Benzin für die Fahrt nach Hause nicht leisten können – und das sind Menschen mit zwei oder sogar drei Jobs. Bis vor Kurzem bin auch ich immer nur knapp über die Runden gekommen, und trotzdem gehöre ich mit meinem Einkommen zu den obersten zwanzig Prozent der Erwerbstätigen in diesem Land. Derzeit spare ich auf Zahnimplantate – Geld, das ich auch für die Anzahlung auf ein Haus verwenden könnte. Nur bin ich nicht sicher, ob ich die Abzahlung der letzten Rate noch erleben würde. Oder sonst jemand von uns.

Vor der Wahl hatten Klimaforscher in aller Welt unsere langfristigen Überlebenschancen sehr pessimistisch beurteilt. Mit dem großen Korallensterben im Great Barrier Reef, der sogenannten Korallenbleiche – als wären die Korallen jetzt nur blond und nicht tot – hatten sie gerechnet, aber nicht damit, dass es noch zu ihren Lebzeiten so weit kommen würde. Als sich die Nachricht verbreitete, weinten viele von ihnen. Die verbreitete Leugnung des Klimawandels ist das Ergebnis einer Kampagne von ExxonMobil, mithilfe derer das Unternehmen sein Geschäftsmodell absichern wollte. Wie man heute weiß, wurden Millionen von Dollar dafür ausgegeben, den Klimawandel kleinzureden, anstatt offen an einer Lösung des Energieproblems zu arbeiten, die unser aller Überleben sichert. Exxon war sich der Realität des Klimawandels durchaus bewusst, seit über dreißig Jahren. Der älteste Trick der Konservativen: «Haltet den Dieb» schreien und die Wähler auf alles hetzen, was der Dieb, den sie ins Amt gehoben haben, ihnen vorsetzt. Und jetzt sind wir in der Endphase.

Eine absurde Zeit, um jemandem beizubringen, wie man Geschichten schreibt. Aber das gilt wahrscheinlich für alle Zeiten. Das hier, das ist bloß unsere absurde Zeit.

...

Schreibworkshops laufen unweigerlich auf die Frage der Veröffentlichung hinaus, doch in der Regel lasse ich ein Gespräch über dieses Thema erst am Ende zu, damit ich meinen Studenten zuvor neben den Banalitäten des Berufsalltags auch das radikale Potenzial ihrer Arbeit vermitteln kann. Und weil man manchmal nichts Radikaleres mit radikalen Werken machen kann, als sie genau wie alle anderen zu behandeln, bringe ich ihnen bei, wie sie ihre Texte bei Zeitschriften, Magazinen, Agenturen und Verlagen unterbringen. Ich versuche ihnen mein Wissen übers Schreiben und Publizieren von Texten so zu vermitteln, dass ihre Begeisterung für Literatur nicht darunter leidet.

Dazu erzähle ich in ihnen Geschichten. Die Geschichten, die ich ihnen nicht erzähle, handeln davon, dass du stets als Letzter bezahlt wirst, noch nach der Stromrechnung, obwohl es dein Buch ist, was im Rampenlicht steht. Dass dich deine

Freunde für reich, deine Verwandten für einen Lump halten werden, selbst wenn du kein einziges Wort über sie geschrieben hast. Dass Kritiker dein Buch missverstehen und dich um deinen verdienten Ruhm bringen werden, und außer dir wird's keinen kümmern. Oder dass sie dich missverstehen und es sich trotzdem tausendfach verkauft, und außer dir wird's keinen kümmern.

Um meinen ersten Roman zu Ende zu bringen, hatte ich sieben Jahre und drei Jobs gebraucht, plus einen vierten: Schreiben. Manchmal schrieb ich in der U-Bahn, auf dem Weg von Brooklyn nach Manhattan, zur nächsten Schicht im Steakhouse, wo ich kellnerte. Manchmal schrieb ich, solange die Gäste an meinen Tischen noch damit beschäftigt waren, ihre Plätze einzunehmen. Einmal hätte ich das Schreiben fast aufgegeben, weil ich stundenlang falsch gesessen hatte und mir alles wehtat. Ich mache erst weiter, beschloss ich, wenn ich einen Schreibtisch in meiner Höhe finde. Und dann verließ ich die Wohnung und fand ihn auf einem Flohmarkt, innerhalb von einer Stunde, als wollten mich die Götter verhöhnen.

Da hast du doch deinen Tisch, schienen sie zu sagen. Auf dem Preisschild stand $ 3, doch die Botschaft, die ich in diesen Preis, in diesen unverhofft aufgetauchten Tisch hineinlas, lautete: *Marsch, zurück an die Arbeit.*

Als der Roman endlich erschien, brach ich nicht in Jubelstürme aus. Mein Gefühl war eher: *Und das soll ich jetzt gleich noch mal machen?*

Es war nicht bloß Erschöpfung. Ich brauchte Geld, und das würde nur kommen, wenn ich weiterschrieb. Doch das konnte ich damals nicht. Ich hatte einen Roman, von dem ich mich jeden Freitag trennte, um am Montag zu ihm zurückzukehren, wie in einer kaputten Beziehung. Etwas Wunderschönes, in das ich mich vor Jahren verliebt und das ich mir irgendwann ausgeredet hatte, um mich dann vorsichtig wieder drauf einzulassen. Ich hatte noch mit einem zweiten Roman angefangen, aber fühlte mich noch zu unerfahren, um ihn zu schreiben. Und da ich das Geld, das ich mit Schreiben verdienen konnte, so dringend brauchte, schrie ich stumm alles an, was ich überhaupt zu Papier brachte. Weil ich mich selbst enttäuscht hatte.

An einem Herbsttag im Jahr 2003 kam ich etwas früher zur Wesleyan, für ein Ritual, auf das ich nicht besonders stolz war: Ich ging zur Personalabteilung und bat um einen Vorschuss auf mein Gehalt. Eigentlich ein sinnloses Unterfangen, mit dem es mir bestenfalls gelingen würde, den Tag, an dem mir das Geld ausging, noch ein wenig hinauszuschieben. Mein Verleger schuldete mir so viel Geld, dass ich ein Jahr davon hätte leben können, nur war er leider insolvent und hatte dann die Auslandsrechte an meinem ersten Roman verkauft. Von dem Geld würde ich keinen Cent sehen, so wollte es das Insolvenzrecht. Bevor ich ins Seminar ging, setzte ich mich noch kurz in mein Büro, um mich zu sammeln, da ich sonst einfach hineingestürmt wäre und meinen Studenten gesagt hätte, dass sie aufhören sollten, auf der Stelle. Macht was anderes, der Aufwand lohnt nicht, hier gibt es nichts zu holen.

Das stimmte nicht, und das wusste ich auch, und doch war die Versuchung groß. Aber an die Verantwortlichen kam man so nicht heran, und es hatte keinen Sinn, meinen Studenten all diese Fälle von Systemversagen aufzuzählen. Meine Aufgabe war es, ihnen zu erklären, was sie tun konnten, wenn das System versagte.

Ich saß alleine in meinem Büro und starrte auf die Uhr in der rechten unteren Ecke des Bildschirms, bis ich glaubte, mich wieder so weit im Griff zu haben, dass ich unterrichten konnte. Und dann sprang ich auf und ging rein.

Wozu das alles?, fragte ich mich an jenem Tag. Dass einem womöglich die falschen Leute zuhörten, war schlimm genug – aber was, wenn einem niemand zuhörte? Und nie zuhören würde? Genau deswegen gab es den Samisdat, um trotzdem weiterschreiben zu können; Schriftsteller und Leser in der ganzen Sowjetunion, die sich heimlich trafen, um verbotene Bücher aus dem In- und Ausland auszutauschen. Und eben deswegen lernte Nadeschda Mandelstam, die Frau Osip Mandelstams, in der gemeinsamen Lagerhaft die Gedichte ihres Mannes auswendig: weil sie wollte, dass sie ihren Weg zum Leser finden, weil sie die Möglichkeit wahren wollte, dass sich irgendwann doch wieder Leser für sie finden – und im Lesen eine Wandlung jenseits des gegenwärtig Vorstellbaren erfahren. Nach Hannah Arendt heißt Freiheit, sich das Unvorstellbare vorzustellen. Die Freiheit, sich vorzustellen, wie ein noch unvorstellbares Werk von anderen gelesen wird und sie zu ebenso unvorstellbaren Handlungen anstößt – das heißt für mich Schreiben. Man hält seinen Glauben an die Wirkungslosigkeit von Literatur gern für Bescheidenheit. Doch das ist ein Irrtum. Niemand kann vorhersagen, was ein Schriftsteller in Zukunft schreiben wird, und ebenso wenig lässt sich vorhersagen, was die Leser nach der Lektüre mit deinen Texten anfangen werden.

...

Nur in Amerika fordern wir Schriftstellern den Glauben an die eigene Bedeutungslosigkeit ab. Damit sollte jetzt Schluss sein. Mein ganzes Studium hindurch habe ich mich mit

Zweifeln am Wert meiner Arbeit herumgeschlagen, Zweifel daran, ob es mir je gelingen würde, andere zu erreichen oder etwas Bedeutendes zu leisten. Und schon lange vor Beginn meines Schreibstudiums hatte ich den Spruch satt, die Feder sei mächtiger als das Schwert: Die Schwerter schienen immer den Sieg davonzutragen. Als ich dann auf das Auden-Zitat stieß – «Dichtung bewirkt nichts» –, war ich nur allzu bereit, an das zu glauben, was es meinem Verständnis nach besagte. Doch zugleich waren Bücher für mich immer noch das, was sie gewesen waren, seit ich sie entdeckt hatte: die einzige Form von Magie, die tatsächlich wirkt. Meine Mutter kann sich noch gut erinnern, wie oft sie neben mir stand und vergeblich versuchte, die Stimme meines Buches zu übertönen. Erst als ich begriff, dass ich damit dasselbe bei anderen bewirken konnte, wollte ich wirklich schreiben. Doch dazu musste ich das Chaos in mir einschwören auf eine verschlungene Ordnung, die Komplexität beredt machen.

Schreiben heißt, dir ein Ticket zur Flucht zu verkaufen – nicht vor der Wahrheit, sondern in sie hinein. Meine Aufgabe ist es, etwas in dem Raum hinter deinen Augen geschehen zu lassen, einem Raum kaum größer als eine Hand, herausdestilliert aus allem, was ich in mir trage, Freunde, Lehrer, Reisebekanntschaften, Menschen, die ich mir bloß ausgedacht habe, alles, was meine Mutter und mein Vater je getan haben, jedes Lieblingsbuch, bis es auf dich trifft und aus dir, dem Leser, etwas herausdestilliert, aus allem, was es in dir vorfindet. All das trifft sich am Rande eines Satzes wie diesem hier, als wäre der Satz ein Zaun, auf der einen Seite du und auf der anderen ich. Wenn Texte wirklich funktionieren, habe ich das Gefühl, ich könnte ein beliebiges Wort herausschnipsen und würde dahinter das Auge des Autors entdecken, das mich ansieht.

Du weißt nicht, was ich meine? Ich meine Folgendes: Wenn ich davon erzähle, wie jemand durch einen Schneesturm läuft, erinnerst du dich vielleicht an eine Nacht voller Schnee aus deiner Kindheit oder an die eine Nacht im letzten Winter, als du auf der Fahrt nach Hause vom Sturm überrascht wurdest. Wenn ich von meinen toten Freunden oder von Gedichten erzähle, kommen dir vielleicht deine eigenen toten Freunde in den Sinn, und wenn noch keiner deiner Freunde gestorben ist, stellst du dir vielleicht vor, wie es wäre, wenn es dazu käme. Vielleicht denkst du an deine eigenen Gedichte oder an Gedichte, die du gelesen oder gehört hast. Oder dir fällt ein, dass du Gedichte eigentlich gar nicht magst.

Während du das hier liest, entsteht aus deinen und meinen Erinnerungen etwas Drittes. Nicht meine Erinnerung, nicht deine, wird es geboren und wandelt über die Brücken und Straßen deines Bewusstseins, solange es kann. Nachdem es meines verlassen hat.

Lebenslang habe ich mir sagen lassen müssen, das sei nicht wichtig, spiele keine Rolle, werde nie eine spielen. Und doch tut es das — warum sonst würden die, die uns alles nehmen wollen, das so gerne behaupten? Aus demselben Grund, warum Schriftsteller die Ersten sind, die ins Gefängnis wandern, wenn die Faschisten an die Macht kommen. Und dazu also ist Schreiben da.

...

Dieser Essay begann als E-Mail an meine Studenten, geschrieben am ersten Wochenende nach Ausbruch des Irakkriegs.

Urplötzlich waren intensive Beschützerinstinkte in mir wach geworden. Ich wollte nicht, dass meine Studenten eingezogen wurden, wie es damals gerüchteweise geplant war, und fürchtete vor allem den Verteidigungsminister und seine Gesinnungsgenossen. Wer Kunst vernichtet, vernichtet bald auch Menschen.

Ich wollte meine Studenten in eine andere Welt entführen, in der Schreiben und Kunst mehr zählen als Krieg – und wusste doch, damals wie heute, dass es einzig und allein darauf ankommt, diese andere Welt hier zu erschaffen, hier bei uns. Denn eine andere Welt haben wir nicht, nur diese eine, in der wir leben. Dieses revidierbare Land, so schwer zu verändern und doch so veränderlich.

Ich schrieb ihnen an diesem Wochenende und sagte ihnen, dass Kunst alle Regierungen der Vergangenheit, alle Länder und Kaiser samt ihrer Möchtegernnachfolger überdauert hat. Dass Kunst – auch, oder vielleicht gerade Kunst, die sich der Zärtlichkeit verschrieben hat, wie eine Liebende, die ihrer Geliebten in den letzten gemeinsamen Nächten ein Geschenk macht, bevor sie dieses Leben für immer verlässt – nicht schwach ist. Kunst hat ihre eigene Kraft. Ich bat sie, sich nicht vom Kulturkampf gegen die Künste beeindrucken zu lassen, der sie fast ihr ganzes Leben schon begleitete, der konzertierten Anstrengung, Kunst und Kultur in den Augen der amerikanischen Öffentlichkeit als schmückende Ablenkung von den wirklich ernsthaften Angelegenheiten erscheinen zu lassen – und damit als etwas, das nicht finanziert, nicht einmal unterrichtet zu werden verdient. Ich verriet ihnen, dass ich mich längst nicht so gut an die Kaiser Chinas erinnern kann wie an Menzius, ihren Berater, und dass mir das, was er in seinen Gedichten über diese Herrscher und ihre Probleme mitzuteilen weiß, vollkommen ausreicht, um sie genau zu kennen. Und ein Paradoxon: Dass ein Roman, falls er denn überlebt, schützt, was eine Rakete nie schützen könnte.

Es blieb nicht bei dieser E-Mail; sie war nur der Anfang. Ich verabschiedete mich von der Vorstellung, beim Schreibunterricht ginge es ausschließlich um die Frage, wie man Sätze oder Geschichten zusammensetzt. Ich musste meinen Studenten beibringen, standhaft zu bleiben, zu sich zu stehen, zu dem, was ihnen wichtig ist, in Gegenwart, Vergangenheit und Zukunft. Und zu unserem Land. Und das in ihrem Schreiben zu tun. Wir werden nie im Voraus wissen können, wann die Welt untergeht. Doch falls es wirklich so weit kommt, sollte die Arbeit, die wir leisten können, besser getan sein.

Die «Wahl» hat mich etwas Neues über die Kunst des Nichtaufhörens gelehrt. Wenn du dies hier liest, Schriftsteller bist und wie ich von Verzweiflung gepackt, wenn du kurz davor bist aufzuhören: Sprich mit deinen Toten. Schreib für deine Toten. Erzähl ihnen eine Geschichte. Was fängst du mit diesem Leben an? Lass dich von ihnen zur Verantwortung ziehen. Lass dich von ihnen mutiger oder bescheidener oder lauter oder liebevoller machen, was auch immer es ist, aber bitte sie herein, höre ihnen zu und dann schreibe. Und wenn dann der Krieg kommt – und machen wir uns nichts vor, er ist bereits da –, schreibe bitte auch für die Lebenden. Für diejenigen, die du liebst, und für diejenigen, die kommen, um sich dein Leben zu holen. Was wirst du ihnen geben, wenn sie hier sind? Ich rede mir ein, ich könnte mir keine Geschichte ausdenken, die imstande wäre, sie zu befreien, diese Menschen, die mich hassen, und dabei schreibe ich, weil einer von ihnen genau das für mich getan hat. Das werde ich nie vergessen und schreibe also auch für sie.

Ich habe, das sollte ich vielleicht dazusagen, meinen Glauben tatsächlich verloren. Ich mag sogar kleinmütig sein und bin es vielleicht auch, um an mich selbst glauben zu können, und manchmal verzweifle ich. Ich schreibe nicht so viel, wie ich eigentlich sollte. Ich glaube nicht immer daran, dass ich nach dem Tod die Möglichkeit haben werde, meine Toten wiederzusehen. Aber im Moment lebe und arbeite ich und spüre, dass sie mir dabei zusehen.

Also hinterlasse ich das jetzt hier, für sie. Und für dich.

DANKSAGUNG

An erster Stelle möchte ich mich bei meinem Mann Dustin Schell bedanken, der mir immer wieder von Neuem den Wert meines Lebens und meiner Arbeit vor Augen führt, im Großen wie im Kleinen, und dessen Liebe der Mittelpunkt meiner Welt ist.

Vielen Dank an meine Agentin Jin Auh für ihre Freundschaft und ihren unerschrockenen Einsatz all die Jahre hindurch sowie an ihre Mitarbeiterin Jessica Friedman und das gesamte Team der Agentur Wylie, die so viel dafür tun, mich und meine Arbeit zu schützen. Vielen Dank an meine Lektorin Naomi Gibbs für ihren so bedachten wie fordernden redaktionellen Scharfsinn und an alle bei Houghton Mifflin Harcourt für die intensive Arbeit an meinen Büchern. Nachdem ich so hart darum kämpfen musste, bedeutet mir ihre Veröffentlichung alles.

Mein Dank an Annie Dillard und Clark Blaise, die mir beigebracht haben, wie man Essays schreibt. Ich danke den Lektorinnen und Lektoren der hier wieder abgedruckten Essays: Edmund White; Elizabeth Benedict; Rosecrans Baldwin und die gesamte *Morning-News*-Familie; Hillary Brenhouse, Dan Sheehan und Michael Archer bei *Guernica*; Chad Harbach und *n+1*; Jesse Pearson bei *Apology*; Aaron Gilbreath, Mike

Dang, Michelle Legro und Sari Botton bei *Longreads*; Mark Armstrong bei Automattic; Yuka Igarishi und Mensah Demary bei *Catapult*; Isaac Fitzgerald, Saeed Jones, Karolina Waclaviak und Jarry Lee bei *BuzzFeed*. Eure vereinten Bemühungen haben mich zu dem Essayisten werden lassen, der ich heute bin, und dafür bin ich euch sehr dankbar.

Freunde, die mir besonders geholfen haben: Garnette Cadogan, John Freeman, Melanie Fallon, Jami Attenberg, Keiko Lane, Sandi Hammonds, Maud Newton, Gerard Koskovich und Joe Osmundson – vielen Dank, dass ihr immer an mich und meine Arbeit geglaubt habt. Und vielen Dank an meine Schreibgruppe, The Resistance: Mira Jacob, Kaitlyn Greenidge, Luis Jaramillo, Brittany Allen, Julia Phillips, Tennessee Jones und Bill Cheng.

...

Diese Sammlung verdankt sich zum Teil einer Einladung von Lis Harris, im Herbst 2014 an der Vorlesungsreihe des Columbia University Nonfiction Program teilzunehmen. Ich trug meine gedruckten Essays zusammen, um sie ihren Studenten zu schicken, und bin ihr sehr dankbar für diesen Anstoß. Einige der Anekdoten, die im vorliegenden Band eine zentrale Rolle spielen, werde ich womöglich schon bei anderer Gelegenheit, in Interviews oder anderen Essays wiedergegeben haben, und ich behalte mir das Recht vor, diese Anekdoten zu wiederholen, anders gesagt: mich selbst zu plagiieren. Die Namen einiger hier genannter lebender Personen sowie Lebensdaten, die Rückschlüsse auf ihre Identität zulassen würden, wurden zum Schutz ihrer Privatsphäre geändert.

Bei den im Folgenden angeführten Essays handelt es sich

um Wiederveröffentlichungen. Für diese Sammlung wurden sie sämtlich durchgesehen und überarbeitet. «Der Fluch», ursprünglich erschienen in der Literaturzeitschrift *Lit* der New School unter dem Titel «Playing Mexican», sowie «Nach Peter», erstmals erschienen in *Loss Within Loss*, herausgegeben von Edmund White (University of Wisconsin Press, 2001), wurden besonders stark überarbeitet. «Der Fragesteller» erschien zuvor in der *Morning News*. «Ein Schriftstellerleben» erschien erstmals in der Anthologie *Mentors, Muses, and Monsters*, herausgegeben von Elizabeth Benedict, und wurde von der *Morning News* wieder abgedruckt. «Meine Parade», erstmals erschienen in der *n+1*-Anthologie *MFA vs. NYC*, wurde von *BuzzFeed Books* wieder abgedruckt; «Girl» wurde erstmals in *Guernica* veröffentlicht und wieder abgedruckt in *The Best American Essays 2016*, herausgegeben von Jonathan Franzen. «Mr. und Mrs. B» erschien erstmals in der Zeitschrift *Apology* und wurde online bei *Longreads* wiederveröffentlicht. «Der Hochstapler» erschien erstmals bei *Catapult*. «Wie man einen autobiografischen Roman schreibt» erstmals bei *BuzzFeed*. «Autobiografie meines Romans» erstmals in der *Sewanee Review*.

NACHWORT

Auf die Frage «Wer bin ich?» gibt es für viele von uns mehrere Antworten. Es sind Antworten, die im Unbewussten schlummern und die unseren Lebensweg bestimmen. Ohne es zu wollen, nimmt man Rollen, die man schon längst abgelegt zu haben glaubte, wieder ein. Man hält an bestimmten Masken fest, auch wenn das eigentlich gar nicht mehr sein muss. Viele Erwartungen hingegen, die man für sich und seinen Lebensweg hegt und die einen im Inneren ausmachen, scheinen sich nie zu erfüllen.

Vor allem als schwuler Mann macht man die Entdeckung, dass man im Laufe eines Lebens mehrere, manchmal einander widersprechende Ichs durchläuft und man in manchen Momenten schmerzlich dieses Zentrum des Selbst vermisst, über das alle Menschen um einen herum so selbstverständlich zu verfügen scheinen. Es fordert kein großes psychologisches Gespür, die Gründe dafür in den Erfahrungen als Kind und Heranwachsender zu suchen. Im unerklärlichen Schweigen etwa, mit dem man aufgewachsen ist, oder den unmissverständlichen Botschaften von Ausgrenzung und Scham.

Es ist nicht einfach, sich selbst und sein Leben in einer durch und durch heterosexualisierten Welt neu zu erfinden. Vor allem, wenn man, wie es lange der Fall war, keine Vorbilder hat, niemanden, der einem vorlebt, wie man ein queeres Leben in einer Welt führt, die dafür keinen Platz vorgesehen hat. Erst heute, fünfzig Jahre nach den Stonewall-Aufständen und dreißig Jahre nach dem Höhepunkt der Aids-Krise, gibt es eine Generation schwuler Männer, die ihre Erfahrungen und ihr Wissen offen und frei an die nächste Generation weitergeben kann.

Alexander Chee gehört zu dieser Generation, und für viele junge queere Autoren ist er ein solches Vorbild. Chee, Jahrgang 1966, ist einer der populärsten schwulen Schriftsteller der Vereinigten Staaten. Mit seinen beiden Romanen *Edinburgh* (2001) und *Queen of the Night* (2017) und seinen Essays in Magazinen wie der *New Republic* oder dem *New York Times Magazine* hat er sich eine breite Leserschaft erobert. Zudem hat er als Hochschullehrer die Karrieren einer Riege junger schwuler Schriftsteller angestoßen, darunter Ocean Vuong. Nicht zuletzt ist er der erste schwule koreanisch-amerikanische Autor überhaupt, dem der Eintritt in das Literaturpantheon gelungen ist.

Chee wurde als Kind und Heranwachsender sowohl aufgrund seiner Hautfarbe als auch aufgrund seiner sexuellen Orientierung ausgegrenzt. Er hat die Aids-Krise durchlebt und war Teil der politischen Aktivistenszene, die für die gesellschaftliche Akzeptanz von Homosexualität in den Vereinigten Staaten gesorgt hat. Bevor er Schriftsteller wurde, arbeitete er als Buchhändler und Kellner. Im Laufe seines Lebens verschlug es ihn von Rhode Island nach Maine, Hawaii, Guam und Seoul, von San Francisco nach Brooklyn, Iowa City, New Hampshire und schließlich nach Manhattan, wo er heute mit seinem Ehemann in Hell's Kitchen lebt, dem schwulen Stadtviertel zwischen den Ausläufern des Broadways und dem Hudson River. Es genügt, sich die Stationen dieses Lebenswegs zu vergegenwärtigen, um eine Ahnung davon zu bekommen, dass man es hier mit einem Menschen zu tun hat, für den die Frage «Wer bin ich?» noch viel schwieriger zu beantworten ist als für die meisten von uns.

...

Wie man einen autobiografischen Roman schreibt, Chees vorliegender Essayband, bringt einige Stationen dieses bewegten Lebens zur Sprache. In mancher Hinsicht kann er als ein Dokument der Selbstfindung bezeichnet werden. Aber auch als das Zeugnis des dafür so notwendigen Kampfes. Es ist ein Buch von großer erzählerischer Kraft. Man liest es in einem Rutsch durch, und es geht einem noch lange nach, so sehr, dass man es immer wieder zur Hand nehmen möchte.

Schon der Auftaktessay zeigt an, dass es Chee um nichts weniger geht als um die Frage, wie man als schwuler Mann ein Leben führen kann. Darin nimmt er die Lesenden mit auf eine Reise ins mexikanische Chiapas, wo er als fünfzehnjähriger Austauschschüler Spanisch lernt, sich unglücklich verliebt und seinen heimlichen, von Superheldencomics inspirierten Traum auslebt, über sich selbst hinauszuwachsen. Eine Zeit lang gelingt es ihm hier, sein kompliziertes Leben als schwuler koreanisch-amerikanischer Teenager an der Küste Maines, zwischen Unsichtbarkeit und Allzu-Sichtbarkeit, hinter sich zu lassen und das zu werden, was er dort nicht sein kann: Er wird zu «Alejandro aus Tijuana», er wird zu einem Menschen unter vielen – ein Traum fast jeden schwulen Teenagers seiner Generation. Es ist klar, dass die Erfüllung dieses Traums nicht von Dauer ist und dass sie einen Preis hat: Von nun an wird er sich zu Hause noch fremder fühlen, als er es ohnehin schon tat.

Von dort aus geht es weiter in die kalifornische Aktivistenszene Ende der 1980er- und Anfang der 1990er-Jahre, wo die Gruppe ACT UP mit kreativen Aktionen gegen die Stigmatisierung Homosexueller und gegen die politische Ignoranz angesichts der grassierenden Aids-Epidemie kämpft. Die San-Francisco-Essays machen für die Lesenden einen Alltag zwischen Polizeigewalt und radikaler Freiheit erfahrbar, den Alltag einer Gruppe junger Leute, die sich und die Gesellschaft, in der sie leben, neu erfinden.

Zu dieser Neuerfindung gehört auch die Rückeroberung der Privatheit. In einem der bewegendsten Essays des Bandes erinnert sich Chee an den bildenden Künstler Peter David Kelloran, einen Freund und Liebhaber, der mit nur dreiunddreißig Jahren an Aids starb und an den er bis heute häufig denken muss. All das schreibt Chee in völliger Klarheit nieder, ohne jedes Selbstmitleid, aber dafür mit einer Weisheit und einer Selbstakzeptanz, der man anmerkt, dass sie hart erkämpft ist. Man bekommt nicht nur ein Gefühl dafür, wie groß die Lücke ist, die Peters Tod im Leben von Chee hinterlassen hat, sondern welche Lücke die Aids-Epidemie in jene Generation schwuler Männer und unsere Kultur insgesamt gerissen hat. Man versteht, wie schmerzhaft hoch der Preis gesellschaftlicher Akzeptanz war und was es bedeutet, zu einer Generation zu gehören, der die Zukunft genommen wurde.

Bei jedem der hier versammelten Essays hat man den Eindruck, dass Chee in seine Vergangenheit abtaucht und bei seiner Rückkehr wie ein Perlentaucher kleine Schätze für seine Leser mit an die Oberfläche bringt. Kleine Perlen des Ichs, die er im Licht wendet und danach absucht, welche Geschichten in ihnen verborgen sind und was sie für uns, die Lesenden, bedeuten könnten.

Beim Versuch des Wurzelschlagens in einer Erdgeschosswohnung in Brooklyn begleitet man ihn etwa in einem Essay dabei, wie er einen kleinen Rosengarten im zur Wohnung gehörenden Hinterhof anlegt und sich so ein paar Jahre lang tatsächlich ein wenig zu Hause fühlt. In einem anderen Essay erinnert er sich an seine Zeit in Gramercy Park, einem Stadtviertel Manhattans, wo er im selben Haus wie die von ihm verehrte Schauspielerin Chloë Sevigny zur Untermiete wohnte und kurzfristig ein Leben führen durfte, das seiner mit der Realität kaum zu vereinbarenden Fantasie von einer Existenz als Schriftsteller in New York am nächsten kam. An wieder anderer Stelle kehrt er in Gedanken zu seiner Zeit als Kellner auf den Partys von William F. Buckley zurück, dem erzkonservativen Meinungsmacher, der auf dem Höhepunkt der Aids-Krise vorschlug, alle Erkrankten auf dem Unterarm und dem Hintern zu tätowieren, um sie für jeden erkennbar zu machen.

Chee sagte einmal in einem Interview, dass er *Wie man einen autobiografischen Roman schreibt* nicht als Memoir verstehe, sondern als «miteinander verbundene Geschichten des Ichs».[1] In mancher Hinsicht ist das die bestmögliche Beschreibung dieses faszinierenden Buchs. Ob er die Lesenden zu der Nacht in San Francisco einlädt, in der er sich zum ersten Mal schminkt, in Drag auf die Straße geht, eine zuvor ungeahnte Freiheit spürt und begreift, dass wir manchmal erst wissen, wer wir sind, nachdem wir uns eine Maske aufgesetzt haben. Ob er uns in einen schwulen Buchladen mitnimmt, wo ihm bewusst wird, dass ein Leben als queerer Autor in der Regel zur Folge hat, in völliger Bedeutungslosigkeit zu versinken. Ob er sich in seine Zeit als Student bei so legendären Autorinnen wie Deborah Eisenberg und Annie Dillard zurückversetzt und den Entschluss Revue passieren lässt, es irgendwie schaffen zu müssen, dass sich die Lesenden auch für Bücher über das Leben queerer, nichtweißer Menschen interessieren. Ob er in einem erschütternden Essay die Rückkehr einer Erinnerung an Szenen des von ihm als Schüler erlittenen sexuellen Missbrauchs durch seinen Chorleiter reflektiert, die er jahrelang verdrängt hatte, und schließlich der Tatsache ins Auge schaut, dass wir häufig nicht die sind, die wir zu sein glauben.

Immer, bei jedem einzelnen dieser Essays, wird deutlich, dass Chee auf dem Papier nichts weniger als einen *safe space* findet – einen sicheren Raum für sich selbst und seine queeren Leser. Das Schreiben ist für ihn der Ort, der ihm überhaupt erst die Möglichkeit gibt, sich seiner vielen Ichs und seiner komplizierten Geschichte bewusst zu werden und mit ihr zurechtzukommen. Es ist der Ort, an dem er dem Sinn der vielen Rollen seines Lebens nachspürt. An dem er seine alten Verstecke wieder aufsucht und sich noch einmal in sie hineinbegibt. An dem er die Masken seines Lebens noch einmal aufsetzt, herausfindet, wie sie sich angefühlt haben, warum sie ihm so wichtig waren und welche von ihnen noch bis heute in ihm nachwirken.

Chees Essays sind durchdrungen von einer Arbeit am Selbst, die weiß, dass die Wahrheit manchmal im Abseitigen und Unentdeckten liegt. Sie leben von einer fragenden Akzeptanz, einer Offenheit den Episoden des eigenen Lebens gegenüber. Es ist nicht zuletzt diese tiefe, in den Texten zum Ausdruck kommende Menschlichkeit, die das Lesen des Bands zu einer solch einzigartigen Erfahrung macht.

Bei vielen dieser Essays hat man den Eindruck, dass sie

die queeren Heranwachsenden in uns ansprechen, die sich in der Bibliothek verstecken und in Büchern nach Antworten auf die Frage suchen, wie sich dieses schwierige Leben gestalten lässt. Vielleicht wird man, wenn man diese Essays liest, auch deshalb automatisch «menschlicher» gegenüber sich selbst. In *Wie man einen autobiografischen Roman schreibt* erfahren die Lesenden eine neue Wertschätzung für den Weg, den sie gegangen sind. Weil Chee es so selbstverständlich vormacht, bringen sie den Personen, die sie geworden sind, unwillkürlich mehr Liebe entgegen.

...

Der Titel dieses Bandes, *Wie man einen autobiografischen Roman schreibt*, spielt auf eine Frage an, die Alexander Chee nach der Veröffentlichung seines Romans *Edinburgh* häufig gestellt wurde. *Edinburgh* erzählt vom Trauma sexuellen Missbrauchs und trägt autobiografische Züge. Unerbittlich versucht Chee darin, eigentlich Unsagbares doch in Sprache auszudrücken. Es ist ein Roman, der die Lesenden in den Grundfesten erschüttert.

Wie man einen autobiografischen Roman schreibt enthält einen gleichnamigen Essay, der vorgibt, ein Leitfaden zum Schreiben eines solchen Romans zu sein. Beim Lesen aber entpuppt er sich mehr und mehr als Reflexion über die Aufgabe des Schreibenden. Dieser Essay stellt zugleich eine Antwort auf die im Titel aufgeworfene Frage dar: Romane sind Romane, auch wenn sie sich aus Erfahrungen des Autobiografischen speisen. Über bestimmte Themen kann man nicht fiktional schreiben. Vor allem, wenn man ein Leben führt, in dem man sich als Figur immer wieder neu erfinden muss. Manchmal findet der Roman des eigenen Lebens besser Ausdruck in einem Essayband.

«Einen Essay zu schreiben fühlt sich immer ein bisschen an wie Sterben», hat Alexander Chee einmal in einem Interview gesagt. «Ich glaube, das liegt daran, dass man dabei immer auch einige Vorstellungen von sich selbst ablegt, Identitäten, die man fälschlicherweise für seine eigenen gehalten hat. Auch wenn das ein Akt der Selbsterkenntnis ist, fühlt es sich ein bisschen wie Sterben an.»[2]

Wie man einen autobiografischen Roman schreibt lässt sich in diesem Sinne auch als ein Zeugnis der Trauer um jene Lebensentwürfe lesen, die wir zurückgelassen haben, um jene Ichs, die wir einmal waren. Doch es ist erst diese Trauer, die Platz für Zuversicht schafft. In keinem Text wird das deutlicher als dem Abschlussessay des Buchs, in dem Chee nach der Wahl Donald Trumps zum amerikanischen Präsidenten darüber nachdenkt, was es im heutigen Amerika bedeutet, ein Schriftsteller zu sein, und was er seinen Studenten noch beibringen kann in einer Zeit, in der viele der politischen Errungenschaften, für die Menschen wie er jahrzehntelang gekämpft haben, Stück für Stück wieder zurückgenommen werden. In einem emotionalen Crescendo evoziert er die Macht der Literatur, etwas zu bewegen. Auch wenn das, was sie bewegen kann, auf den ersten Blick nicht nach viel aussehen mag: Es ist die Literatur, die für gewöhnlich die politischen Regime überlebt, nicht andersherum.

Vielleicht ist es gerade diese existentielle Haltung, die Chee zu so einem herausragenden Autor macht. Man spürt bei jedem Satz der in diesem Band versammelten Essays, dass es ihm buchstäblich um das Leben geht, um das Überleben- und Weiterleben-Können. Und dieses Gefühl der Dringlichkeit überträgt sich auch auf die Lesenden. Es dürfte nur wenige überzeugendere Liebeserklärungen an das Schreiben und das Lesen geben als dieses Buch.

Daniel Schreiber

1 Christopher Bollen: «The Time for Queer Lit Is Now: A Conversation With Alexander Chee», interviewmagazine.com, 24.04.2018
2 «Queering the Novel. A Conversation between Jordy Rosenberg and Alexander Chee», slate.com, 21.06.2018

EDINBURGH

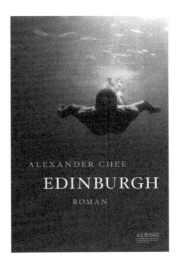

ALEXANDER CHEE
Edinburgh

Aus dem Amerikanischen von
Nicola Heine und Timm Stafe

304 Seiten, gebunden
mit Schutzumschlag

ISBN 978-3-86300-284-8
€ 22,00

Phi ist zwölf Jahre alt, schüchtern und singt im Knabenchor einer Kleinstadt in Maine. Als es während eines Sommercamps zu sexuellen Übergriffen durch den Chorleiter kommt, schweigt er aus Scham — selbst dann noch, als sein bester Freund das nächste Opfer zu werden droht. Der Chorleiter wird schließlich verhaftet, doch Phi kann sich sein Schweigen nicht verzeihen. Jahre später, inzwischen Schwimmlehrer an einem Internat, wird er erneut mit den schmerzhaften Erlebnissen seiner Vergangenheit konfrontiert.

Edinburgh erzählt ergreifend von der Suche nach Selbstbestimmung im Schatten traumatischer Erfahrungen. Zugleich ist der Roman eine einfühlsame Coming-of-Age-Geschichte, anspielungsreich, voller mythologischer Verweise — verfasst in einer poetischen Sprache, die einen gleichsam hypnotischen Sog entwickelt.